本书为国家社科西部项目"重点生态功能区生态补偿立法研究"（项目编号：12XFX031）阶段性成果。

SHENGTAI CHANPIN
GONGJI ZHIDU YANJIU

生态产品供给制度研究

唐潜宁 ○ 著

厦门大学出版社
国家一级出版社
全国百佳图书出版单位

图书在版编目(CIP)数据

生态产品供给制度研究/唐潜宁著. —厦门:厦门大学出版社,2019.8(2020.11重印)
ISBN 978-7-5615-7569-7

Ⅰ.①生… Ⅱ.①唐… Ⅲ.①生态经济—供给制—研究 Ⅳ.①F062.2

中国版本图书馆 CIP 数据核字(2019)第 174110 号

出版人	郑文礼
责任编辑	潘 瑛
封面设计	拙 君
技术编辑	朱 楷

出版发行 厦门大学出版社

社　　址 厦门市软件园二期望海路 39 号

邮政编码 361008

总　　机 0592-2181111　0592-2181406(传真)

营销中心 0592-2184458　0592-2181365

网　　址 http://www.xmupress.com

邮　　箱 xmup@xmupress.com

印　　刷 广东虎彩云印刷有限公司

开本 720 mm×1 000 mm　1/16

印张 16

字数 270 千字

版次 2019 年 8 月第 1 版

印次 2020 年 11 月第 2 次印刷

定价 68.00 元

本书如有印装质量问题请直接寄承印厂调换

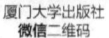
厦门大学出版社
微信二维码

厦门大学出版社
微博二维码

前　言

The Preface

翻阅历史长河,人口数量、社会经济与生态环境间关系密切。人口数量增长和社会经济发展必须以生态环境的承载能力为基础。然而,自20世纪70年代以来,全球进入生态超载状态,中国尤胜。一般来讲,地球上生物承载力有限且相对恒定,即使在人类的精心管理下,生物承载力的增长能力也是有限的,经济规模应该与生物承载力彼此适应,超越生物承载能力和环境容量的经济发展从长远来看难以持续。因此,如何以有限的生物承载能力提高人类福祉,支持快速增长的经济,是一国生态文明发展首要解决的现实问题。

2010年,中华人民共和国国务院发布的《国务院关于印发全国主体功能区规划的通知》中首次提出"生态产品"这一概念,指出我国工业品供给能力的增强与生态产品供给能力的减弱之间的反差,并强调人民生活品质的提高要求增加生态产品的供给。经济发展、人民生活水平提高与生态环境恶化之间的矛盾进一步深化要求政府将"实施重大生态修复工程,增强生态产品生产能力"纳入未来政府治理的目标。然而,如果中央一系列指导性文件的落实只是仅仅停留在技术层面,那么,提高生态系统承载能力、增加生态产品生产能力不仅不能从根本解决问题,而且还会增加国家财政的负担,难以实现生态产品供给的长效机制。因此,通过有效的制度安排与设计来保障生态产品的供给是一项极具现实意义与紧迫性的重要课题。基于此,本书围绕"生态产品供给"主题,依据"供给什么—为何供给—如何供给"的逻辑进路开展分析论证。本书以供给制度为研究对象,利用经济学的分析方法,分析生态产品供给主体在不同政策环境下的供给行为,并在此基础上构建符合当前经济发展阶段的生态产品供给制度。围绕上述问题,本书主要研究了以下内容:

第一章,绪论。介绍本书的研究背景。

第二章,生态产品的相关基础理论。本章以生态产品为核心,考证其内涵、特性,对其分类并讨论其价值。在明确生态产品可供给的基础上,将其与生态系统服务、生态系统功能等高相似度的概念进行对比,厘清相关概念的关系,为进一步研究做准备。

第三章,生态产品供给的需求分析。本章在对我国当前生态环境现状进行了解后,梳理了生态产品供给的相关文件,从生态文明建设的需要、生态安全的需要、人类高水平生活品质的需要、生态系统均衡的需要和经济社会可持续发展的需要五个方面讨论了生态产品供给的必要性。从生态产品外部性强、生态产品价值核算困难、国家制度设置的限制及生态产品权属认定不明四个方面讨论了生态产品供给的困难。

第五章,生态产品供给主体博弈分析。本章从理论视角分析生态产品供给主体在各种政策环境下的策略选择,并对实现策略均衡的条件进行讨论。首先,对生态产品供给主体的行为特征进行分析;然后,在此基础上,分别应用静、动态博弈分析法,分析"经济人"假设下,政府、企业、个体三类供给主体可能的行为策略,并讨论达成均衡策略应做出如何的政策环境设置,为后面的供给制度构建提供理论依据。

第四章,生态产品供给模式。本章从政府和市场两种供给机制入手,将生态产品供给模式分为政府供给模式、私人供给模式和自组织供给模式三类。其中,政府供给模式是生态产品供给的主要模式,政府以生态产品生产者或者提供者的身份,既可以在政府供给机制下实现生态产品的供给,也可以在市场供给机制下实现生态产品的供给;私人在此处是一个集合概念,它主要是指进行生态产品生产或提供生态产品的组织或个体,只能在市场机制下存在;自愿供给者是独立于政府和私人主体的第三类供给主体,其非营利性及自愿供给的特征为生态产品供给增添了色彩,这是将其单列研究的原因。在本章中,笔者还讨论了各类供给模式下,供给的成因、可能性及各供给模式的运作机制及现实约束。由此得出,三类供给模式"共存"供给是实现生态产品有效供给的最优方案。

第六章,生态产品供给的国际经验。本章仍以政府和市场两种供给机制为线索,从生态产品供给具体的主体、供给资金来源、供给方式和供给支付标准等方面探寻国外生态产品供给的经验,并通过对典型案例的分析得出,生态产品的供给需要坚实的法律制度为保障;需要独立政策和管理部门协调供给中出现的问题;需要多样化供给方式,并且政府供给和市场供给相辅相成。

第七章,生态产品供给制度的构建。生态产品供给制度的研究主要集中在如何通过制度设计增加生态产品的供给。因此,供给制度的构建最终落脚到如何制定激励制度促进生态产品供给。结合以上几章的分析研究结果,本章对我国的环境税收制度、政府转移支付制度、生态补偿制度和生态物权制度进行构建,以使之在保护生态环境、增加生态产品供给方面更加完善,更加行之有效。

"生态产品的供给制度"是一个全新的、复杂的选题,同时也是一个具有理论和现实意义的选题。如何更好地缓解地球的生物承载力超载问题是我国乃至全世界未来很长一段时期内关注的重点。本书旨在通过对生态产品供给制度进行设计,增强生态产品供给能力,为生态产品供给提供新思路。

目 录
Contents

第一章 | **绪 论**
第一节 研究背景/1
第二节 研究综述/4
第三节 研究意义/14
第四节 研究创新点/16
第五节 研究方法和思路/18

第二章 | **生态产品的相关基础理论**
第一节 生态产品的概述/20
第二节 生态产品供给的相关基本理论/34
第三节 本章小结/44

第三章 | **生态产品供给的需求分析**
第一节 生态产品供给的现状/46
第二节 生态产品供给的必要性/66
第三节 生态产品供给的障碍/70
第四节 本章小结/73

第四章 | **生态产品供给主体博弈分析**
第一节 生态产品供给主体的行为特征分析/75
第二节 生态产品供给博弈/78
第三节 本章小结及建议/107

第五章 生态产品供给模式

第一节 政府供给模式 / 112

第二节 私人供给模式 / 119

第三节 自组织供给模式 / 126

第四节 本章小结 / 132

第六章 生态产品供给的国际经验

第一节 生态产品的政府供给 / 135

第二节 生态产品的市场供给 / 156

第三节 国外生态系统服务（产品）供给机制的启示 / 178

第四节 本章小结 / 184

第七章 生态产品供给制度的构建

第一节 政府供给制度 / 185

第二节 市场供给制度 / 195

第三节 自组织供给制度 / 211

第四节 本章小结 / 217

附录 欧盟环境税种的构成（部分）/ 220

参考文献 / 223

后 记 / 245

第一章

绪 论

第一节 研究背景

自20世纪70年代以来,发达国家普遍完成工业化改革。在促进经济发展和提高人类生活水平的同时,人类活动导致地球超过生态系统本身的承载力,由此进入生态超载状态,且超载程度逐年增加。截至2010年,全球人均生态足迹达到2.6全球公顷,人均生物承载力达到1.7全球公顷,这意味着目前的生态超载已达到了需要约1.5个地球才能提供人类所需生物承载力的程度。[1] 而中国的人均生态足迹在20世纪60年代至90年代期间一直以稳定的速率增长,进入21世纪以后,中国的经济增长与人均碳足迹呈同步增长趋势。例如,2010年,生产性土地的需求量为2.2全球公顷/人,但可用生态系统本身的承载力仅为1.0全球公顷/人。换言之,生物生产性土地本身已无法满足人类消耗需要的可再生能源与服务。由此产生的透支代价日渐凸显,具体表现为:二氧化碳排放量增加、生物灭绝、森林覆盖率减少、淡水不足、土壤污染等。

经济的快速增长和人口数量的增加是导致生态足迹增加的主要原因。现代技术在生态领域的使用、相对完善的生态管理、逐步增强的生态观念虽然在一定程度上增强了生态承载能力,但这种生态承载力的增长也仅与人口数量增长速率相匹配。值得注意的是,在许多经济体陷入混乱、全球

---

[1] 世界自然基金会.地球生命力报告·中国2015[EB/OL].http://www.wwfchina.org/content/press/publication/2015/地球生命力报告·中国2015.pdf.

生态服务消费下降的2007年至2010年间,中国的生态足迹和人类发展指数[①]依旧呈现增长趋势。在1980年至2010年间,人类发展指数从0.41提高到0.69,增长了69%,远超全球平均涨幅25%。如此高速发展的代价是中国人均生态足迹增长了80%,从1.21全球公顷增长到2.19全球公顷。[②]

各国继续致力于提高人民福祉,一旦自然资源遭到破坏或减少,这种传统的快速增长和资源密集型发展道路将给长期发展带来风险。虽然短期的经济收益可以迅速提高人类发展水平,但生产和获得生态资源的能力可能才是长期人类发展的关键,最好的发展策略应该考虑人类发展的生态成本。20世纪60年代以来的四五十年里,中国生物承载总量翻了一番,经济规模扩大了80余倍,生物承载力是平稳线性增长的,而经济规模增长是快速指数增长的。应然状态下,二者之间应该彼此适应,但地球本身的生物承载力通常有限且几乎为恒值。即便精心打理,其增长能力也不可能突破最高值。而经济规模却可能持续增长。所以,超越生物承载力的经济发展不可持续。面对该悖论,如何做到经济增长与有限的生物承载力之间的平衡,不断提高人类福祉,是当前中国生态文明发展亟须解决的问题。

中华人民共和国国务院在2010年发布的《国务院关于印发全国主体功能区规划的通知》中,首次提出"生态产品"这一概念,并从生态系统功能的角度进行了界定,突出生态产品是具有该功能的自然要素。[③]该区划指出,我国工业品供给能力增强与生态产品供给能力弱化的现状与人们生态需求增强的变化趋势相反。2012年党的十八大报告中提出,"要实施重大

---

① 人类发展指数(human development index, HDI)是由联合国开发计划署(UNDP)在《1990年人文发展报告》中提出的,用以衡量联合国各成员国经济社会发展水平的指标。该指标以"预期寿命、教育水平和生活质量"三项基础变量,按照一定的计算方法,得出的综合指标。1990年后,联合国开发计划署每年都发布世界各国的人类发展指数,并在《人类发展报告》中使用它来衡量各个国家人类发展水平。

② 联合国开发计划署. 中国人类发展报告2016[EB/OL]. http://www.cn.undp.org/content/china/zh/home/library/human_development/china-human-development-report-2016.html.2017-06-30.

③ 《国务院关于印发全国主体功能区规划的通知》规定,生态产品是指维系生态安全、保障生态调节功能、提供良好人居环境的自然要素,主要包括清新的空气、洁净的水源、清洁的土壤和宜人的气候等。该规划为当前"生态产品"及其相关问题的研究提供了权威的界定。[EB/OL].http://www.gov.cn/zwgk/2011-06/08/content_1879180.htm.

生态修复工程,增强生态产品生产能力,推进荒漠化、石漠化、水土流失综合治理,扩大森林、湖泊、湿地面积,保护生物多样性"①,同时强调了增强生态产品的生产能力。但中央这一系列指导性文件的落实如果仅仅只是停留在技术层面,例如采用生物化学技术进行环境保护,那么,提高生态系统承载能力、增加生态产品生产能力不仅不能从根本解决问题,而且还会增加国家财政的负担,从而难以实现生态产品供给的长效机制,这是由生态产品的非排他性、非竞争性和较强的外部性等性质决定的。随着人民群众对生存环境质量需求的提高,生态产品将被人们以"搭便车"的方式消费的趋势无法避免,当生态产品的供给不足以满足公众的需求时,只能通过制度建设才能够从根本上解决供给不足的问题。

因此,通过有效的制度设计来保障生态产品的供给是现阶段亟须攻克的重要课题。但是,目前生态经济理论研究多侧重于从需求角度解决生物系统承载力与经济发展不平衡问题,而运用经济学理论从供给制度层面进行深入探讨的研究较为匮乏,即使主流经济学理论也仅常用于判断生态保护中政府与市场的作用,在生态产品供给制度设计方面也鲜有涉及。所以,运用公共产品、公共选择和新制度经济等理论方法,从制度构建角度探析生态产品的供给机制及制度安排,不但可以完善生态经济理论,同时,也能为相关部门制定促进生态产品市场化政策,指导生态产品供给实践提供理论依据和制度支持。

基于此,本书拟从生态产品的公私属性分析入手,以经济学为工具进行分析,特别是应用公共产品理论、新制度经济学理论和公共选择理论的已有研究成果对生态产品的公私属性、供给机制和制度安排等问题给予系统的探析和阐述,通过构建生态产品供给制度框架为我国生态产品供给提供制度保障。在此框架下,完善基于增强生态产品生产能力的公共财政支撑政策和生态金融服务政策,建立跨区域横向生态补偿制度等,并以此指导中国生态产品供给的实践。

---

① 胡锦涛.坚定不移沿着中国特色社会主义道路前进 为全面建成小康社会而奋斗. [EB/OL].http://cpc.people.com.cn/n/2012/1118/c64094-19612151.html.2012-11-18.

第二节 研究综述

一、国外文献研究

"生态产品"是具有中国特色的一个概念,国外与之相关的主题是"生态系统服务"和"环境产品和服务"。"生态系统服务"实际上就是一个自然运行过程,在其运行过程中维持、满足人类生活的需要。它强调了自然环境自身属性,具有价值但与人类劳动无关。"环境产品和服务"兼具改善生态环境本身和服务人类的双重目的。国际上惯常是用环境产品与服务的概念,以降低该类产品与服务的进出口门槛,推进该类产品应用于生产生活领域,兼顾环境保护和经济发展平衡与双赢。

国外对于生态系统服务的研究源于20世纪末,在长达40多年的探索中,学者们对于生态系统服务的提供进行了深入的研究。

(一)生态系统服务和功能的研究

"关键环境问题研究小组"(Study of Critical Environmental Problems,SCEP)在1970年出版的《人类对全球环境的影响》中首次提出生态系统"服务"于人类。该著作首次使用了"环境服务"的概念,并列举了诸多"生物系统服务"种类,如害虫控制、昆虫传粉、水土保持、气候调节等。[①] 约翰·保罗·霍尔德伦(John Paul Holdren,1974)和拉尔夫·埃利希(Paul Ralph Ehrlich,1974)将"环境服务"概念拓展为"全球环境服务"。[②] 1977年,沃尔特·韦斯特曼(Walter E. Westman)提出"自然的服务"的说法,[③] 之后,由埃利希(1981)对"环境服务""自然服务"等相关概念进行了梳理,首次将其改称为"生态系统服务",并逐渐为公众和学术界认可并使用。自

[①] 冯剑丰,李宇,朱琳.生态系统功能与生态系统服务的概念辨析[J].生态环境学报,2009(4):1599-1603.

[②] 其在研究生态系统在土壤肥力与基因库维持中的作用时,系统分析了生物多样性的丧失将会怎样影响生态服务,以及能否用先进的科学技术来替代自然生态系统的服务等问题。

[③] Westman认为应该考虑生态系统收益的社会价值,以促使更加合理的政策制定和管理决定。

此，关于生态系统服务定义的生态学文献屡见不鲜，包括：格雷琴·戴蕾(Gretchen Daily,1997)在 *Nature's Service：Societal Dependence on Natural Ecosystem* 一书中提出的"生态系统服务是指自然生态系统及其物种为维持和满足人类生活需要所能提供的条件和过程"。同年，罗伯特·克斯坦萨(Robert Costanza,1997)指出生态系统产品(如食物)和服务(如废弃物处理)是指人类获益于生态系统功能中的直接或者间接收益。① 乔恩·诺伯格(Jon Norberg,1999)则从生态学观点和生态系统的相同角度进行解读。② 此外，鲁道夫·德·格鲁特(Rudolf de Groot,2002)认为生态系统服务功能应包括调节功能、生产功能、信息传递功能以及提供栖息地的功能四个方面。③ 千年生态系统评估的报告对于生态系统服务的定义基本上采用了克斯坦萨的观点，并在补充和归纳克斯坦萨的 17 种服务分类的基础上，认为人们从自然系统获得的收益的生态系统服务分为支持、调节、提供和文化服务四大类。④ 詹姆斯·博伊德(James Boyd)和斯宾塞·班扎法(Spencer Banzhafa,2007)认为生态系统服务并非人类从生态系统获得的收益本身，而是能为人类提供福利的生态组成部分。⑤

国外相关生态学和生态经济学的文献对生态系统服务一词的定义主要分为两种视角：一部分基于生态学视角来阐释生态系统服务，强调生态系统本身功能和过程；另一部分基于经济学和社会学视角，强调人类从生态系统中获益。

---

① Costanza 将产品和服务合称为生态系统服务，即生态系统服务是指人类从生态系统功能中获得的收益，并将生态系统服务具体分为 17 种类型，每种类型又对应着不同的生态系统功能，这些全球生态系统服务功能应包括水调节、食物生产、生物控制、侵蚀控制、沉积物保持和休闲娱乐等。
② 参见《全球生态系统服务和自然资本的价值》，其认为生态系统服务功能主要包括平衡种群密度、调节和转化外部干扰物以及建构生物学单元三个主要方面。
③ 该划分方法是其基于生态过程的特点和生态系统之间的紧密联系而进行的。
④ MILLENNIUM ECOSYSTEM ASSESSMENT(MA).Ecosystems and Human Well-being[M].Washington DC：Island Press,2005.
⑤ 这个定义包括两方面的含义：(1)生态系统服务是一种现象或过程；(2)这些现象或过程应该直接或间接为人类服务。在这种概念之下，生态系统服务就包括了能被人类直接或间接利用的生态系统结构、过程或功能。生态系统过程或功能对人类有用的时候就成了生态系统服务。

(二) 生态系统服务的供给研究

生态系统服务供给指在区域的一定时间范围内，生态系统通过生态过程提供的特定生态系统服务的数量和质量。[①] 生态系统服务是自然又复杂的生态过程，生态过程的多样性和复杂性也决定了生态系统服务供给的多样性、复杂性和区域性。[②] 对生态系统服务供给的研究，国外学者主要着眼于其供给的方式及价值评估方面。

1. 关于供给方式的研究

生态系统服务供给方式作为一种制度安排，是外部性问题内部化机理在生态环境方面的应用。生态系统服务供给本质是运用经济手段促进社会经济发展，增强生态环境保护，从质量和数量两个层面保证生态服务产品的供给。20世纪中叶，世界大部分国家和地区率先采用经济手段解决经济发展过程中涌现出的生态问题。李文华、井村秀文（2006）提出生态系统服务供给方式包括公共财政支付[③]、限额交易计划[④]、私人直接补偿[⑤]和生态产品认证[⑥]四种类型。从世界各国在该方面实践看，公共财政支付是最主要的生态服务供给方式，而市场竞争机制作为重要的补充方式，政府利

[①] DAILY G C. Nature's Services: Societal Dependence on Natural Ecosystem [M]. Washington, D.C.: Island Press, 1997.

[②] 王大尚，郑华，欧阳志云. 生态系统服务供给、消费与人类福祉的关系 [J]. 应用生态学报，2013(6): 1747-1753.

[③] 公共财政支付方式主要包括政府实施直接供给、建立生态补偿基金、征收生态税、区域转移支付和区域合作等形式。法国政府对国有和集体林所产生利润免除税费。日本对于保安林所有者的损失进行国家赔偿。1991年，瑞典率先对油气能源和国内航空燃料等征收碳税。随后，美国、法国、荷兰、德国等国也开始征收碳税、水污染税、二氧化硫税等税种。这些国家依靠税收建立起强大的公共财政支付计划。

[④] 限额交易计划是政府为生态环境确定允许破坏量和服务消费量的权利界限，市场主体可通过对生态服务的"信用额度"进行交易，获得市场价格。例如，森林碳固定抵消温室效应的生态环境服务、哥斯达黎加启动了"森林环境服务支付"（FESP）项目等。该种方式发展较为成熟，形成的交易规则较为完备，是生态服务市场供给最大的领域。欧洲碳排放交易计划与京都清洁发展机制，澳大利亚碳排放交易体系的计划都属于碳限额交易计划。

[⑤] 私人直接补偿是在没有任何管理动机的情况下进行交易，通常被称为"自愿补偿"或"自愿市场"。作为自愿者的企业或个人可以出于慈善、风险管理或准备参加市场的目的，而参加"自愿补偿"或"自愿市场"。该种方式是生态服务供给有重要发展潜力的领域。

[⑥] 生态产品认证是通过在商品上加贴特定生态标签，鼓励采用环境友好型的方式进行生产，使绿色商品在消费和购买的过程中同时实现"生态付费"的过程。欧盟生态标签体系及其生态认证模式全球范围内得到很大程度的推广和实施。

用市场措施提高生态系统服务的供给效率,二者相互结合。

2.关于供给服务价值评估的研究

以市场为平台,生态系统服务价值的确定是其供给的前提。因此,对于生态系统服务价值的评估即为服务(产品)供给关注的重点。但生态系统服务价值的评估并不容易,罗宾·纳多罗(Robin Naidoo,2006)、贝尼斯·埃戈(Benis Egoh,2008)、罗兰·奥尔谢夫斯基(Roland Olschewski,2010)、韦恩·詹金斯(Wayne A. Jenkins,2010)等认为传统评价方法包括物质量评价法、市场价值化方法和能值分析法等。物质量评价法包括统计数据、问卷调查、实验测定等方法。安德鲁·塞德尔(Seidl A.F.,2000)以物质量的方式计算出生态系统提供给人类的服务;Li T.H.(2010)从两个不同方向利用市场价值化方法评估某一生态系统服务的价值。[①] 霍华德·托马斯·奥德姆(Odum H.T.,2000)、格柏(Geber U.,2002)、波特(Porter J.,2009)提出能值分析法,以太阳能作为标准,衡量不能货币化的自然资源及其他能量,从而对生态系统服务的价值进行评估。

在对相关的理论成果应用中,托比亚斯(Tobias D.)和罗伯特·门德尔松(Robert O. Mendelsohn,1991)探讨了热带雨林的环境经济价值;克斯坦萨等(1997)评价了全球森林生态系统的价值;戴维·皮门特尔(David Pimentel,1998)等测算了美国境内和全球范围内所有生物及基因多样性经济利益;夏洛特·阿查亚(Charlotte B. Acharya,2000)等通过案例对生态环境服务的间接价值进行了评估。

二、国内文献研究

(一)生态产品的含义及其内在属性研究

1.关于"生态产品"概念的演变

"生态产品"这一概念在我国出现虽早,但随着时间的推移,其内涵不断扩展、转变。1985年,洪子燕、杨再在《从黄土高原的历史变迁讨论种草

---

① 两个不同方向包括:第一,依据环境经济学理论,基于市场对生态系统服务进行定价;第二,基于生态系统类型和各类型生态系统单位面积提供服务的价值求和得到总价值。

种树和生态产品的转化问题》一文中第一次提到"生态产品"一词,他们以解决黄土高原生态系统被破坏的问题为起点,将生态保护目标的实现与经济效益保障结合起来。他们认为生态产品是生态系统中的初级产品,它通过光合作用实现能量升级,提高生态转化效率,以增大高原畜产品的经济效益。① 此时,生态产品仅指在生态系统中,利用太阳能经光合作用生长的初级产品,是生态系统中其他次级产品和高级产品生产的基础。20 世纪后半叶,随着人类与自然共生和谐的生态意识的增强,人们生态意识价值取向的转变使得他们将环境安全纳入企业生产及社会发展中。此时,任耀武、袁国宝(1992)从产品生产过程出发,提出在工农业生产和生活系统领域,凡是通过生态工(农)艺生产出来的没有生态滞竭的安全可靠无公害的高档产品都被认定为生态产品。② 徐阳(1994)从减少环境污染和保护人类健康的角度提出,生态产品是"绿色"产品或环保产品。它是指能够保护社会环境和对人类无害的产品,比如生态轮胎、生态温室、生态住宅等。③ 而后,王寿兵、胡聃(2000)从生产到消费的整个过程都具有生态性的角度对生态产品进行界定,认为生态产品是从原材料采掘到产品制造、运销、使用和最终报废处理整个生命周期总环境影响最小的产品。这些定义将生态产品从自然生长的最终产品(植物)向生产领域进一步扩展。此后,对于"生态产品"成果日益增多,研究角度也多种多样。有学者将生态产品与产品认证标志结合起来,方子节、李东升(2001)以畜禽为对象,按特定生产方式生产,并经专门机构认证许可,使用生态产品标志与非生态产品区分的产品视为生态产品,认为此种方式可以实现可持续发展。④ 此时,对生态产品的认识仍然停留在实务产品阶段,但值得肯定的是,他们提出了一种可以实现市场供给生态产品的方式。杨筠(2005)从物品属性出发,将生态产

---

① 洪子燕,杨再.从黄土高原的历史变迁讨论种草种树和生态产品的转化问题[J].豫西农专学报,1985(1):75.

在论文中,作者将生态产品定义为通过水土保持措施所得的牧草,以及在不影响森林保护法前提下所获取的树叶和嫩枝条。

② 任耀武,袁国宝.初论"生态产品"[J].生态学杂志,1992(6):49.

③ 徐阳.生态产品方兴未艾[J].科学与文化,1994(3):5.

④ 方子节,李东升.生态产品与我国畜牧业的可持续发展[J].生态经济,2001(7):45.

品定义为"生态公共产品"。① 他进一步将人类劳动与生态产品结合起来，认为生态产品不仅凝聚了人类劳动，还具有生态、实物双重功能。

随着改革开放的不断深入，在我国经济腾飞的同时，自然资源的耗竭、生态环境的恶化将原本丰富的人类赖以生存的环境空间挤压。2006年，国家林业和草原局曹清尧在新闻发布会上将新鲜的空气、清洁的水质以及宜居的环境等纳入生态产品范畴。② 这一发言将之前原本单纯的、局限的生态产品转移到"清新的""纯净的""良好的"需要经过人类劳动特殊加工的环境资源上。高建中(2007)③、朱久兴(2008)④开始从人与生态系统的关系角度入手研究生态产品，将其界定为人类为了改变(或改善)生物及其与环境之间关系，在意识的行为活动之下，形成的一系列有形和无形的物品。

以上皆为学者们对生态产品的认识。2010年，国务院发布的《全国主体功能区规划》首次对生态产品做出官方界定，"维系生态安全、保障生态调节功能、提供良好人居环境的自然要素，主要包括清新的空气、洁净的水源、清洁的土壤和宜人的气候等"。⑤ 此后，许多学者以此文件为基准，对生态产品的分类、特征等进行研究，例如，葛剑平、孙晓鹏(2012)以生态需求为基础与标准，将生态产品分类为"享受产品""支持产品""调节产品";⑥曾贤刚、虞慧怡、谢芳(2014)按生态产品供给方式和运行机制将其分为全国、流域性、社区性和"私人"公共生态产品;⑦杨庆育(2014)按照马克思的劳

---

① 杨筠.生态公共产品价格构成及其实现机制[J].经济体制改革,2005(3):124-127.
② 刘琴.林业要更多地提供物质精神文化和生态产品[N].中国绿色时报,2006-08-16(1).
③ 高建中.论森林生态产品:基于产品概念的森林生态环境作用[J].中国林业经济,2007(1):17-19.
④ 朱久兴.关于生态产品有关问题的几点思考[J].浙江经济,2008(14):40-41.
⑤ 华人民共和国国务院.全国主体功能区规划[EB/OL].http://www.chinanews.com/gn/2011/06-09/3099774.shtml.2011-6-9.
⑥ 葛剑平,孙晓鹏.生态服务型经济的理论与实践[J].新疆师范大学学报(哲学社会科学版),2012(4):7.
⑦ 曾贤刚,虞慧怡,谢芳.生态产品的概念、分类及其市场化供给机制[J].中国人口·资源与环境,2014(7):12-17.

动价值论将生态产品分为纯自然要素构成和经过人类劳动加工后形成的两类。①

在近 30 年的研究中,生态产品的概念界定以 2005 年为分界点,它从产品转化到要素,从对产品的生长或生产过程的生态化转化到生产要素的生态化,从有形的实物产品转化到无形的产品,从自然生长物或工业生产方式和过程生态化的产品转化到凝结了人类劳动的生态资源或具有生态安全、生态调解和维系人居环境的自然要素。

2. 生态产品的属性研究

生态产品除了具有自身的生态属性外,还具有独特的经济社会属性,这是其价值赖以依存的载体。高建中(2005)从法律角度探索研究了生态产品相关行为主体的权利、义务及法律责任,认为外部性理论和公共产品理论是研究森林生态产品的两个理论基石。昌龙然(2013)提出了生态资本的概念。生态资本是指在一定的条件下,现在或者未来,能够自主或者与其他资本相融合后,为促进社会、经济、生态综合发展提供产品流或服务流,并且收益权主体明确的生态资源。生态资本既具有资本的一般属性,包括稀缺性、收益性及生产投入性,也具有其特殊属性,包括整体增值性、权属界定有限性、开放融合性、不动逃逸性、阈值性、相生相克性。杨庆育(2014)认为,经过人类劳动加工后形成的生态产品凝聚着人类的劳动,具有产品的特性。从需求角度分析,优质的生态产品为人类正常生活必不可少,但大部分产品具有地域性、难以计量分割和无形化等特性,不可能像一般的物质商品那样进行市场买卖。生态产品与人类之间的关系特殊,人类必须尊重生态自然规律的要求来维系和平衡它们这对关系。因此,生态产品内在属性的多样性决定了生态产品的研究应当是多重性、立体性的,理应从多个角度、多个层次进行全方位的研究。

---

① 按照马克思主义的观点,第二类生态产品凝聚着人类的劳动,具有产品的特性。从需求角度分析,优质的生态产品为人类正常生活必不可少,但大部分产品具有地域性、难以计量分割和无形化等特性,不可能像一般的物质商品那样进行市场买卖。生态产品与人类的基本价值关系是对特殊的关系,人类必须尊重生态自然规律的要求,来维系和平衡这对关系。因此,生态产品内在属性的多样性,决定了生态产品的研究应当是多重性、立体性,理应从多个角度、多个层次进行全方位的研究。参见杨庆育.论生态产品[J].探索,2014(3):54-60.

(二)生态产品的供给方式研究

对生态产品供给的研究多从其自身属性和独特的经济社会属性两个角度入手,其中,社会经济属性是其价值赖以依存的载体。从生态产品具有的外部性角度看,政府提供生态产品是解决外部性的最佳途径(高建中、唐根侠,2007)[①],政府财政资金是生态产品供给支付的主要资金来源(钟大能,2008)[②]。从生态产品具有的区域性角度看,异地供给存在障碍,只能因地制宜,不可能从其他区域输送或引进,甚至购买过来(刘琴,2006)[③]。从生态产品经济社会价值看,市场化是生态产品价值实现的最优途径,也是生态产品供给的途径之一。许英明、党和苹(2006)认为生态产品具有商品性,可通过商品化的方式实现有效供给。[④] 丁宪浩(2010)认为建立生态产品综合交易系统可以克服生态产品交换在"经济本位"的社会体系中存在的一系列障碍。[⑤] 马涛(2012)、谷莉莉(2013)、曾贤刚、虞慧怡、谢芳(2014)倾向于依靠市场机制推动生态产品生产,发挥市场机制对生态产品供求的引导作用。戴芳等(2013)运用博弈论方法分析了政府和农户之间关于供给森林生态产品的博弈后,认为不同经济发展阶段会产生不同的博弈均衡。[⑥] 高丹桂(2014)认为,生态产品的提供必须坚持共建原则,让全民

---

① 高建中,唐根侠.论森林生态产品的外在性[J].生态经济,2007(2):109-112.
在经济发展水平较低时很难激励农户供给森林生态产品,在经济发展水平较高的阶段对农户提供充足的补偿有助于调动农户供给森林生态产品的积极性。生态产品的生产是一种专业性的社会生产活动,要充分认识到生态要素本身所具有的价值以及为了生产生态产品所必需的投入。实际上,作为一种产品,生态产品强调的是生态要素本身所具有的价值以及为了生产生态产品所必需的投入。从经济学角度,这种社会投入需要考虑成本与收益。在社会主义的市场经济体制下,生态产品供给需要充分发挥市场机制的作用。
② 钟大能.生态产品经营效益的财政补偿机制研究:以西部民族地区生态环境建设为例[J].西南民族大学学报(人文社科版),2008(9):233-238.
③ 刘琴.林业要更多地提供物质精神文化和生态产品[N].中国绿色时报.2006-08-16(1).
④ 许英明,党和苹.西部生态公共产品供给机制探讨[J].西南金融,2006(9):13-14.
⑤ 丁宪浩.论生态生产的效益和组织及其生态产品的价值和交换[J].农业现代化研究,2010(6):692-696.
⑥ 戴芳,冯晓明,宋雪霏.森林生态产品供给的博弈分析[J].世界林业研究,2013(4):93-96.

参与建设生态功能区,同时要坚持公益原则,让全民共享生态公共产品和服务。① 在生态产品市场化提供的具体方式方面,曾贤刚等(2014)认为,目前我国生态产品的市场化供给方式有三种:直接市场的经济交易、生态资产产业化交易和生态购买。② 总体而言,生态产品的提供方式和提供主体虽然呈现出多样性的特点,但是市场化的趋势不容忽视,这有利于平衡各类主体的利益,调动起积极性。

(三)关于生态产品价值评估的研究

生态产品的价值既是其市场价值补偿的重要依据,也是衡量是否提供生态产品的标准之一。关于生态产品价值评估的研究,主要集中于评估方法的理论研究和评估实践验证两个方面。

在对评估方法的研究中,高建中(2005,2007)认为,生态价值补偿的实质是对生态产品的价值而不是其使用价值进行补偿③,且劳动价值理论仍然是森林生态产品价值来源的最科学的理论依据④。周远红等(2007)则使用 UML 建模方法,开发了以综合评价为主的生态产品模糊评价系统。利用生态产品具有不同级别评价指标权重,对模糊层次分析法进行了改进,建立了改进的模糊层次分析法的系统评价模型。针对产品评价指标体系的复杂性,制定了具有一定通用性的、动态的且能反映综合评价要求的生态产品评价指标体系。⑤ 王晓云(2008)根据贴现率方法确定了生态补偿额度所应遵循的原则,以保证补偿政策实施的有效性。⑥ 丁宪浩(2010)建议

---

① 高丹桂.公共生态产品探究:从内在规定性和经济特性的视角[J].重庆第二师范学院学报,2014(2):31-33.
② 曾贤刚,虞慧怡,谢芳.生态产品的概念、分类及其市场化供给机制[J].中国人口·资源与环境,2014(7):12-17.
③ 高建中.森林生态产品价值补偿研究[D].西北农业科技大学,2005.
④ 高建中.论森林生态产品——基于产品概念的森林生态环境作用[J].中国林业经济,2007(1):17-19.
⑤ 周远红,高天一,董保华.生态产品评价系统在水产养殖机械设计中的应用[J].大连水产学院学报,2007(2):133-136.
⑥ 王晓云.生态补偿的国际实践模式及其比较研究[J].生产力研究,2008(22):103-104.

用能值指标评价测定生态产品的生态价值。① 汤勇(2012)从博弈理论角度分析我国跨区域环境保护存在的问题,为我国的跨区域环境补偿制度研究与建立提供理论支撑。②

除了对生态产品的价值核算的理论依据和理论模型已进行过必要的探讨外,我国学者在局部范围内进行了核算实践。张小红(2007)分析了森林生态产品的有价性,比较了成本法、逆算法和替代法等三种核算方法,并以此为依据,提出了农田防护效益评估、防风固沙评估、保肥固土评估、净化空气效益评估和森林景观及游憩效益评估等常见森林生态产品价值的计算模式。③ 昌龙然(2013)通过问卷调查的数据,利用条件价值评估法计算出玉峰村农地的生态资本市场价值远低于非市场价值④,说明生态资本运营的潜力巨大。庞丽花等(2014)通过构建合理的评估体系,在GIS技术支持下采用科学合理的评估方法评估了2000—2010年呼伦贝尔辉河保护区生态产品供给能力,其评估方法具有一定的适用性,可以扩展运用到我国北方类似自然保护区的生态产品供给评估中。⑤

综上所述,国内外关于生态产品或生态系统服务的相关研究多集中在含义的界定、性质、特征、功能、价值核算和价值补偿等方面,部分研究甚至对森林、水、草地等自然要素的生态产品价值进行具体的核算,通过自愿支付法、成本法、替代法、能值法等估计出其市场价值,但是,对于专注于生态产品供给机制及供给制度的研究相对偏少,且对当前生态产品的市场交易制度研究仍然缺乏系统性,理论体系有待完善,特别是对于生态产品供给制度框架的构建缺乏深入研究,没有针对性地提出具有可操作性的方案。

---

① 丁宪浩.论生态生产的效益和组织及其生态产品的价值和交换[J].农业现代化研究,2010(6):692-696.

② 汤勇.森林生态服务(产品)市场化交易制度研究[D].华中师范大学,2012.

③ 张小红.森林生态产品的价值核算[J].青海大学学报(自然科学版),2007(3):83-86.

④ 以游客的平均消费情况估算玉峰村农地生态资本的市场价值为6516.86万元,单位农地生态资本市场价值为169975.5元每公顷;利用"条件价值评估法(CVM)"估算出玉峰村农地生态资本非市场价值为144861.48万元,单位农地生态资本非市场价值3778338元每公顷。这与现目前农地表现出的价值45000元每公顷相差甚远。

⑤ 庞丽花,陈艳梅,冯朝阳.自然保护区生态产品供给能力评估:以呼伦贝尔辉河保护区为例[J].干旱区资源与环境,2014(10):110-116.

本书便从此入手。

第三节　研究意义

一、提高生态产品供给效率

供给不足、缺乏效率、渠道不畅是生态产品供给面临的客观现实问题，也是生态产品供给制度设计不完善的体现。生态产品产生于自然要素，作用于生态系统，是人类生存和发展的基础。基于生态责任，政府成为生态产品供给的主要主体。凡是涉及生态产品生产或生态环境保护的各类（级）政府组织和机构都参与到生态产品的供给中。然而，这种缺乏协调的多头供给不仅效率不高，甚至可能存在政府供给生态产品的结构不均、产量不足等问题，而生态产品的消耗者，即公众，因缺乏需求传送途径而"被迫"接受政府提供的生态产品。这种供需间的错位不仅造成资源配置的扭曲，而且可能在一定程度上阻碍社会经济的发展。

生态产品供给制度的建设能够疏通生态产品供需信息通道，比如完善生态产品信息公开制度；能够搭建生态产品交易平台，通过促进交易激励非政府主体加入生态产品的供给中，比如建立生态产品市场交易机制；能够拓展生态产品供给资金来源，为生态产品供给提供持续、稳定的资金支持，比如建立生态金融制度等。因此，生态产品供给制度建设是快速、全方位提高生态产品供给效率的途径。

二、完善生态产品供给模式

一般情况下，产品的供给模式主要有政府供给模式和市场供给模式两种。政府供给模式是公共物品供给的主要模式。生态产品的公共物品性质决定了政府供给是生态产品供给的主要模式。然而，日益恶化的生态环境与人类生存、社会经济发展的需要之间的矛盾使得单一的政府供给模式难以为继。

市场供给模式下高效的资源配置使得大多数商品能够实现最优供给。然而,在生态环境领域,因为自然要素、生态环境的产权难以清晰界定,市场供给模式也难以在较大范围发挥作用。

随着人们生活水平的提高,多样化的生态产品需求及对生态产品品质的差异化需求都要求政府探寻一种新的供给模式,提供大量、多样化、高品质的生态产品,缓解人与自然的矛盾,提高人类福祉。而构建生态产品供给制度,首先需要对生态产品供给的模式、方法、机制进行相对全面的了解,然后探寻各种供给模式的运行机制及机制运行需要哪些制度能够保障供给实现。因此,对生态产品供给制度进行研究,能够实现完善生态产品供给模式的目标。

三、开辟可持续发展的新路径

生态系统为人类的存续提供环境和空间,没有适宜的生态环境,人类无法存在。这也是至今为止,除地球之外,宇宙之中并无"人迹"的关键原因。生态系统的持续动态平衡不仅为系统内的各大生物圈提供能量、信息和物质的交换,而且维持着各大子系统的独立运行和相互交互,以保障人类的持续发展。

生态产品的重要性体现在它是生态系统实现动态平衡的关键要素,可以说,它是生态系统正常运行中的螺丝钉,虽小尤重,一旦生态产品结构失衡,或者数量比例失调,或者质量低于可使用最低标准均会阻碍生态系统平衡的达成,甚至造成生态系统紊乱。由此可见,生态产品与生态系统关联在一起。

近些年,因我国经济快速发展而造成的生态环境的破坏、地球生态严重赤字已经到了我们不得不面对的程度。"增强生态产品的提供能力"已经不再是一句口号,而是我们必须面对的问题。无论是当代人民群众的福祉,还是代际的存续;无论是经济的发展,还是人类历史上的再一次突破,都要求我们将生态环境保护纳入当期及未来的工作之中。生态产品的供给正是维护生态系统持续平衡的路径之一。因为生态产品产生于自然要素,自然要素是生态产品生产的物质基础。也就是说,要实现生态产品的供给,首先要对其物质基础——自然要素进行保护,否则如同杀鸡取卵。同时,生态产品参与生态系统运转,而生态系统动态平衡是人类实现可持续发展的前提和保障。

生态产品供给制度研究的目的就是希望通过一系列的制度建设增加生态产品的供给,而生态产品供给制度研究无疑间接地为可持续发展开辟了一条路径。

四、为供给制度的建设提供理论支持

国务院关于"推动生态产品的市场化发展"的指示明确了实现生态产品市场化供给的发展方向。然而,生态环境领域,无论是环境产品的市场化交易,如流域的使用、排污权交易,还是金融资本在环境项目中的运行,如环境债券、环境金融衍生品的发行等都绕不开"产权"问题,而目前,产权在自然资源和生态环境中的应用始终存在巨大的障碍。此外,市场化涉及的交易规范、产品质量衡定标准、生态产品价值评估、交易监管等问题也都是生态产品市场化发展的拦路虎。

对于生态产品的政府供给,供给资金和供给量均不足,供给效率低下,转移支付效果与预期差距大等问题也需要予以修正;相比之下,其他供给模式中,涉及生态产品供给保障的一系列问题都需要理论上的支持和指引。因此,本书关于生态产品供给制度的研究,对生态产品供给及生态产品供给主体在各种政策环境下提供生态产品的策略选择,进行理论上的分析,并总结了国外生态系统服务的供给实践经验,这些研究正好可以为我国的生态产品供给制度建设提供理论支持。

第四节 研究创新点

研究创新点一:研究方法的跨学科应用。法学领域的制度研究多是通过对具体法律规范的主客体及其权利义务等进行研究,而经济学领域的制度研究更多集中于制度变迁对经济产生的何种影响,如何产生影响。无论是研究目的,还是研究内容,两者都存在巨大差异。法学研究之于公平,经

济学研究之于效率,虽然公平与效率无法兼得,但相对均衡仍然可以实现。本书即希望寻得此均衡。本节以"理性经济人"为假设,利用博弈分析法,对生态产品供给主体——政府、企业和个人在不同政策环境下的供给决策行为进行分析,并讨论其达到均衡的约束条件设置,为生态产品供给制度设计提供理论支持。

研究创新点二:交叉学科视野解读生态产品。"生态产品"是2010年国务院发布的《全国主体功能区规划》中提到的一个新的、抽象的概念。它以当前我国出现的长期生态赤字,生态承载力难以支撑高速、持续的经济发展为背景提出来的,是"五位一体"的战略目标的重要支点。目前对生态产品的研究偏向理论研究,主要集中于概念、特征和性质方面,对生态产品供给制度的研究也局限于构建理论模型,对生态产品供给制度构建的实践研究较少,也不系统,大多仍然集中于通过生态补偿的方式提供生态产品。然而,制度的构建,特别是涉及关系公众生命安全保障,生活质量提高的制度构建必须以公平为先,兼顾效率。因此,对于生态产品,以法经济学视角进行其供给制度设计尤为重要。首先,法律是最高层级的制度,具有强制力。其次,制度的设计需要考虑到制度执行的成本和效果。生态产品供给所涉及的制度规范并非都能达到能够或者需要(专项)法律规范的程度,比如生态产品供给价格评估、生态债券的发行等。因此,采用法经济学视角,对生态产品供给制度体系中的各类制度规范进行差异化设计,既能增强其实践性,也能提高制度运行效率。

研究创新点三:构建生态产品供给制度体系。生态产品供给的实现主要依靠政府供给模式、私人供给模式和自组织供给模式共同运行,其中政府供给模式为主,私人供给模式为辅,自组织供给模式为补充。因此,生态产品供给制度体系包括这三种模式所涉及的制度。值得注意的是,制度体系中部分制度可以利用法律的变更或新建实现,比如生态补偿制度、环境税收制度等;部分制度只能利用普通的规章制度实现,比如生态金融制度、自供给制度等;部分制度的构建甚至只能停留在学术探讨层面,比如生态产权制度。

第五节 研究方法和思路

一、研究思路

本书的基本研究思路是:首先,从生态产品基本概念入手,分析我国当前生态环境状况,探寻我国生态产品供给的必要性和重要性,然后提出我国生态产品的供给需求;其次,在生态产品供给需求基础上,对生态产品供给主体的供给行为进行博弈分析,挖掘生态产品供给主体在不同环境政策下的行为模式,为制定生态产品供给的激励制度提供理论支持;通过对生态产品的政府供给、市场供给和自组织供给三种供给模式的研究,了解不同供给模式下生态产品供给的效率和局限,为构建多中心供给机制提供理论支持;再次,本书引入案例分析,对生态产品供给的国际经验进行总结,为我国的生态产品供给提供实践支持;最后,在理论与实践支持基础上,本书从政府供给、市场供给和自组织供给三个方面构建了一系列制度激励生态产品供给,为我国实现"增强生态产品生产能力"提供保证。(本书研究思路图如图1-1所示)。

二、研究方法

(1)文献分析法。收集整理我国生态产品供给制度的相关文献,总结并提炼生态产品的特征、属性,以及促进产品供给的各项措施,为本书提供必要的实证支撑。

(2)比较分析方法。通过对发达国家和发展中国家生态系统服务(产品)供给方式、供给资金来源及供给制度等内容进行比较研究,总结其成功供给经验,为我国生态产品供给提供借鉴。

(3)案例分析方法。在对国外生态系统服务(产品)供给机制进行分析时,选用典型案例进行分析,以供给的实践经验为我国生态产品供给政策的制定提供思路。

(4)法经济学分析方法。本书拟采用"成本—收益法"、"供给—需求法"和"博弈分析法"等对我国生态产品供给行为进行分析,进而构建我国生态产品供给制度的框架。

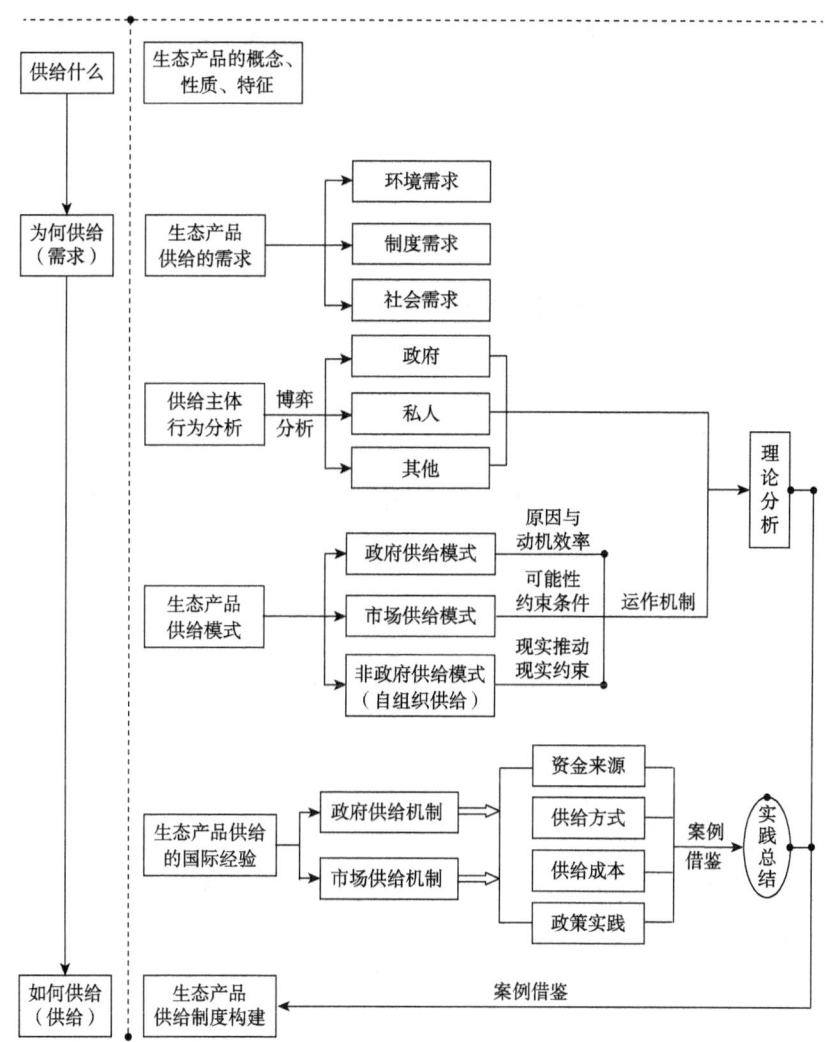

图 1-1　本书研究思路图

◆ 第二章 ◆
生态产品的相关基础理论

生态环境与经济发展的关系日益紧张,人们生活水平逐步提高与生态产品质量下降、供给能力降低之间的矛盾凸显。在保障生态系统稳定、持续运行的基础上,继续提高人类福祉是当前公众关注的焦点。作为生态系统运行过程中的必要参与物,生态产品的持续生产至关重要。然而,对于生态产品"是什么"的问题却不清楚,因此,本章对生态产品的内涵、特征和属性进行分析和界定,为下文分析生态产品供给的不同机制及其制度安排奠定研究的基础。

第一节 生态产品的概述

"生态产品"这一概念伴随着自然资源耗竭、生态系统逐渐失衡而出现。在商品经济出现的初期,人类还未充分利用科技力量发展经济时,生态系统通过自修复功能保持着自身的平衡,支撑着人类社会生活和发展。然而,经济发展的进一步推进,粗放的发展方式需要更多的自然资源和自然要素参与到物质转换过程中,由此而导致生态系统的自运转能力不足以满足社会发展需要,甚至危及后代的生存和发展。技术的进步使得人工生态系统对自然生态系统的补充一定程度上弥补了现实的缺口,因此,"提高生态产品供给能力"成为维持生态系统动态平衡的方式之一。

什么是"生态产品",学界与实务界仍处于探讨阶段。本章试图在现有的关于"生态产品"的概念与研究的基础上,提出"生态产品"的内涵,剖析其特征,为管理当局如何供给"生态产品"提供理论指导。

一、生态产品

（一）生态产品的内涵考证

1. 生态

"生态"（eco-）出自古希腊语 οικος，本意为"栖息地"或"住所"。关于生态的内涵，早在公元前 4 世纪，生物学家西奥菲斯托斯（Theophrastos）就提出过，他指出"生态"是有机体与有机体之间、有机体与环境之间的关系。生物学家恩斯特·海克尔（Ernst Haeckel，1886）首次把"生态"纳入学术研究的范畴，将其定义为"研究动植物及其环境间、动物与植物之间及其对生态系统的影响的一门学科"。由此可见，生态学是在对生态的研究基础上发展起来的。事实上，生态学最早的研究是从生物个体开始的。

随着社会的发展，"生态"一词在各个领域被广泛应用，如社会生态、教育生态等。但在生态环境领域，"生态"一般指生物的生存与发展状态，也指生物的生活习性与生理特征。在自然界中，生态往往通过追求生态多样性来维持生态系统的平衡与持续发展。

2. 生态产品

在《马克思主义词典》中，"产品"一词是指劳动创造的具有使用价值的物质资料。人们在劳动过程中，借助于劳动资料，以有目的的活动使劳动对象发生预定变化。这时，劳动和劳动对象结合在一起，劳动物化的同时对象被加工，其结果就是产品。劳动对象是指被生产出的物品，产品则是人们向市场提供的能满足消费者或用户某种需求的任何有形物品和无形服务。它由市场提供，被人们消费，在消费的同时满足人们某种需求，包括有形的物品、无形的服务。

"生态产品"并不是"生态"和"产品"的简单叠加，它不仅需要从生物及其环境之间的整体关系考虑，还需要从"商品"的角度探讨市场交易行为。生态系统中的非生物环境对于生物生存的影响直接而明显，如达尔文的生物进化论，生物物种要适应非生物环境的变化才能得以存续，而生态产品直接作用于非生物环境。因此，生态产品与生态环境系统密不可分，生态产品不能脱离生态环境系统而存在，生态环境系统亦不能离开生态产品的持续参与。自然资源匮乏和生态环境破坏所导致的生态产品稀缺便成为生系统平衡的危机。在市场化程度较高的社会中,采用各种技术和方法生产生态产品,并实现其价值交换,这就必然将生态产品视为可交易的商品。

如前所述,随着生态环境的变化和社会经济发展的推移,人们对生态产品的理解不断发生变化,迄今为止,学术界对这一概念并未形成统一的定义,特别对于"生态产品""生态物品""环境产品和服务"的混用。

经济合作发展组织和欧盟统计局将"环境产品和服务"(environment goods and services)定义为:"为水、空气和土壤的环境破坏以及有关废弃物、噪声和生态系统问题提供测量、防治、限制,并使之最小化或得到纠正的产品。"按照该定义,生态产品的外延还包含了治理生态环境的相关的基础设施、技术设备工具等。由此看来,如果将我国所提出的"生态产品"的外延予以扩展,那么它将与经济合作发展组织和欧盟统计局所提的"环境产品与服务"相似。

此外,我们需要对生态物品和生态产品进行区分。与"产品"不同,"物品"一般是指供人使用的东西。这个东西既可以是原生的,也可以是经过处理的。但是从生态系统的角度看,所谓的生态物品一般是指自然形成的,如空气、水源、碳汇等。人类在生产生活实践中,对自然进行改造形成的生态物品,由于其凝结了人类劳动,因此对该类生态物品的消费可能会发生变化,所以当自然资源作为劳动对象被加工、改造后,生态物品就具有资源价值和经济价值,即"生态物品"生态产品化。

综上所述,《全国主体功能区规划》中对"生态产品"的概念是最正式、相对最具权威的界定,故本书的研究以此为基础。

(二)生态产品的特性

1.非排他性与非竞争性

生态产品以自然要素为物质基础,是生态系统中生物和非生物相互作用的条件环境,是生态系统的重要组成部分,具有典型的生态公共物品特征——非排他性和非竞争性。一般来说,单个消费者在消费某种生态产品时,既无法排除其他消费者同时消费同种生态产品,又不影响其他消费者消费同种生态产品所提供的效用。但是,随着社会资源不断被消耗,生态环境被破坏,自然生态系统运行效率下降,生态产品的生产能力减弱,对于不同消费水平和能力的公众,生态产品会逐渐具有稀缺性。此外,生态产品的存在形式较之于一般的商品不同,例如森林具有储碳、固水的功能,故而能够提供清洁的空气、干净的水。因此,生态产品具有的性质也存在特殊性。

2. 地域性

部分生态产品仅能在一定区域范围发挥作用,不能被跨区消费。例如A地区的新鲜空气、森林产生的碳汇,只能在A地区才能发挥其作用,其不可能运输或调运给B地区。这意味着生态产品发挥作用的空间范围是有限的,具有地域性。

3. 无形性

生态产品总是依附于自然资源或特殊的生产方式而存在。例如,新鲜洁净的空气必然依赖于零排放或低排放以及绿化覆盖率;良好的水质必须依附于水体不被污染;优质空气质量与宜居的环境必须依附于人类的生产、生活活动必须严格遵循自然规律。故这些自然资源实际上是产生生态产品的机器和能力,一旦遭受破坏,就会严重影响生态产品的质量。

4. 整体不可分性

除了与生态产品消费的非排他性相关外,它的不可分割性还与其产品形态的无形化有关。对于绝大部分生态产品而言,无形性是它的一个显著特征。与自然资源不同,生态产品无法用吨、立方米等具体的计量单位进行计量,而空气、宜居的环境与气候等生态产品的消费都是开放的,任何人都可以使用与消费,不可能像商品那样具有排他性,也不像商品那样能精确计算个人的消费量和效用。

5. 有限可生产性

生态系统的平衡由生态系统中的生物和非生物在能量转换和物资流动过程中形成。无论是非生物环境的变化还是生物数量、种类的变化都有其自然的相互适应和进化的能力和方式。生态产品的变动直接影响这种适应和进化方向和速度。然而,生态产品的这种变动在一定范围内存在;否则,它会导致生态系统功能的紊乱,甚至会导致物种的消失。生态系统中的物质流和能量流在一定范围内存在,因此,生态产品的生产也有限存在。

(三)生态产品的分类

1. 按产品形态分类

资源形态的公共产品或公共资源主要是指自然界中存在的人人都可

以加以利用的资源。① 空气、自然界的水、阳光、星空、地下矿藏资源、森林等,其提供的氧气、气候或适宜人类生存的环境或其他潜在可利用的物品和能量等均属于公共资源。这类公共产品从产权安排上具有非排他性,但在使用上却存在排他性,也就是人人都有权享用。如存在于空气中的氧气,对任何人来讲都具有消耗的权利,从使用的角度看,一旦一个人消耗了这部分氧气,就排除了其他人再利用的可能性。同样,人人都可以享受阳光,但不能在同一位置、同一时间享受同一缕阳光。除了产品安排和使用上的特点外,这类产品的供给是由大自然完成的,无须经过生产,但为了实现消费往往还需要付出一定的成本,如花费劳动等。

"清洁的空气、适宜人类居住的环境"这类生态产品具有无形性。它描述的是一种可监测的状态,这种状态以某些自然资源为物质基础。比如清洁的空气可以源自森林,干净的水可以源自森林、湿地、草地等。因此,根据生态产品的自然属性,生态产品可分为森林生态产品、水生态产品(流域生态产品)、湿地生态产品等类型。

2. 按受益范围分类

按照受益范围分,生态产品可划分为全国性、区域性、社区性、私人生态产品四类。② 其中,全国性生态产品是指能够在全国范围内产生影响的生态物品,应将其视为基本公共服务,由政府进行供给;区域性生态产品是指生态产品跨越了单一主体的管辖区域,其供给涉及多个主体,这种产品具有明显的公共资源属性和消费的非排他性。例如水域上下游的生态保护与治理,需要流域涉及的多个地方政府进行合作才能提供无污染的水资源产品,因此流域上的各地方政府协作是解决跨区域生态产品供给的重要途径;社区性生态产品是指满足居住在一个特定区域内的居民共同需求的生态产品,该类产品在社区内具有公共性,而对社区外的居民具有排他性,其供给可采用社区自治的方法来实现。私人生态产品是指产权能够明确的生态产品,由于产权能界定,故具有公共物品属性的生态产品可以转化

---

① 许彬.公共经济学导论:以公共产品为中心的一种研究[M].哈尔滨:黑龙江人民出版社,2003:118.
② 曾贤刚,虞慧怡,谢芳.生态产品的概念、分类及其市场化供给机制[J].中国人口·资源与环境,2014(7):12-17.

成私人生态产品,即生态产品资源的稀缺性会引起其价值发生变化,进而引致生态资源的重新优化配置,私人生态产品资源将以不同形式的"权"设定其排他性、竞争性,形成具有差异化的私人产品,如排污权、碳汇等。

(四)生态产品的价值分析

按照劳动价值理论,价值是体现在商品里的社会必要劳动,而生态环境资源不是劳动产品,故其不具备价值,则对它们的使用是无偿的。随着经济社会发展、人口膨胀,自然资源变得越来越稀缺,生态环境承载力遭受巨大破坏,严重地影响着社会经济发展,为此维护生态环境与资源需要支付大量费用,故随着生态环境与资源的不断恶化,"生态价值"理论应运而生。该理论要求必须承认大气资源、水资源、土地资源等生态资源及自然资源具有价值,该价值是生态产品产生过程中形成的,是"自然—社会"系统的共同财富。价值是商品存在的意义,具有价值的商品才可能进入市场被人消费。因此,生态产品的价值包括其自身所属的生态学意义上的价值,也包括市场交易中的价值。

1. 生态价值

(1)生态价值的含义

一般地,生态价值是指生物与周围环境之间的内在联系,其强调的是生物体与其生存的环境间的关系,故生态价值属于关系范畴而不是实体范畴。若基于生态学,生态价值为生态系统存在的自身价值以及生态系统的服务价值;若基于生态哲学的视角看,它泛指涉及生态的一切价值现象及其本质,既包括生态系统及其要素的价值,也包括与生态环境有关的价值。基于上述的定义,我们可以看到:首先,生态价值是一种广义的价值,其为自然物之间的系统功能;其次,生态价值是一个环境价值,即自然生态系统提供了人类生存、发展的必要条件,这表明"生态价值"对于人类来说就是"环境价值"。

此外,生态价值还具有伦理的属性。奥尔多·利奥波德(Aldo Leopold,1993)的大地理论认为,当一件事情趋向于保护生态系统的完整、稳定和美丽时,它就是正确的;否则,它就是错误的,[①]由此将生态价值理解

---

① 奥尔多·利奥波德.沙乡年鉴[M].侯文蕙,译.长春:吉林人民出版社,1997:213.

为:有利于生态系统完整、稳定和美丽的行为具有积极的生态价值,否则就具有消极的生态价值。

(2)生态产品的生态价值

生态产品因其特殊的作用,其价值表现为自然的价值,体现为生态产品之间以及生态产品对整个生态系统所产生的保育、恢复和重建功能。所有自然要素有机结合形成的生态系统功能,体现在生态系统服务过程中。这种功能可以是一种广义价值,如宜人的气候、清澈的蓝天、清洁的水源、低排放、低消耗等,这些共同构成适宜人类生存的综合生态功能,这属于人类生存的环境价值。

相对于生物体和生态系统,生态产品搭建了其内部两部类的桥梁。生态产品的生态价值体现在建立生态系统中生物与非生物之间的相互联系、维持生态系统的整体平衡。任何生命个体的存在,在实现自身生存价值的同时,也同时为与之相关的其他个体存在创造条件。生态过程中,生物与非生物在物质流、能量流和信息流的传导、传输中建立联系并相互依赖。同时,生态系统在这种联系和依赖间保持了生态系统的稳定与平衡,生态系统的平衡也是全球系统平衡不可或缺的基本条件。

2.经济价值

亚当·斯密、李嘉图、马克思等人的劳动价值理论各有不同,但他们都认为劳动是商品价值的决定因素,劳动是物化的商品价值的衡量标准。在生态资源相对丰富的过去,人们往往认为生态系统的自然力本身推动着生态的进化,这与人类劳动无关。自然资源和生态环境完全是大自然的产物,是大自然对于人类的恩赐。此时,生态系统及其生态要素并不具有经济价值。人类发展需要超越生态系统自身运转能力之后,自然要素和生态要素的稀缺性逐渐赋予了他们经济含义上的价值。

(1)经济价值的含义

在商品经济理论中,经济价值是经济行为主体从产品和服务中所获得的利益,一般以货币来表示,强调商品价值及其规律是实现经济价值的现实必然形式。从广义的角度来讲,经济价值是经济主体通过经济活动所取得的经济性成果,其价值取向是利润、绩效、效率、富裕、繁荣,它通常以物质产品为载体,可用金钱来衡量。①

(2)生态产品的经济价值

生态资源或自然资源是提供生态产品的物质要素。它们的价值是生态产品价值实现的基础。而早在17世纪,英国古典经济学家威廉·配第(William Petty)就指出劳动与土地是价值的两个并列源泉,②而马克思与恩格斯更加明确肯定了自然资源在创造使用价值方面的作用。③

随着经济的发展,人类对其生存环境的破坏逐渐加强,生态失衡严重,维系人类生存和发展的生态产品呈稀缺态势,人们必须不断地投入劳动,以获取、保护、改善区域生态环境。正是由于劳动的凝结,才使得这些生态产品具有"生态经济价值"。奥里奥·贾里尼(Orio Giarini,1980)在《财富与福利的对话》中提出新的生态经济价值观——"天赋遗产",认为"自然界物质生产过程所创造的总价值等于生态财富和商品财富之和"④。他将物质中的生态价值与商品价值列于同序列位,两者共同组成物质财富。

生态产品的生产过程是劳动之于自然要素和生态资源之上的保护、修复的过程。这也致使它与一般商品不同,其价值的规定性也具有其特殊性。一方面生态产品的经济价值在于其凝结在人类开发、利用、保护生态环境与资源所效劳的劳动中;另一方面由于生态产品具有经济外部性的特点,其价值难以直接用商品交换过程中的货币价值来体现,而一般只能采用人们在消费生态产品使用价值的过程中所获得的级差效益来间接地体现。

二、生态系统

(一)生态系统

生态系统这一概念有很长的历史,虽然1935年亚瑟·坦斯雷(Arthur Tansley)提出最初的科学概念,但1953年尤金·奥德姆(Eugene Odum)才

---

① 龚天平.经济价值与道德价值如何具有统一性?[J].伦理学研究,2011(1):96.
② 于俊文.欧美近代经济学史[M].长春:东北师范大学出版社,1994.
③ 中共中央马克思恩格斯列宁斯大林著作编译局.马克思、恩格斯全集[M].北京:人民出版社,1972.
④ 张法瑞,等.可持续农业的生态经济价值观[J].中国农业大学学报(社会科学版),2000(1):32.

将"生态系统"这一概念纳入生态学教科书中。Tansley 将有机体和环境物理要素组成的复杂物理系统称之为生态系统,[①] 1942 年雷蒙德·林德曼(Raymond Lindeman)将能量研究纳入生态系统之中,"森林砍伐、化石燃料的燃烧以及其他普遍的人类影响,正导致全球气候和大气组成的剧烈变化;可以预计,这样的变化将反过来影响全球尺度上的生产力格局"[②],能量的转化直接影响生态系统的承载能力。

千年生态系统评估项目将生态系统定义为由植物、动物和微生物群落,以及无机环境相互作用而构成的一个动态、复杂的功能单元。[③] 这个定义与 Tansley 的定义并无实质上的差别。人类是生态系统的一个不可分割的组成部分。通俗地讲,生命系统和环境系统在特定空间的组合便构成了生态系统。[④]

判别生态系统定义是否合理的标准要看生态系统内部分组间是否具有强烈的相互作用,且与其边界外的环境系统关联作用相对较弱。具有适用性的生态系统边界是位于许多属性(例如生物分布、土壤类型、流域盆地或者水体深度)发生突然变化的恰好重合处。在更大的尺度上,可以根据基本结构单元的共同性质来对区域甚至全球分布的生态系统进行边界划分。

(二)生态系统服务

在"生态系统服务"一词出现之前,对于"生态系统"有关的"服务"的研究早已开始(见图 2-1)。[⑤] 1864 年,Marsh 描述了罗马地区土壤保持和淡

---

① Tansley 对生态系统的描述:"基础概念是整个系统(从物理学中的意义来说),包括了有机体的复杂组成,以及我们称之为环境的物理要素的复杂组成,以这些复杂组成共同形成一个物理的系统……我们可以称其为生态系统,这些生态系统具有最为多种的种类和大小。他们形成了宇宙中多种多样的物理系统中的一种类型,而物理系统从宇宙整体到原子的范围。"TANSLEY A G.The use and abuse of vegetational concepts and terms[J].Ecology,1935,3(16):284-307.

② MICHAEL BEGON,COLIN R TOWNSEND, et al.生态学:从个体到生态系统[M].李博张,大勇,王德华,等译.北京:高等教育出版社,2016:475.

③ 千年生态系统评估项目概念框架工作组.生态系统与人类福祉:评估框架[M].张永民,译.北京:中国环境科学出版社,2007:49.

④ 廖卫东.生态领域产权市场的制度研究[D].江西财经大学,2003(4).

⑤ WILSON C, MATTHEWS W. Man's Impact on the Global Environment[M]. Cambridge:MIT Press, 1970.

水供应服务的退化;1966年,King指出野生动植物资源具有的重要的服务作用;1970年,Wilson在《人类对全球环境的影响》一书中提出"自然系统能够为人类提供一系列'环境服务'";1974年,Holdren和Ehrlich[①]系统分析了生物多样性对生态服务的作用机制及科学技术与自然生态系统服务替代问题,并将"环境服务"的概念进一步拓展到全球的范围;1977年,Westman[②]认为生态系统收益的社会价值会影响社会做出更加合理的政策和管理决定,并将这些社会收益称为"自然的服务";1983年,Ehrlich[③]基于现有的相关理论,提出"生态系统服务"一词,沿用至今。

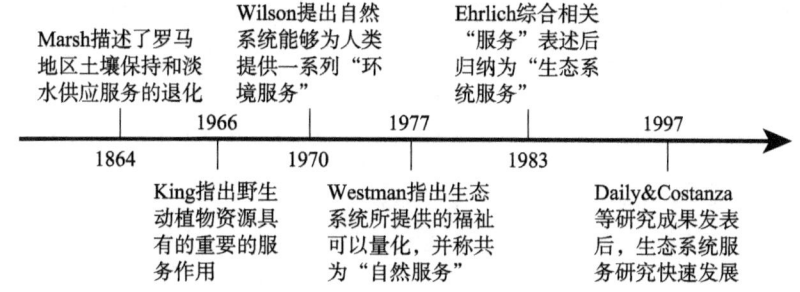

图2-1 "生态系统服务"术语历史演进

1997年,戴蕾和克斯坦萨等学者的研究成果发表后,生态系统服务的研究进入高速发展时期。克斯坦萨等将生态系统服务定义为生态系统"服务"和"产品"的加和,统括了生态系统功能为人类带来的一切益处。这一定义将生态系统功能与生态系统服务区分开来。而戴蕾认为生态系统服务是"生态系统及其生态过程所形成与所维持的人类赖以生存的环境条件与效用,它们维持生物多样性并进行生态系统物品的生产"[④]。事实上,这一认识将生态系统服务界定生态过程中的环境条件与效用之上,与我们所讨论

---

① HOLDREN J, EHRILICH P R. Human population and the global environment[J]. American Scientist, 1974, 3(62):282-292.

② WALTER E WESTMAN. How much are natures services worth[J]. Science, 1977(197):960.

③ EHRILICH P R, EHRILICH A H. Extinction:The causes and consequences of the disappearance of species[M].New York:Random.House, 1981.

④ DAILY G C. Nature's Services:Societal dependence on natural ecosystems[M]. Washington D.C.:Island Press, 1997.

的"生态产品"相关,不同之处在于,戴蕾所定义的生态系统服务关注的服务是一个过程,而我们所定义的生态产品关注的是产品这个结果而已。

2005年,联合国的千年生态系统评估(MA)报告中将生态系统服务归纳为"人类从生态系统获得的各种惠益"①。该报告将生态系统服务分为四类:供给服务、调节服务、文化服务和支持服务。其中,水的提供属于供给服务,而维持地球生命条件归入支持服务。

40多年来,学者从不同角度论述了生态系统服务对于人类的意义,不同学者基于不同研究目的对生态系统服务下了定义但对于生态系统服务的界定和分类至今尚无统一认识(表2-1)。但是,对于"服务"是一个过程的认识还是达成一致的。

表2-1 生态系统服务的内涵、定义与分类

内涵要点	定义	分类	分类依据
生态系统过程或功能	直(间)接提供物质和服务以满足人类需求的自然过程和成分(Rudolf S. de Groot, 2001)	·调节功能 ·生境(提供)功能 ·生产功能 ·信息(传递)功能	功能服务之间的逻辑关系、人类的依赖性、自身的可更新性
	直接或间接产生人类所需要的物质或服务的生态过程(Karin E. Limburg, 2003)	未分类	
	生态系统与物种相互作用建立起来的,能维系和满足人类生活的条件和过程(Gretchen C.Daily, 2004)	空气和水体净化、洪水和干旱减缓、废物消毒和降解等13项	大自然服务供给与人类福利
	积极地或被动地用于产生人类福利的生态系统功能(Brendan Fisher, 2005)	土壤形成、营养循环、光合作用等中间服务和水调节、初级生产力等最终服务	生态过程和人类福利之间的多重关系;降低重复计算的危险;一旦存在服务受益人,生态系统组分和过程就会提供福利

① 千年生态系统评估项目概念框架工作组.生态系统与人类福祉:评估框架[D].张永民,译.北京:中国环境科学出版社,2007:49.

续表

内涵要点	定义	分类	分类依据
等同于利益	人类直接或间接地从生态系统功能中获得的利益（Robert Costanza, 1998）	气体调节、气候调节、土壤形成、营养物循环等17项	服务的可更新性；强调功能的相互依赖性；产生服务的生态基础设施最低水平
	人类从生态系统中获得的利益（Millennium ecosystems Assessment, 2001）	·供给服务 ·调节服务 ·文化服务 ·支持服务	具操作性，生态系统功能分组
	从自然生态系统组分中获得的利益（Ken J. Wallace, 2006）	足够的资源供应、良好的物理化学环境、社会文化的满足等17项	特定生态系统元素的结构和组分，所特定的人类财富
为自然分组	能被直接享受、消费或被使用以产生人类福利的自然组分（James Boyd, 2008; On Norberg, 2009）	传粉物种、土壤质量、鱼类、地表水、空气质量等32项（James Boyd, 2008）	从环境核算的角度，避免重复计算
		种群密度的维持、处理和转化外部干扰物、生物学单元的组织（On Norberg, 2009）	是否同属一个生态系统，是否生物起源，是否维持于哪一生态等级

资料来源：陈能汪,李焕承,王莉红.生态系统服务内涵、价值评估与GIS表达[J].生态环境学报,2009(5):1987-1994.

（三）生态系统功能

现有关于生态系统功能的研究主要是从其属性及其对人类影响两个方面展开的,其代表人物分别为奥德姆和格鲁特。奥德姆在《生态学基础》一书中将生态系统功能定义为"生态系统的不同生境、生物学及其系统性质或过程",其具备的一种独立于人类而存在的基本属性,是生态系统为了达到一定的结果,而发生的一系列复杂的相互作用,比如在生态要素之间进行物质、能量的转换或信息的传输。然而,工业革命以来,人类活动对全球生态系统产生了强烈影响。为此,基于服务于人类的视角对生态系统功能进行了重新定义。格鲁特从人类的角度出发,认为生态系统功能即生态系统为满足人类需求的能力,这意味着生态系统功能必须改善人类的生活,而且生态系统功能与生态系统过程是属于关系。因此,格鲁特对生态系统的研究具有经济学属性。

(四)生态系统服务与生态系统功能的区别

对比上文关于生态服务、生态系统功能的内涵,我们可以看到二者存在本质的差异,但又具有密切的关系(如图 2-2 所示)。根据图 2-2,生态系统功能在没有人类的需求情况下仍然客观存在,并不以人的意志为转移,即生态系统功能体现的是生态系统自身的自然属性;生态系统服务是人类通过主观能动性对自然进行改造、利用,因此生态服务是以人的需求为出发点,没有人类的需求,就不存在所谓的生态系统服务。

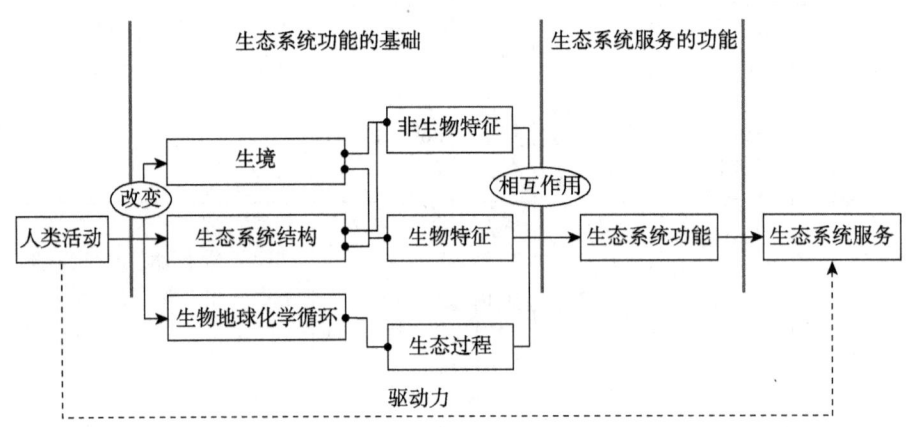

图 2-2 生态系统服务的形成过程

资料来源:刘绿怡,刘慧敏,任嘉衍等.生态系统服务形成机制研究进展[J].应用生态学报,2017(8):2731-2738.

生态系统功能体现的是生态系统的自然属性,反映了生态系统内生物有机体的内在机能,是实现生态系统服务的基础,因此,没有生态系统的功能,就不存在生态系统服务,即生态系统功能产生出生态系统服务,生态系统服务是满足人类需求的一种最直观的体现。根据图 2-3,生态系统功能

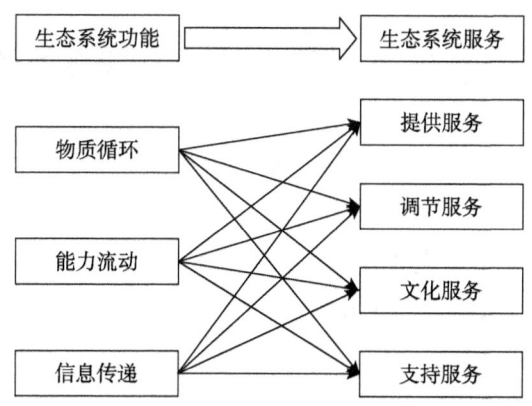

图 2-3 生态系统功能与生态系统服务的关系

资料来源:冯剑丰,李宇,朱琳.生态系统功能与生态系统服务的概念辨析[J].生态环境学报,2009(4):1599-1603.

与生态系统服务的关系并不是一一对应的。多种生态系统功能的组合可实现或产生一种生态系统服务,一种生态功能亦可能提供多种生态系统服务。

(五)生态产品与生态系统

根据《全国主体功能区规划》中对生态产品的定义,首先,生态产品必须是自然要素;其次,它能够提供一系列的服务,比如维系生态安全、调节生态平衡、保障人类的生活的舒适性等。事实上,这描述的是自然要素参与生态系统平衡的过程。生态产品的提供以生态系统修复和生态环境保护为前提,是生态产品参与维持和恢复生态系统均衡的过程。

生态产品与生态系统服务之间存在相互重叠的部分,但也各有不同。生态产品强调自然资源凝结人类劳动后再生产出来的自然资源,它建立在修复生态资源、恢复已被破坏的生态系统平衡基础之上,而生态系统服务本身强调的是一种过程,一种生产和消费同时发生的过程,符合"服务"的特征。同时,生态产品从商品交易的角度反映生态系统的市场属性,通过生态产权交易的方式实现自身价值。

第二节 生态产品供给的相关基本理论

生态产品是一种带有正外部性效应的产品,其存在形式的多样性使得其集公共产品与私人产品于一体,而有效率的产权交易制度因而更趋复杂。为此,对生态产品供给的研究必须从劳动价值理论、公共物品及其供给理论、外部性及其化解理论开始。

一、劳动价值理论

劳动对于商品价值的研究早在威廉·配第、约翰·洛克等学者时期已经进行过,但劳动价值理论的提出还只能追溯到亚当·斯密,后经大卫·李嘉图发展,最终马克思在斯密和李嘉图的研究成果上发展了以阶级为准则的劳动价值论。

亚当·斯密在对商品价值进行量度时,以私有制度产生与否为界限,将劳动的价值分成两个阶段讨论。第一阶段,被他称为"资本累积和土地私有尚未发生以前的初期野蛮社会","获取各种物品所需要的劳动量之间的比例,似乎是各种物品相互交换的唯一标准……在这种社会状态下,劳动的全部生产物都属于劳动者自己。一种物品通常应可购换或支配的劳动量,只由取得或生产这物品一般所需要的劳动量来决定"。[①] 此时,商品生产所消耗的劳动量是商品在市场上进行交换的价值衡量标准。因此,一切商品的交换价值都是用劳动量来量度的。第二阶段,在资本、土地和劳动共同投入商品生产之后,也即资本在部分人手中积累和土地私有之后,商品的劳动力量须由两个因素决定:一是生产该商品所涉及的应交换、支配或购买的劳动量,二是对劳动垫付工资并提供材料的资本的利润。此时,劳动不是决定物品价格的唯一因素,其他生产要素与劳动共同决定物品在市场交易中的价格。总体来说,斯密对于劳动价值的认识保持在"劳

---

① 亚当·斯密.国民财富的性质和原因的研究[M].郭大力,王亚南,译.北京:商务印书馆,1972:42.

动是量度一切商品交换价值的真实尺度,但并不是只有劳动才创造价值"阶段。

李嘉图在寻求一个量度异质商品数量的共同尺度时,对斯密的劳动价值论进行了进一步推广。他指出,商品的交换价值与劳动量呈正比关系,且商品的相对价值取决于劳动多生产出来的各种商品的相对数据。① 但李嘉图的劳动价值理论认为商品价值的衡量标准仅仅是劳动量,即劳动量是确定不同种类商品相互交换的基础,本质上是种劳动交换价值论。

马克思的劳动价值理论结合了斯密和李嘉图的研究成果,将劳动的生产价值和交换价值融合在一起,提出以"劳动创造价值"为核心的劳动价值论。他将该理论运用在其所著的《资本论》中,深刻揭示了资本主义社会中的劳动与剩余价值的联系,论证了劳动创造价值、度量价值量的方法,指出商品的总价值与消耗的总劳动量相等,而不是斯密、李嘉图的价值理论中认为的商品价值总量大于劳动总量。马克思的劳动价值论对我们认识生态产品的价值具有理论指导意义,但在实践中,我们要全面分析生态产品的价值决定因素,并提出具有可操作性的生态产品的供给机制。

二、公共物品及其供给理论

1739年,休谟通过对公共草地积水问题的分析,发现政府在面对个体理性与公共性的冲突时,能够补救自私个体的弊病并保障公共利益的实现。公共草地积水问题中,两个邻居组成的集体可视为一个小范围的"公共"集体,协议可视为一项制度安排,对于排除积水的时间、方式,排除积水的程度以及是否排除进行规定;两个人的小集体容易使协议被履行,但是多人的大集体往往容易出现"集体困境","三个和尚无水吃"就是这种现象的最好证明;政府作为独立于当事人的第三方,能够保障所有人执行协议,这说明政府在公共物品的提供方面具有优势。对于通过集体行动完成的事务被称为集体消费品,根据集体规模的大小,集体消费品与公共物品

---

① 大卫·李嘉图.政治经济学及赋税原理[M].郭大力,王亚南,译.北京:商务印书馆,2013:5.

相似。

对公共物品的研究很多,但各个切入点不同。但是本书所研究的对象为"生态产品"及"供给行为",因此,本章选择萨缪尔森(Paul Anthony Samuelson)、布坎南(James Mcgill Buchanan)、奥尔森(Mancur Olson)和奥斯特罗姆夫妇(Vincent Ostrom & Elinor Ostrom)五位学者关于公共物品及其供给的理论进行简单介绍。

(一)公共物品

1. 萨缪尔森:公共物品

萨缪尔森在《公共支出的纯理论》(1954)及《公共支出理论的图解》(1955)两篇文章中对公共物品及其特征进行分析,并将其与私人物品对比区分。公共物品被指为,"每个人对这种物品的消费,都不会导致其他人对该物品消费的减少"[①],可表达为:

$$X_K = X_K^i (i=1,\cdots,I; K=J+1,\cdots,J+K) \tag{2-1}$$

式(2-1)中,X_k代表某一种物品,k代表物品编号,i代表消费者编号。也就是说,消费者i消费的某种X_k即为k类物品的全部,即个人消费等于全体消费;个人消费之间不能分割。

私人物品是与公共物品相对应的概念,"如果一种物品能够加以分割因而每一部分能够分别按竞争价格卖给不同的个人,而且对其他人没有产生外部效果"[②],可表达为:

$$X_j = \sum_{j}^{n} X_j^i (j=0,\cdots,J) \tag{2-2}$$

式(2-2)中,X_j代表某一种物品,j为物品编号,i为消费者编号。也就是说,任一物品可被i个人消费,i个消费者消费总量等于物品的总消费量。

上述式子所蕴含的经济学含义为公共物品具有消费的非竞争性、受益的非排他性、物品的不可分割性、正外部性。消费的非竞争性意味着每增

---

① SAMUELSON P A. The pure theory of public expenditure[J]. Review of Economics and Statistics,1954(36):387.

② SAMUELSON P A. The pure theory of public expenditure[J]. Review of Economics and Statistics,1954(36):387.

加一单位的公共品消费,其社会边际成本为0,即人人都可从消费公共品中获得相同的收益;收益的非排他性意味着公共品的供给会让所有成员都享有同等的利益;收益的非排他性也意味着公共物品的不可分割性,其属于全体社会成员,不能将其分割成不同部分让私人消费或享用。

故可以看到萨缪尔森关于公共物品的界定中,"非竞争性"和"非排他性"是公共物品的两大重要特征,是判断一物品是否为纯公共物品的基本标准,而不同时具备这两大特征的物品被视为私人物品,其他物品均属于准公共物品的范畴。

2.布坎南:俱乐部物品

生活中的很多物品与萨缪尔森所描述的公共物品不同,它们在非排他性和非竞争性与排他性和竞争性之间,既不能纳入公共物品的范畴,也不能纳入私人物品的范畴。因此,布坎南在萨缪尔森的"公共物品"概念上进行了拓展,对具有有限非排他性或非竞争性的物品进行了考察。

如布坎南所述,"有趣的是这样的物品和服务,它们的消费包含某些公共性,在那里,适度的分享团体多于一个人或一家人,但小于一个无限数目,公共范围是有限的"[1]。这种介于萨缪尔森定义的私人物品和公共物品之间的物品被布坎南称为"俱乐部物品"。这类物品具有有限非竞争性和局部排他性。同时,布坎南在对公共物品的分析中引入"拥挤"的概念,形成三维的判断标准。在消费者数量一定的情况下,这种俱乐部物品具有非竞争性,但一旦超过既定的消费者数量,就会出现竞争,最终出现拥挤。同时,规模既定条件下,俱乐部物品对其成员不具备排他性,但对非俱乐部成员具有完全的排他性。

对比"公共物品"论与"俱乐部物品"论,我们可以发现后者理论中涉及的物品没有"公"与"私"之分,且假设俱乐部范围内个人偏好相同,这两个假设前提能很好地化解前者存在的"搭便车"与"成本分担"两个关键性问题。

3.奥尔森:集体物品

奥尔森的主要研究集中于"集体物品"上。他在《集体行动的逻辑》一

---

[1] BUCHANAN J.An Economic Theory of Clubs[J].Economics,1965(32):2.

书中,以"集体利益的供给"为起点,给出了公共物品的定义。"政府提供的共同的或集体的利益通常被经济学家称作'公共物品'……"①将"集体的共同利益"等同于"公共物品",公共物品是集体共同利益的载体,而政府是公共物品的供给主体;"任何物品,如果一个集团 $X_1,\cdots,X_i,\cdots,X_n$ 中的任何个人 x_i 都能够消费它,它就不能不被那个集团中的其他人消费"②,这一点与萨缪尔森的纯公共物品理论和布坎南的"俱乐部"理论不同,它强调公共物品具有竞争性,集体的利益虽然是共同的利益,但利益的分配引致集体物品被分割;然而,"人们……有共同利益,并把此视为他们的事业。……这一事业不可分割地包含他们每一个人"③,意味着公共物品具有不可分割性。

4. 奥斯特罗姆夫妇:公共池塘

与布坎南提出的俱乐部物品相对,埃莉诺·奥斯特罗姆以"公共池塘资源"对具有非排他性和竞争性的准公共物品进行研究。他们以资源系统和资源单元为变量,是指"一个自然或人造的资源系统,这个系统大得足以使排斥因使用资源而获取收益的潜在受益者的成本很高(但并不是不可能排除)"④。该理论认为一种物品的消费具有排他性、共用性,且均是独立属性,其中,共用性可分为高度可分的共同使用和不可分的共同使用,排他性可分为可排他性与不可排他性。为此,可排列组合出物品的四种分类:私人物品、公共资源、收费物品、公共物品。⑤ 显然,这种划分中,公共资源、收费物品被置于公共物品与私人物品之间。

相比萨缪尔森的公共物品的定义,"公共池塘"理论创新性地将纯公共物品的排他性与私人物品的竞争性融为一体,既突破了传统公共物品定义过于空泛的缺点,又弥补了布坎南俱乐部物品的排他性特征的不足,且解

---

① 曼瑟尔·奥尔森.集体行动的逻辑[M].陈郁,等译.上海:上海人民出版社,1995:13.
② 曼瑟尔·奥尔森.集体行动的逻辑[M].陈郁,等译.上海:上海人民出版社,1995:13.
③ R. M. MacIver in Encyclopaedia of Social Sciences, Ⅶ, 147.
④ 埃莉诺·奥斯特罗姆.公共事物的治理之道:集体行动制度的演进[M].余逊达,陈旭东,译.上海:上海三联书店,2016:36.
⑤ 周自强.公共物品概念的延伸及其政策含义[J].经济学动态,2005(9):25-28.

决了集体物品理论中存在的物品小范围特征的问题。

(二)公共物品的供给

随着社会经济发展变化,公共物品的供给模式也随之改变。初期,纯公共物品的性质决定了政府是公共物品供给的理所担当者,这是由政府的性质及其责任所决定的。随着政府提供公共物品模式弊端的显露,以及技术的进步限制了公共物品的排他性,部分公共物品可由市场供给机制提供。然而,当政府供给和市场供给模式在提供部分公共物品效果不佳时,社会组织自愿提供的模式在一定范围内显现出较为良好的状态。因此,总结学者们的研究成果,对公共物品供给的模式进行提炼。

1. 政府直接供给

一般地,基本的、核心的纯公共产品均由政府直接供给,该种供给模式与机制下的公共品主要包括制度、公共安全、社会公正等领域的产品。

2. 市场供给

市场供给机制能有力地提高公共物品供给的水平和效率。政府提供公共物品的能力受资金规模限制,而社会对公共服务需求的增长和需求的多样化都将成为政府提供公共产品的桎梏。因此,推进公共物品的市场化供给,发挥私人部门、非政府组织或其他主体在市场中的作用,提供混合公共产品是满足社会公众需要的有效途径。

3. 社会自组织供给

该种供给模式涉及的公共物品主要包括俱乐部物品、公共池塘物品。但要想实现该公共产品的利益最大化,需要有严格的假定条件和前提。例如,奥尔森指出集团的消费者人数要少,以避免因一人的不愿意影响整个集团的利益最大化;埃莉诺·奥斯特罗姆指出在"公共池塘物品"理论中,需要切实解决相互监督、可信承诺等问题。

4. 联合供给

联合供给是政府、私人企业、非营利组织等通过各种形式共同为公众提供其所需的公共产品。这种供给模式包含了两个层次委托—代理关系:第一层次为公众与政府间的委托—代理关系,即公众将公共物品的生产经营委托给国有企业(代表政府);第二层次为政府将公共物品的生产经营委托给企业,政府的角色为大股东,企业为管理经营层,政府监督企业提供低于政府自己生产公共物品的成本,这种供给模式是可行的。该供给模式下,政府与所委托的企业之间共同分担公共物品项目的风险,政府角色主要是资金的提供者和政策的指引者而不是直接生产主体,而代理人企业扮演服务的提供者,发挥服务的递送功能。同时,这种供给模式,能有力促进更多私人部门参与到公共产品的服务中来,有利于形成创新型的公共管理机制体制。

三、外部性理论

(一)外部性

从19世纪末至今,外部性一直是经济学研究中最复杂、最受争议的课题。著名经济学家马歇尔、庇古、鲍默尔、萨缪尔森、史普博、布坎南、斯蒂格利茨等都曾从不同角度对外部性概念的内涵进行过探讨。其中,布坎南的研究最具有代表性。布坎南(1962)将外部性定义为"只要某人的效用函数或某厂商的生产函数所包含的某些变量在另一个人或厂商的控制之下,就表明该经济中存在外部性"[①]。根据该定义,外部性可量化为:

$$U_A = UA(X_1, \cdots, X_n; U_B) \tag{2-3}$$

式(2-3)中,$X_1, X_2, \cdots, X_n$ 为消费者 A 所消费的商品数量,为同一市场中主体 B 的效用或产量。该式表明,消费者 A 的效用函数 U_A 中包含了一个由主体 B 所控制的自变量,而 A 既没有向 B 索取补偿也没有要求其提供报酬。相应地,如果一个厂商的生产函数中包含了受控于其他经济主体的变量,该外部性就可以被表示为:

$$\mu_A = F(X_1, \cdots, X_n; \mu_B) \tag{2-4}$$

式(2-4)中,μ_A 表示消费者 A 的效用,$X_1, X_2, \cdots X_n$ 表示 A 消费的商品种类,μ_B 表示市场主体 B 的效用。该式表明市场主体 B 的效用会对 A 的消费效用产生影响,即 B 产生了外部性,但 A 无法向 B 索求补偿(负外部性)或提供报酬(正外部性)。将式子进行推广到厂商的生产活动中,会

---

① BUCHANAN J. An Economic Theory of Clubs[J]. Economics, 1965(32):2.

形成下列等式：

$$F_C = F(L_C; F_D) \tag{2-5}$$

式(2-5)中，F_C 为厂商 C 的产出，L_C 为厂商 C 的要素投入，F_D 为厂商 D 的产出。该式子意味着厂商 D 的产出会对厂商 C 的产出产生影响，即 D 产生了外部性，但 C 无法向 D 索求补偿（负外部性）或提供报酬（正外部性）。

结合式(2-4)和式(2-5)，可以看到布坎南的外部性的界定具有三大要点：其一，外部性的影响是直接的，正如式(2-5)中厂商 D 的活动会直接对厂商 C 的产出产生直接的影响，这种影响不是通过价格机制来实现的，二是通过市场交易方式来施加的。其二，外部性有正外部性与负外部性之分。根据式(2-5)，当产生正外部性时，厂商 D 的活动会促进厂商 C 的产出提升，其偏导数为正；若产生负外部性，厂商 D 的活动会导致厂商 C 的产出下降，其偏导数为负。其三，外部性会在生产、消费领域出现。

（二）外部性的内部化

如何解决外部性引致的不公平性问题，是外部性问题的一个研究重点。当前解决外部性问题的思路在于将外部性内部化，经济学界已形成了两种机制：其一为"庇古税"政策理论机制，它是一种静态外部性理论；其二是科斯的产权理论，它是一种动态分析理论

1."庇古税"政策的基本思想及其局限性

该理论认为，外部性使得社会边际成本与私人边际成本、社会收益与私人收益出现了偏差，从而导致资源配置难以实现帕累托最优，而不能实现社会福利最大化（国民收入）。这一偏差无法通过"看不见的手"进行纠正，须由政府进行干预，对产生负外部性的生产者课税或对正外部性的生产者进行财政补贴，消除外部性引致的社会边际成本与私人边际成本、社会收益与私人收益出现的缺口。

"庇古税"政策有效性的前提必须满足两大条件：一是政府追求社会福利最大化，代表着全社会利益；二是政府的财政政策工具不会浪费社会资源和损害社会福利，即政府实施财政政策没有成本。显然这两个前提在实践中无法得到满足。事实上，政府也是由不同部门或个体组成的，不同部

门或个体均是理性人,也追求自身部门或个体利益最大化,并不是公共利益的无私代表,他们无法做到全心全意以社会福利、人民福祉为目标而行动,甚至在"庇古税"征收过程中也会"寻租",从而导致"政府失灵"。政府规制成本很高,比如政府实施税收或补贴政策必然需要设置相应的机构,配置相应的人员和设施,从而消耗社会资源。

2.科斯"产权"定理

(1)科斯定理

1960 年,罗纳德·H.科斯(Ronald H.Coase)在《社会成本问题》中用案例分析的方式讲述了如何通过企业内部化解决外部性问题。之后,这种方法被称之为"科斯定理",具体内容见表 2-2。

表 2-2　科斯三定理[①]

	定理内容
定理 1	只要交易成本为零,明确的产权界定都会达到经济效率帕累托最优
定理 2	不同产权的分配方式不会影响资源的配置,即任何产权分配方式都会导致帕累托最优状态
定理 3	在交易成本大于零的情况下,由政府选择某个最优的初始产权安排,就可能使福利在原有的基础上得以改善;并且这种改善可能优于其他初始权利安排下通过交易实现的福利改善

资料来源:科斯本人并未正式提出科斯定理,科斯三个定理由其他学者根据《社会成本问题》总结而来。

科斯第一定理、第二定理建立在初始产权被清晰界定基础之上,第三定理又被称为市场定理,是对第一、第二定理的一个推延。它放宽了初始产权清晰被确定的前提,指出产权界定的清晰程度与经济效率之间的相互关系。

科斯的产权理论为解决企业外部性问题提供了一条思路:只要产权明确化,市场机制可以引致经济高效率运行。那么在生态环境领域,科斯定理是否具有适用性?如果产权界定清晰,交易成本足够低,是否能够通过

---

① 科斯.社会成本问题[C]//科斯,阿尔钦,诺斯,等.财产权利与制度变迁.上海:上海三联书店,上海人民出版社,1994.

市场化交易实现生态产品帕累托最优供给？建立生态产品交易市场是否能够成为解决政府失灵而引起的生态产品供给不足的现象呢？

（2）科斯定理的局限性

尽管科斯定理提出了利用市场机制来解决政府对市场干预的不足，但仍然存在以下四点局限性：第一，假设交易成本为零，这违背了理性人假设。第二，交易成本为零的策略对应的收益矩阵并不一定实现社会的帕累托最优。策略性行为关注的是在现实条件下，理性人通过影响竞争对手对自己行为的预期而获取最大利益的行为。第三，产权界定能很好地解决政府干预的弊端，但产权界定会改变不同参与主体的利益分配，进而引起社会总福利的变动，导致社会福利的损失。第四，科斯定理过于关注效率和短期经济效应问题，而忽略了经济增长中的公平和长期效应问题。

（3）科斯定理的局限性：生态产品供给的实践

"庇古税"在环境保护政策的制定上发挥了重要的作用，但是税收或补贴的方式在某些环境领域的效果并不显著，例如排放权市场。而科斯定理的重要意义在于它提出一种与庇古完全不同的外部性解决方法和思路。但是，生态产品所特有的性质，如产权不易明确，是否会影响科斯定理在生态产品交易市场中的作用的发挥，在探寻生态产品供给途径方面，科斯定理却存在一定的局限性，我们以市场机制下相对比较成熟的生态产品供给方式——生态补偿进行进一步分析。

利用市场机制提供生态系统服务（产品）最有效率的方式是在生态补偿中充分应用科斯定理，即生态补偿行为应该尽可能符合科斯定理的有效运行的条件，但是根据 Wunder 的标准，生态补偿完全不能被实现。

首先，"自愿性"难以满足。实际上，绝大部分生态补偿是由"集体组织"通过谈判和协商实现的，"大量的生态补偿实践严重依赖于政府和社团参与"[1]，而且"为了提供充足资源或确保付费公平分摊常常需要采用非自

---

[1] VATN A. An Institutional Analysis of Payments for Environmental Services[J]. Ecological Economics, 2010, 6(69), 1245-1252.

愿方法,例如税收或强制服务费"。① 目前,项目补偿资金主要来源于对生态产品使用者强制收费,这与政府财政收入的限制有关。因此,至少从购买者的观点出发,不能被看作是自愿的市场交易。

其次,"信息对称"难以实现。生态产品与生态系统的结构、运行过程有关,依赖于具体的生态系统,而且受不同区域的地理、生态、气候以及人类活动等的影响。② 因此,无论是生态产品的价值,还是市场供需状况,都难以有相对准确的估计。

再次,"条件性"难以遵守。"许多项目要么被松散地监控,要么根本就没有监控。补偿是出于善意的给予,而不是取决于生态系统服务供给状况。通常,监控仅限于检查合同要求的土地利用实践是否遵守,而不是检查生态系统服务实际供给是否改变"。③

最后,公平和效率分离。市场的效率原则与生态产品自愿供给协议之间的矛盾使得社会利益分配不公平加剧。

科斯定理是建立在产权清晰和零交易费用前提条件之下,因此可以解决在污染重的加害者和被害者的责任问题,而像空气、阳光、风等不能明确所有权的生态环境资源,运用科斯定理根本无法解决。

第三节 本章小结

本章对生态产品的内涵、特征、分类进行研究,并对其价值进行分析,笔者发现生态产品是生态系统运行的必要中介产品,它由各种自然要素在生态平衡过程中产生,并参与维持生态均衡。生态产品既具有生态价值,也具有经济价值。在经济社会不断发展的进程中,生态环境的损耗致使生

---

① JOSH FARLEY, ANDRE AQUINO, AMY E DANIELS, et al. Global Mechanisms for Sustaining and Enhancing PES Schemes[J]. Ecological Economics,2010,11(69):2075-2084.

② 李文华,张彪,谢高地.中国生态系统服务研究的回顾与展望[J].自然资源学报,2009(1):3037-3046.

③ MURADIAN R, CORBERA E, PASCUAL U, eds. Reconciling Theory and Practice: An Alternative Conceptual Framework for Understanding Payments for Environmental Services[J]. Ecological Economics,2010,6(69):1202-1208.

态产品的稀缺性逐渐凸显,因此,生态产品的供给成为我们当前面临的重要问题。

生态产品具有的非排他性与非竞争性、有限可生产性致使在研究生态产品供给中需要运用到劳动价值理论、公共物品的供给理论和外部性理论,本章对这些相关理论进行梳理,以便在之后的研究中能有所运用。

◆ 第三章 ◆
生态产品供给的需求分析

生态产品是满足一定条件的自然要素。然而,我国的这些自然要素的现状并不乐观,如空气质量不高、淡水资源匮乏、土壤环境不容乐观、森林资源相对不足等。我国对于生态产品的需求源自人类对自然资源的消耗超过区域生态承载力而出现的生态赤字。需求的存在并不意味着供给的必然,但当生态赤字超过一定界限,涉及物种存亡时,补充生态产品,维持生态平衡就成为必然选择。此外,生态产品与一般产品不同,它难以通过对市场需求容量进行相对准确的评估,以估计供给总量,因为它既是人类生存和发展的必需品,又呈现出质量的多层次性。满足人类生存需要与满足人类最高福祉需要的质量层次范围较广,各层次的需求细分也无从知晓。造成这些原因与当前的制度设计不无关系。因此,本章从生态产品的生产环境——自然要素的现状出发,对生态产品供给的需求进行分析,进而对涉及生态产品供给的现有制度进行梳理,探寻生态产品供给的需求。

第一节 生态产品供给的现状

一、我国生态产品供给的现状

从生态产品的生产过程来看,生态产品的提供与自然资源和生态环境保护处于同一过程中,它们同生共存。因此,了解我国生态环境的现状是对我国生态产品的需求进行剖析,对生态产品需求越迫切,需求量越大越能体现生态产品供给的重要。

(一)我国生态环境的现状

生态环境是指影响人类生存与发展的水资源、土地资源、生物资源以及气候资源数量与质量的总称,是关系到社会和经济持续发展的复合生态系统。生态环境产生问题的原因在于人类为其自身生存和发展,在利用和改造自然的过程中,对污染资源、破坏生态系统平衡所产生的危害人类生存的各种负反馈效应。因此,人类利用自然、改造自然所产生的气候环境问题、水资源问题、土壤问题和森林问题等都使得环境和资源承载力发生重大变化。

1. 气候环境

人类活动加剧导致全球大气成分变化已经对天气和气候产生了显著影响,并带来了全球变暖、臭氧层破坏、酸性沉降、空气质量下降等一系列问题。这对当今人类社会可持续发展构成了巨大的威胁,也使科学界和各国政府面临严峻的挑战。

(1)气候变暖

工业革命以来,由于人类生产生活方式的变化,石油、煤炭等矿物燃料和农用化肥被大量使用,大气中的温室气体浓度急剧增加,气温上升,冰川面积退缩,冻土面积减少,海平面将上升。"近百年来,中国陆地区域平均增温 0.9 ℃~1.5 ℃,增温幅度高于全球水平;1980—2012 年期间,我国沿海海平面上升速率为每年 2.9 毫米,高于全球海平面平均上升速率;大范围的冰川、冻土和海冰面积都呈现出明显的减小趋势。20 世纪 70 年代至 21 世纪初,冰川面积退缩约 10.1%,冻土面积减少约 18.6%。预计到 21 世纪末,气温可能增加 1.3 ℃~5.0 ℃,全国降水平均增幅为 2%~5%。"[1]无论是历史数据还是未来的预测数据都显示了气候环境恶化的事实。据统计,我国全国平均气温呈波动上升趋势,见图 3-1。2016 年,全国平均气温 10.36 ℃,较常年偏高 0.81 ℃,为 1951 年以来第三高,仅次于 2015 年和 2007 年。四季气温均偏高,其中夏季气温为历史最高;除 1 月偏低、11 月接近常年同期外,其余各月均偏高,其中 12 月偏高 2.6 ℃,为历史同期最高。

---

[1] 《第三次气候变化国家评估报告》编写委员会.第三次气候变化国家评估报告[M].北京:科学出版社,2015:13-20.

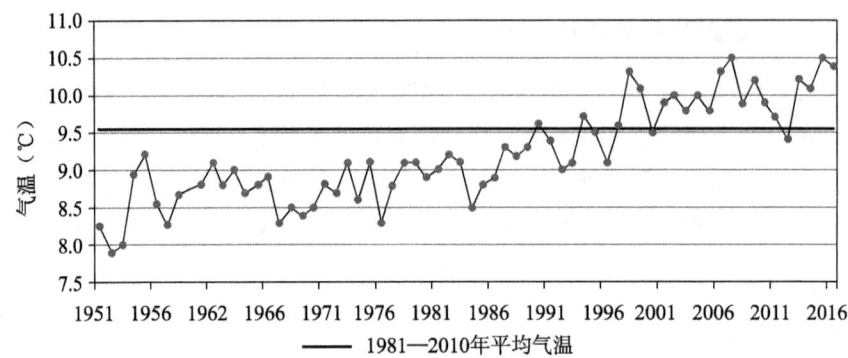

图 3-1　1951—2016 年全国年平均气温年际变化

(2) 空气质量不高

空气质量不仅关乎人类生存质量,而且也可以通过对气候的影响,改变整个生态系统的运行,可谓牵一发而动全身。2016 年,对全国 338 个地级及以上城市[①]进行监测,其中 24.9% 城市环境空气质量达标,[②]75.1% 城市环境空气质量超标。这些被检测的城市中,城市平均优良天数[③]比例为 78.8%;平均超标天数[④]比例为 21.2%。同时,这些城市发生以 $PM_{2.5}$ 为首要污染物[⑤]的天数占重度及以上污染天数的 80.3%,以 PM_{10} 为首要污染物的占 20.4%,以臭氧为首要污染物的占 0.9%。

由表 3-1 可看出:$PM_{2.5}$ 平均浓度逐年下降,年均减少约 10.1%,超标天数比例与 2015 年相比下降了 2.8 个百分点。PM_{10}、二氧化硫、二氧化氮、一氧化碳等浓度均值都呈逐年下降趋势,这说明我国城市空气质量虽然处不佳状态,但仍有好转迹象。

---

① 地级及以上城市:含直辖市、地级市、地区、自治州和盟。
② 空气质量达标:参与评价的污染物浓度均达标,即为环境空气质量达标。
③ 优良天数:空气质量指数(AQI)在 0~100 之间的天数为优良天数,又称达标天数。
④ 超标天数:空气质量指数(AQI)大于 100 的天数为超标天数。其中,101~150 为轻度污染,151~200 为中度污染,201~300 为重度污染,大于 300 为严重污染。
⑤ 首要污染物:空气质量指数(AQI)大于 50 时,空气质量分指数最大的污染物为首要污染物。

表 3-1 城市环境空气质量主要污染物平均浓度及超标情况

单位:一氧化碳为毫克每立方米;其他为微克每立方米

	$PM_{2.5}$	超标(%)	PM_{10}	超标(%)	臭氧	超标	二氧化硫	超标(%)	二氧化氮	超标(%)	一氧化碳	超标(%)
2016	47	14.7	82	10.4	138	3.0	22	5.2	30	0.5	1.9	0.4
2015	50	17.5	87	12.1	134	4.6	25	0.7	30	1.6	2.1	0.5
2014	62	26.6	105	19.0	140	6.1	35	1.7	38	3.2	2.2	0.7
2013	72	4.1	118	14.9	139	77.0	40	86.5	44	39.2	2.5	85.1

资料来源:1.数据来源于历年《中国环境报告》;
2.因数据统计指标的变动,表中 2015—2016 年超标比例为超标天数比例;2014 年超标比例为日均浓度超标率;2013 年超标比例为超标城市比例。

值得特别说明的是,臭氧层对生态系统存在潜在影响,而人类大量排放氯氟烃化物加剧了臭氧层浓度下降。20 世纪 50 年代末开始,科学家就发现高空臭氧层浓度有减少的趋势,并于 1985 年在南极上空发现臭氧层空洞。随后,世界各国发起签订的蒙特利尔协议限制了氯氟烷烃的生产和使用。近些年,我国臭氧日最大 8 小时平均第 90 分位数浓度[①]平均值在 138 微克每立方米附近轻微波动,这说明我国采取对氯氟烃化物排放的限制政策取得了较好的效果。

(3)酸沉降程度严重

大气中的二氧化硫和氮氧化合物与水蒸气结合形成的硫酸或硝酸等酸类物质以雨、雪、雾等形式落回地面,或以"尘"的形式直接沉降到植物或建筑物上,并产生腐蚀作用。酸沉降现象的发生说明空气中二氧化硫和氮氧化合物的浓度高,是空气质量不佳的一个佐证。

酸沉降又称酸雨,它严重威胁水域生物和陆生生物的生存,导致土壤酸化,建筑物受侵蚀,人们的饮用水质量下降。据《中国环境报告》披露的

---

① 百分位数浓度:按照《环境空气质量评价技术规范(试行)》(HJ 663-2013),将日历年内有效的 O_3 日最大 8 小时平均值、CO 24 小时平均值按数值从小到大排序,取第 90% 位置的 O_3 日最大 8 小时平均值与国家标准日最大 8 小时平均浓度限值比较,判断臭氧达标情况;取第 95% 位置的 CO 24 小时平均值与 CO 24 小时标准浓度限值比较,判断 CO 达标情况。

数据,全国酸雨污染总体稳定,但程度依然较重。2016 年,全国监测降水的城市中,酸雨现象发生频率平均值为 12.7%。出现酸雨的城市数占监测降水城市总数之比为 38.8%;酸雨发生频率在 25% 以上的城市比例为 20.3%,在 50% 以上的城市比例为 10.1%,在 75% 以上的城市比例为 3.8%。表 3-2 的资料显示,酸雨频率平均值、出现酸雨的城市比例数和各频率范围的比例数都呈现逐年降低的趋势。这实际是我国环境治理成果显著的表现。

表 3-2　2006—2016 年不同酸雨频率的市(县)比例年际变化

	频率平均值(%)	出现酸雨的城市比例(%)	频率＞25%	频率＞50%	频率＞75%
2016	12.7	38.8	20.3	10.1	3.8
2015	14.0	40.4	20.8	12.7	5.0
2014	17.4	44.3	26.6		9.1
2013		44.4	27.5		9.1
2012		41.6	28.5		12.0
2011		48.5	29.9		9.4
2010		50.4	32.4	20.9	11.0
2009		52.9	33.6	20.9	10.9
2008		52.8	34.3	22.4	11.5
2007		56.2	34.2	24.8	13.0
2006		54.0	37.8	26.1	16.6

资料来源:1.数据来源于历年《中国环境报告》;
　　　　2.表中酸雨频率平均值和频率＞50% 两个指标部分年度的具体数据在《中国环境报告》中未披露,故为空格。

从降水中主要离子当量浓度比例看,我国酸雨类型总体仍为硫酸型。而大量燃烧矿物燃料是硫酸型酸雨产生的主要原因。2016 年全国降水酸碱度年均值范围在 4.1～8.1 之间。其中,酸雨、较重酸雨和重酸雨[①]的城

---

① 根据降水 PH 年均值,酸雨分为酸雨(5＜PH＜5.6)、较重酸雨(4.5＜PH＜5.0)和重酸雨(PH＜4.5)。

市比例分别为19.8%、6.8%和0.8%,分别比2015年下降2.7个、1.7个和0.2个百分点。

2. 水资源环境

水是地球上最丰富的资源。在人类现有技术水平下,可供人类使用的淡水资源占全球水资源总量不足0.004%。然而,我国水资源总量虽然居世界第六位,但其人均占有量仅为世界人均占有量的25%。从这个角度看,我国的水资源相对匮乏。此外,由于我国水资源分布不均,以及用水不合理等原因,我国水资源面临严峻的问题。

(1)水资源供需矛盾突出

我国南北方由于地势条件、经济发展状况和人口分布的差异,对水资源的需求不同。但南北方水资源与人口的配置却正好相反,供需矛盾进一步凸显。具体而言长江流域及其以南地区人口占全国的53.6%,耕地面积占全国的34.7%,但是水资源却占了80.9%,人均水资源量为3481立方米,亩均水资源量为4317立方米,属于人多地少、经济发达、水资源丰富地区。北方(不包括内陆河)人口占44.3%,耕地面积占59.6%,水资源却只有14.5%,人均水资源量为747立方米,亩均水资源量为471立方米,属于人多地多、经济相对发达、水资源短缺地区;其中黄河、淮河、海河三个流域尤其突出,是全国水资源最为缺乏的地区。

(2)江河湖库水污染严重,水质危机大于水量危机

历年《中国环境状况公报》显示(见表3-3):全国地表水总体为轻度污染。在国考断面[①]中,Ⅰ~Ⅲ类水质比重逐年增加,Ⅳ~Ⅴ类和劣Ⅴ类水质比重同时逐年下降,地表水水质变化说明我国开展的流域水污染防治工作

---

① "十三五"期间,进一步完善国家地表水环境监测网,覆盖全国主要河流干流及重要的一级、二级支流,兼顾重点区域的三级和四级支流,重点湖泊、水库等。共设置国控断面(点位)2767个(河流断面2424个、湖库点位343个),其中评价、考核、排名断面(点位)共1940个(简称国考断面),入海控制断面共195个(其中85个同时为评价、考核、排名断面),趋势科研断面共717个。

取得了较好的成效。① 但我国地下水水质总体较差。近十年间,地下水水质各级比例变化不大。地表水集中式饮用水水质达标率高。表 3-3 数据为城市饮用水达标率,农村自来水饮用水达标率相对较低,约为 70%。我国对农村饮用水改造工程使得农村饮用水状况得到改善。

值得注意的是,水质危机经过流域治理后出现好转。以流域为例,我国主要十大流域②的水质各不相同。其中海河流域水质最差,为重度污染,其水质断面检测常年均值约 40% 为劣 Ⅴ 类水质;黄河、松花江、淮河和辽河流域为轻度污染,其劣 Ⅴ 类水质含量在 6% 到 15% 间波动;长江和珠江流域水质良好,劣 Ⅴ 类水质含量低于 5%;西南诸河水质为优,该地区地处我国西南,工业发展相对东部地区落后,污染较低,这成为西南诸河水质一直为优的重要原因。浙闽片河流、西北诸河水质也为优,但这两大流域水质较好有人工治理的因素在内。浙闽片河流在 2011 年出现 6.5% 的劣 Ⅴ 类水质,但 2012 年水质监测情况显示劣 Ⅴ 类水质含量为零,而自 2010 年起 Ⅰ~Ⅲ 类水质的比例逐年增高。西北诸河 Ⅰ~Ⅲ 类水质的比例常年超过 90%,最高 98%,劣 Ⅴ 类水质比重虽低但仍然存在。经多年治理,至 2015 年该流域劣 Ⅴ 类水质占比为零。详细数据资料见表 3-4。

---

① 《地表水环境质量标准》(GB 3838-2002)中除水温、总氮、粪大肠菌群外的 21 项指标依据各类标准限值分别评价各项指标水质类别,然后按照单因子方法取水质类别最高者作为断面水质类别。Ⅰ、Ⅱ 类水质可用于饮用水源一级保护区、珍稀水生生物栖息地、鱼虾类产卵场、仔稚幼鱼的索饵场等;Ⅲ 类水质可用于饮用水源二级保护区、鱼虾类越冬场、洄游通道、水产养殖区、游泳区;Ⅳ 类水质可用于一般工业用水和人体非直接接触的娱乐用水;Ⅴ 类水质可用于农业用水及一般景观用水;劣 Ⅴ 类水质除调节局部气候外,几乎无使用价值。

② 我国主要流域分为长江、黄河、珠江、松花江、淮河、海河、辽河等七大流域和浙闽片河流、西北诸河、西南诸河。

表 3-3　我国水质类别状况表

单位：%

年份	地表水			地下水				饮用水	
	Ⅰ～Ⅲ类	Ⅳ～Ⅴ类	劣Ⅴ类	优良级	良好级	较好级	较差级	极差级	达标率
2016	67.8	23.7	8.6	10.1	25.4	4.4	45.4	14.7	90.4
2015	64.5	26.7	8.8	9.1	25.0	4.6	42.5	18.8	97.1
2014	63.1	27.7	9.2	10.8	25.9	1.8	45.4	16.1	96.2
2013	71.7	19.3	9.0	10.4	26.9	3.1	43.9	15.7	97.3
2012	68.9	20.9	10.2	11.8	27.3	3.6	40.5	16.8	95.3
2011	61.0	25.3	13.7	11.0	29.3	4.7	40.3	14.7	90.6
2010	59.9	23.7	16.4	10.2	27.6	5.0	40.4	16.8	76.5
2009	57.3	24.3	18.4						73.0
2008	55.0	24.2	20.8						
2007	49.9	26.5	23.6						
2006	40.0	32.0	28.0						
2005	41.0	32.0	27.0						
2004	41.8	30.3	27.9						
2003	38.1	32.2	29.7						
2002	29.1	30.0	40.9						
2001	29.5	26.5	44.0						
2000	57.7	28.5	13.8						

资料来源：1.数据来源于历年《中国环境状况公报》；
2.饮用水是指集中生活饮用水，达标率是指地级及以上城市在集中式生活饮用水水源检测断面（点位）检测全年达标率。

表 3-4　2016 年全国十大流域水质类别比

单位：%

年份		长江	黄河	珠江	松花江	淮河	海河	辽河	浙闽片河流	西北诸河	西南诸河
2016	Ⅰ～Ⅲ类	82.3	59.1	89.6	60.2	53.3	37.3	45.3	94.4	93.5	90.5
	Ⅳ～Ⅴ类	14.1	27.0	6.6	33.3	39.5	21.7	39.6	5.6	6.4	9.5
	劣Ⅴ类	3.5	13.9	3.6	6.5	7.2	41.0	15.1			
2015	Ⅰ～Ⅲ类	89.4	61.2	94.5	65.1	54.3	42.2	40.0	88.8	96.0	96.5
	Ⅳ～Ⅴ类	7.4	25.8	1.8	29.0	36.1	18.7	45.5	11.1	4.0	3.4
	劣Ⅴ类	3.1	12.9	3.7	5.8	9.6	39.1	14.5			
2014	Ⅰ～Ⅲ类	88.1	59.7	94.5	62.1	56.4	39.1	41.8	84.5	98.0	93.6
	Ⅳ～Ⅴ类	8.8	27.4	1.8	33.3	28.7	23.4	50.9	15.5	2.0	6.4
	劣Ⅴ类	3.1	12.9	3.7	4.6	14.9	37.5	7.3			
2013	Ⅰ～Ⅲ类	89.4	58.1	94.4	55.7	59.6	39.1	45.5	86.7	98.0	100.0
	Ⅳ～Ⅴ类	7.5	25.8	0.0	38.6	28.7	21.8	49.1	13.3	2.0	
	劣Ⅴ类	3.1	16.1	5.6	5.7	11.7	39.1	5.4			

续表

年份		长江	黄河	珠江	松花江	淮河	海河	辽河	浙闽片河流	西北诸河	西南诸河
2012	Ⅰ~Ⅲ类	86.2	60.7	90.7	58.0	47.4	39.1	43.6	80.0	98.0	96.8
	Ⅳ~Ⅴ类	9.4	21.3	5.6	36.3	34.7	28.1	56.4	20.0		3.2
	劣Ⅴ类	4.4	18.0	3.7	5.7	17.9	32.8	14.5		2.0	
2011	Ⅰ~Ⅲ类	80.9	69.8	84.8	45.2	41.9	31.7	40.5	80.6	91.4	94.1
	Ⅳ~Ⅴ类	13.8	11.6	12.2	40.5	43.0	30.2	59.5	12.9	4.3	5.9
	劣Ⅴ类	5.3	18.6	3.0	14.3	15.1	38.1	10.8	6.5	4.3	
2010	Ⅰ~Ⅲ类	95.2	72.7	97.0	47.6	41.9	37.1	40.5	80.6	92.8	88.2
	Ⅳ~Ⅴ类	4.8	27.3	0.0	40.5	41.8	22.6	59.5	19.4	3.6	
	劣Ⅴ类	3.8	20.5	3.0	11.9	16.3	40.3	24.3		3.6	11.8

资料来源：数据来源于历年《中国环境公报》。

(3) 生态环境需水问题突出

生态环境需水是指维持生态系统动态平衡所需要的水资源总量。我国受季风气候影响,水资源年际与年内变化很大。径流量年际变化大加之连续丰枯水段的出现,使得我国经常发生旱、涝或连旱、连涝现象,生态需水量增加。同时,以人类需求为中心的水资源开发、利用活动从水量、水质等方面不同程度地影响、挤占和掠夺了地球各类生态系统水分,打破了生态系统平衡。为保护河流、湖库生态系统、维持流域生态系统的良性循环,维持自身发展过程和保护生物多样性所需要的生态需水量尚不能满足。若以"生态基流满足程度"①作为生态需水评价指标,那么,"我国北方地区生态基流满足程度不高,尤其东北地区和华北地区的部分河段经常出现断流状态,生态系统面临威胁,生态基流满足程度为'劣'"。②

根据现有研究数据来看,敏感生态保护目标中涉及水生生物保护的占54%,涉及湿地保护的占26%,涉及冲沙用水的占13%,涉及景观保护的占4%,涉及河口压咸和防止"水华"发生的占2%。所以,我国目前生态需水保障的生态保护目标主要为因缺水而导致的水生生物保护和湿地保护两个方面(占80%),主要分布在我国东北、华北、西北等地区,需要进行生态补水,从而实现物种多样性及其栖息地的保护。③

3.土壤状况

土壤是生态环境的重要组成部分,是万物生长的基础。土壤退化使得陆地生态系统的平衡和稳定遭到破坏,突出人地矛盾,破坏人类的生存环境。而在不合理的开发利用方式与自然因素共同作用下,我国土地资源退化面积高达80.88亿亩,占全国土地总面积的56.2%。其中,作为最重要的土壤退化形式——土壤侵蚀总面积达44.235亿亩。

此外,我国土壤污染严重。2006年《全国土壤污染调查公报》显示:我国土壤环境状况总体不容乐观。全国土壤总的超标率为16.1%,耕地土壤

---

① 根据重要控制断面的流量条件,对生态基流满足状况进行评价,判断河流与湖泊和湿地等的敏感生态目标和生态需水保障要求,从而确定需要通过满足其生态需水而达到生态保护和修复的目的。

② 孙宇.生态保护与修复视域下我国流域生态补偿制度研究[D].吉林大学,2015:80.

③ 孙宇.生态保护与修复视域下我国流域生态补偿制度研究[D].吉林大学,2015:80.

点位超标率为19.4%,林地、草地、未利用地点位超标率均超过10%。这些简单的数据应该引起公众极大的重视,原因有二:其一,该次污染调查是迄今为止相对全面的关于土壤的污染调查,但这些数据为10年前的数据;其二,这次调查为普查性质,抽样点位稀松,仅能从宏观上估计我国土壤环境的概况,并且该次调查的方法和结果受到学界和业界的共同质疑。

4. 森林资源环境

总体森林资源丰富,但人均森林资源相对不足是我国森林资源的现况。第八次全国森林资源清查(2009—2013年)数据显示:我国森林面积2.08亿公顷,位居世界第5位;森林覆盖率21.63%,森林蓄积151.37亿立方米,位居世界第6位,其中人工林面积居世界首位;人均森林面积约为0.15公顷,位居世界第134位,人均森林蓄积量约为11.12立方米,位居世界第122位,人均活立木总蓄积量164.33亿立方米;全国森林植被总生物量170.02亿吨,总碳储量达84.27亿吨。年涵养水源量5807亿立方米,年固土量81.91亿吨,年保肥量4.30亿吨,年吸收污染物量0.38亿吨,年滞尘量58.45亿吨。

根据表3-5所示,我国森林总面积、森林覆盖率和森林蓄积量均有较大增长。蓄积量的提升反映出我国森林生态环境的好转。与此同时,人工林面积自1998年以来一直位于世界第1位。这与我国推行的公益林建设、植树造林、退耕还林等政策密切相关。

表 3-5 我国森林资源数据表

年 份	森林面积/亿公顷	人均森林面积/公顷	森林覆盖率(%)	活立木总蓄积/亿立方米	森林蓄积/亿立方米	人均森林蓄积/立方米
2009—2013	2.08	0.15	21.63	164.33	151.37	11.12
2004—2008	1.95	0.14	20.36	149.13	137.21	10.06
1999—2003	1.75	0.13	18.21	136.18	124.56	9.40
1994—1998	1.59	0.13	16.55	124.90	112.70	9.05
1989—1993	1.30	0.11	13.92		101.92	8.60

资料来源:历次全国森林资源清查数据。

（二）生态产品供给的相关实践

1. 森林生态产品供给实践

我国森林生态产品的提供主要是依靠政府主导的供给，如天然林保护工程、退耕还林工程、京津风沙源治理等。这类项目增加了我国人工林面积，为我国成为世界第一大人工林国家做出了巨大贡献。在这类项目推进中，政府以政府专项基金或国家重点公益林中央财政补助金为供给资金。

天然林保护工程一期工程(2000—2010年)，中央以生态补偿方式提供森林生态产品，实际累计投入1119亿元，其中，工程列支公益林造林费、管护费，补偿标准为：封山育林每公顷210元，人工造林长江上游地区每公顷3000元。一期工程内，森林生态改善，林木质量提高，多吸收约13亿吨的二氧化碳。二期工程(2011—2020年)，中央计划投资2440亿元，其中，中央投入2190亿元，地方投入245亿元。天然林保护工程是政府提供森林生态产品实践的典型，主要通过补助的方式实现。[1]

退耕还林工程国家设立的专项资金用于退耕还林还草，专项资金由中央财政专项资金和部门经费共同列支，以实物补助（粮食）、生产补助（种苗造林补助费）和生活补助费方式提供生态产品。各地区实行差异化的补偿标准，如向退耕户无偿提供粮食时，依长江流域划分，上游地区每亩地每年补助原粮300斤，黄河上游地区每亩地每年补助原粮200斤，每斤粮食按0.7元折算。此外，也可向退耕农户提供每亩退耕地每年20元现金补贴，向退耕户无偿提供种苗等形式。

此外，利用国际贸易的方式提供生态产品是生态产品国际化供给的一种实践。沈阳市康平县于1999年起种植的中日防沙治沙实验林吸收的二氧化碳和碳储量按一定标准计量为碳排放权与日本政府达成碳汇交易，所

---

[1] 天然林保护工程补助包括：管护的补助，中央安排国家级公益林，每亩管护费5元，由中央安排的森林生态效益基金每亩10元，地方公益林安排的中央补助是3元；社会保险补助，中央财政继续对私营企业和国有林场等国有单位负担在职职工的基本养老、基本医疗、失业、工伤和生育五项保险进行补助；困难补助，对符合现行政策的国有林业单位代管的灵活就业人员进行困难补助。继续实行公益林建设的补助政策。

得的收益用于康平县继续提供森林生态产品。[①]

截至 2016 年 6 月,在国内的 7 个碳市场二级市场上,累计成交额为 3.49 亿美元,成交量达 0.94 亿吨[②]。对于碳市场交易,我国采用总量限额的配额管理制度,采取"基线信用抵消"机制,碳市场纳入林业的唯一接口是允许碳汇项目通过核证后获得的中国核证减排量(CCER)入市交易,但一般都有上限。因此,僵化的管理制度在一定程度上限制了碳交易在国际市场上的参与度。

2. 水生态产品的供给实践

水生态产品的提供与其产生的自然要素——流域或湿地的保护并存。对于流域的保护,由于水体具有流动性,对它进行管理就要从整体角度出发。

2005 年浙江东阳—义乌的"水权交易"实现了同一流域上下游城市间的水权交易,可以视为我国生态产品供给的首次尝试。同年,鄂尔多斯市进行的水权交易从水资源利用效率角度出发,使同一流域内不同两大生产部门(工业和农业)之间水权交易完成。这是高效率水资源部门向低效率水资源部门提供水生态产品的一种模式。目前在全国范围内已经有不同规模、不同类型等多次水权转让的成功实例,比如甘肃张掖农民用水户之间水票的转让,黄河宁蒙河段大规模、跨行业的水权转让等一系列水权交易,为我国通过市场交易促进水生态产品供给提供了实践经验。

对于湿地的保护,自 1992 年以来,我国的国际重要湿地从 6 处发展到 46 处,建成和在建的国家湿地公园共计 561 处,省级和地方级的湿地公园、保护区数量则更多。为提高我国湿地保有量,我国将从之前的"抢救性"保护逐渐进入全面保护阶段,并通过以湿地生态补偿制度为重点的湿地保护制度。目前,我国以湿地保护工程作为湿地保护网络,规划覆盖全国八大湿地地区。

---

① 肖映秋,金靖,宋戬.我国首次碳汇交易在沈开盘:中日防沙治沙实验林在沈阳市康平县建设情况[J].中国城市林业,2005(2):74.

② 中国碳市场观察[R/OL].https://www.thepmr.org/system/files/documents/China%20Carbon%20Market%20Monitor-%235-CN-Publication.pdf.

3. 气候生态产品的供给实践

气候资源主要指大气中的光资源、热量资源、降水资源和气象能源以及潮汐能、生物能等其他衍生资源。[①] 它的主要利用领域包括农业、城镇建设、电力生产、旅游业、交通运输业等。而气候生态产品与气候资源如子与母的关系。因此,合理利用气候资源也就是对气候生态产品的有效供给。

按农业气候资源的组合类型及农业气候生产力指数,我国对农业气候资源进行区划,为各地利用气候发展农业生产提供了较以往更为明确的利用方向与利用重点。[②] 随着气候变化,各区域种植制度、作物布局与品种布局也必须进行相应的调整。以种植制度为例,1981—2007 年间我国一年两熟制、一年三熟制的种植北界都较 1950—1980 年有不同程度的北移,北移地区的复种指数明显提高。[③]

风能、光能的广泛使用是气候资源产生、提供生态产品的典型。随着国内经济的发展,建筑设施内采暖用热的需求增多,传统能源的消耗量大幅度上升。为了节约能源,我国采用被动式太阳房以墙壁为即热体和储热体获得太阳能。据统计,截至 1998 年年底,全国已建成不同类型的被动式太阳房 930 万立方米,为世界之最;截至 2016 年底,我国累计新增风电装机容量 8758 万千瓦,光伏发电累计装机容量达 7742 万千瓦。

此外,利用气候资源开展自然观光、工业观光和康体保健类旅游、度假。例如蓬莱十景之一的"漏天银雨",中国吉林雾凇冰雪节,广东汕头和内蒙古锡林郭勒盟分别在南澳风能发电厂和朱日和风力发电站开展的观光活动,黑龙江亚布力滑雪以及各类避高山、森林、海滨、洞穴、沙漠疗养。

从以上生态环境的现状及实践成果看,我国的气候环境、水资源环境、土壤状况、森林资源环境并不乐观,但是,在人工治理和修复之下,生态环境恶化状况趋缓。这也在一定程度上证实了人类劳动可以对生态环境产生正面作用,年能够在一定程度上改善生态环境。

---

① 秦大河.气候资源的开发、利用和保护[J].求是,2005(3):54-56.
② 葛全胜.中国气候资源与可持续发展[M].北京:科学出版社,2007:299.
③ 黄淮海地区水浇地、旱地一年两熟区的南界向北移动;江淮平原麦稻一年两熟区整体向北推移;长江中下游平原一年三熟、一年两熟区,北界向北移动,南界无明显变化,西界向西推进;华南一年三熟、一年两熟区,其北界向北移动。

二、我国生态产品供给制度的现状

我国生态产品供给方式多样,例如生态补偿、财政转移支付等,这致使生态产品供给制度不能由一部法律或者一项制度来规范,而应该是针对各种类型供给方式设计的一系列制度的集合。在目前的生态产品供给实践中,无论是生态产品的生产者还是生态产品的受益者,以"补偿"的方式提供生态产品仍然是主要途径。

宪法是我国根本大法,是其他法律的立法依据。宪法有关生态环境或自然资源保护的规定是生态产品供给制度设立的基础和依据。《中华人民共和国宪法》规定国家拥有自然资源所有权[①],并承担保护生态环境的责任[②]。《中华人民共和国环境法》是我国环境保护的基本法,从整体上对生态环境保护和防治污染两个方面做出了规定,其中重点规定了防治污染方面的内容,对生态环境保护仅做出了原则性的规定。比如,"开发、利用自然资源,必须采取措施保护生态环境"[③],要求开发利用自然资源必须对造成的生态环境破坏进行恢复,这为生态产品提供了物质基础保障。

事实上,无论是森林资源、水资源,还是气候资源,它们中涉及的生态产品供给制度零散于相关法律法规或规章制度之中。

(一)森林生态产品供给的制度

20世纪90年代初,森林生态产品供给实践因国家政策形势得到大规模的开展。其中,生态补偿是森林生态产品供给的主要方式。

1998年新修订的《中华人民共和国森林法》(以下简称《森林法》)第8条、第18条规定,"森林生态效益补偿基金"的设立、用途和管理,规定从森

---

① 《中华人民共和国宪法》第9条第1款规定:矿藏、水流、森林、山岭、草原、荒地、滩涂等自然资源都属于国家所有,即全民所有;由法律规定属于集体所有的森林和山岭、草原、荒地、滩涂除外。

② 《中华人民共和国宪法》第9条第2款规定:国家保障自然资源的合理利用,保护珍贵的动物和植物。禁止任何组织或者个人用任何手段侵占或者破坏自然资源。

③ 《中华人民共和国环境法》第19条规定:编制有关开发利用规划,建设对环境有影响的项目,应当依法进行环境影响评价。未依法进行环境影响评价的开发利用规划,不得组织实施;未依法进行环境影响评价的建设项目,不得开工建设。

林环境功能收益的主体必须缴纳费用;对集体和个人造林、育林给予经济扶持;规定了育林费的征收以及用处林建设资金的提取等。2000年颁布的《森林法实施条例》明确规定,"防护林、特种用途林的经营者有获得森林生态效益补偿的权利"。《退耕还林条例》(2002)中"集中采购退耕还林所需种苗,种苗购置费超过国家种苗造林补助费标准的,不得向退耕还林者强行收取超出部分的费用","禁止垄断经营种苗和哄抬种苗价格","资金和粮食补助"等内容都体现了对森林生态产品供给者利益的保障。[①] 2007年财政部颁布的《中央财政森林生态效益补偿基金管理办法》要求各级政府按照事权划分建立森林生态效益补偿基金,为各级政府直接提供森林生态产品建立支付标准。但这些法律制度中,所制定的"经济扶持"标准、补助标准或补偿标准对于森林生态产品供给的激励作用并不明显。

参与森林碳汇交易是森林生态产品市场供给的体现。中国制定的首个自愿减排标准——"熊猫标准",虽然实现了在制度上与国际接轨,但实际上自愿性碳交易的实例寥寥无几。

(二)水生态产品供给制度建设现状

水资源的所有权问题对于水生态产品的市场化供给至关重要。水资源的所有权,除《中华人民共和国宪法》《中华人民共和国环境法》外,《中华人民共和国水法》(以下简称《水法》)也规定水资源属于国家所有,其所有权和使用权分离[②]。这为水生态产品的市场化提供奠定了基础。

[①] 《退耕还林条例》第25条规定:退耕还林需要的种苗,可以由县级人民政府根据本地区实际组织集中采购,也可以由退耕还林者自行采购。集中采购的,应当征求退耕还林者的意见,并采用公开竞价方式,签订书面合同,超过国家种苗造林补助费标准的,不得向退耕还林者强行收取超出部分的费用。任何单位和个人不得为退耕还林者指定种苗供应商。禁止垄断经营种苗和哄抬种苗价格。/第四章 资金和粮食补助

[②] 《中华人民共和国水法》第3条规定:水资源属于国家所有。水资源的所有权由国务院代表国家行使。农村集体经济组织的水塘和由农村集体经济组织修建管理的水库中的水,归各该农村集体经济组织使用。

在水权的初始界定方面,《水法》第 7 条、第 48 条,①《取水许可和水资源费征收管理条例》第 2 条②都确立了取水许可证制度为水权初始分配的制度,并明确了水资源的有偿使用。

在水权交易方面,《取水许可和水资源费征收管理条例》确定了水权交易的法律可行③;为落实实施水权转让,水利部从制度建设和实施细则出发发布了《关于水权转让的若干意见》(水政法〔2005〕11 号)和《关于印发水权制度建设框架的通知》(水政法〔2005〕12 号)。这两个文件的出台为我国水生态产品的市场供给奠定了基础;《水法》第 49 条、第 55 条确立了水

---

① 《中华人民共和国水法》第 3 条规定:水资源属于国家所有。水资源的所有权由国务院代表国家行使。农村集体经济组织的水塘和由农村集体经济组织修建管理的水库中的水,归各该农村集体经济组织使用。《中华人民共和国水法》第 7 条规定:国家对水资源依法实行取水许可制度和有偿使用制度。但是,农村集体经济组织及其成员使用本集体经济组织的水塘、水库中的水除外。国务院水行政主管部门负责全国取水许可制度和水资源有偿使用制度的组织实施。第 48 条规定:直接从江河、湖泊或者地下取用水资源的单位和个人,应当按照国家取水许可制度和水资源有偿使用制度的规定,向水行政主管部门或者流域管理机构申请领取取水许可证,并缴纳水资源费,取得取水权。但是,家庭生活和零星散养、圈养畜禽饮用等少量取水的除外。实施取水许可制度和征收管理水资源费的具体办法,由国务院规定。

② 《中华人民共和国水法》第 7 条规定:国家对水资源依法实行取水许可制度和有偿使用制度。但是,农村集体经济组织及其成员使用本集体经济组织的水塘、水库中的水除外。国务院水行政主管部门负责全国取水许可制度和水资源有偿使用制度的组织实施。第 48 条规定:直接从江河、湖泊或者地下取用水资源的单位和个人,应当按照国家取水许可制度和水资源有偿使用制度的规定,向水行政主管部门或者流域管理机构申请领取取水许可证,并缴纳水资源费,取得取水权。但是,家庭生活和零星散养、圈养畜禽饮用等少量取水的除外。实施取水许可制度和征收管理水资源费的具体办法,由国务院规定。《取水许可和水资源费征收管理条例》第 2 条:本条例所称取水,是指利用取水工程或者设施直接从江河、湖泊或者地下取用水资源。取水许可和水资源费征收管理条例取用水资源的单位和个人,除本条例第 4 条规定的情形外,都应当申请领取取水许可证,并缴纳水资源费。本条例所称取水工程或者设施,是指闸、坝、渠道、人工河道、虹吸管、水泵、水井以及水电站等。

③ 《取水许可和水资源费征收管理条例》第 2 条:本条例所称取水,是指利用取水工程或者设施直接从江河、湖泊或者地下取用水资源。取水许可和水资源费征收管理条例取用水资源的单位和个人,除本条例第四条规定的情形外,都应当申请领取取水许可证,并缴纳水资源费。本条例所称取水工程或者设施,是指闸、坝、渠道、人工河道、虹吸管、水泵、水井以及水电站等。《取水许可和水资源费征收管理条例》第 27 条规定:依法获得取水权的单位或者个人,通过调整产品和产业结构、改革工艺、节水等措施节约水资源的,在取水许可的有效期和取水限额内,经原审批机关批准,可以依法有偿转让其节约的水资源,并到原审批机关办理取水权变更手续。具体办法由国务院水行政主管部门制定。

资源有偿使用原则,以及水价确定的基本原则,并对交易价格管理进行规定。①

水生态产品依附于水资源产生,因此水资源所有权的明确及水权可交易的法律认可是激励水生态产品供给的前提。在提供水生态产品的资金支持方面,《中华人民共和国水污染防治法》(2008 年修订,以下简称《水污染防治法》)首先以法律的形式规定利用财政转移支付的方式对水环境生态保护进行补偿②;《中华人民共和国水土保持法》(以下简称《水土保持法》)第 31 条规定"多渠道筹集预防和治理江河源头区、饮用水水源保护区和水源涵养区水土流失的资金"。③

此外,还有其他法律法规条款涉及水生态环境保护和水生态产品生产问题,例如我国的《防洪法》、《水土保持法》、《水土保持法实施条例》、《水污染防治法实施细则》、《河道管理条例》、《水库大坝安全管理条例》《取水许可制度实施办法》、《淮河流域水污染防治暂行条例》和《长江河道采砂管理条例》等。④

(三)气候生态产品供给的制度

在气候资源不断开发利用的过程中,鼓励使用气候资源,提供气候生

---

① 《取水许可和水资源费征收管理条例》第 27 条规定:依法获得取水权的单位或者个人,通过调整产品和产业结构、改革工艺、节水等措施节约水资源的,在取水许可的有效期和取水限额内,经原审批机关批准,可以依法有偿转让其节约的水资源,并到原审批机关办理取水权变更手续。具体办法由国务院水行政主管部门制定。《中华人民共和国水法》第 49 条规定:用水应当计量,并按照批准的用水计划用水。用水实行计量收费和超定额累进加价制度;第 55 条规定:使用水工程供应的水,应当按照国家规定向供水单位缴纳水费。供水价格应当按照补偿成本、合理收益、优质优价、公平负担的原则确定。具体办法由省级以上人民政府价格主管部门会同同级水行政主管部门或者其他供水行政主管部门依据职权制定。

② 《中华人民共和国水污染防治法》(2008 年修订)第七条:国家通过财政转移支付等方式,建立健全对位于饮用水水源保护区区域和江河、湖泊、水库上游地区的水环境生态保护补偿机制。

③ 《中华人民共和国水土保持法》(2010 修订)第 31 条:国家加强江河源头区、饮用水水源保护区和水源涵养区水土流失的预防和治理工作,多渠道筹集资金,将水土保持生态效益补偿纳入国家建立的生态效益补偿制度。

④ 中华人民共和国水利部网站,http://www.mwr.gov.cn/,行政法规和法规性文件,访问时间:2016 年 7 月 13 日。

态产品的制度出台。1994年颁布的《中华人民共和国气象条例》首次在法律规范中规定了"气候资源利用";《中华人民共和国气象法》则在《气象条例》基础上将开发与保护气候资源提升到法律高度,其中第6章对"气候资源开发利用和保护"做出明确规定,但是,其重心更多的落在气候资源的开发上;2014年修订的《中华人民共和国环境保护法》第2条①对该法保护的环境进行界定时,将气候资源要素纳入保护范围;《中华人民共和国可再生能源法》进一步将"风能、太阳能的开发利用"列入国家发展规划。

《中华人民共和国气象法》(2014)中明确规定地方各级气象主管机构协同县级以上地方人民政府实现气候资源开发利用,并保护气候资源。②这为地方气象部门参与气候资源开发利用与保护专项立法提供了法律支持。2011年广西区气象局配合当地人大出台《广西壮族自治区气候资源开发利用和保护管理办法》,2012年黑龙江、贵州分别通过了《黑龙江省气候资源探测和保护条例》,《贵州省气候资源开发利用和保护条例》,2014年江苏省通过《江苏省气候资源保护和开发利用条例》。此外,吉林、江苏、河南、重庆、贵州、陕西、海南等地气象部门陆续向当地人大、政府提交了关于气候资源开发利用和保护的地方性法规或规章的立法建议,部分列入当地立法一类或二类计划。

除气候资源的充分利用外,气候环境保护也是气候生态产品提供的有效方法之一,而且气候的变化在社会经济生活中的地位显著提升。2009年8月,全国人大常委会通过了《全国人大常委会关于积极应对气候变化的决议》,明确提出要把积极应对气候变化作为实现可持续发展战略的长期任务纳入国民经济和社会发展规划。2011年,《"十二五"规划纲要》把"积极应对全球气候变化"作为重要内容。2011年,建立"十二五"碳强度下降目标分解工作机制,制定了《"十二五"控制温室气体排放工作方案》,组织编

---

① 《中华人民共和国环境保护法》(2014)第2条:本法所称环境,是指影响人类生存和发展的各种天然的和经过人工改造的自然因素的总体,包括大气、水、海洋、土地、矿藏、森林、草原、湿地、野生生物、自然遗迹、人文遗迹、自然保护区、风景名胜区、城市和乡村等。

② 《中华人民共和国气象法》(2014)第33条:县级以上地方人民政府应当根据本地区气候资源的特点,对气候资源开发利用的方向和保护的重点作出规划。地方各级气象主管机构应当根据本级人民政府的规划,向本级人民政府和同级有关部门提出利用、保护气候资源和推广应用气候资源区划等成果的建议。

制了《国家应对气候变化规划(2013—2020)》和《国家适应气候变化战略》。

第二节 生态产品供给的必要性

在过去的几十年中,我国通过粗放型经济发展模式快速达到人民物质生活的富足状态,该过程中,原本丰富的自然资源被消耗,人民的生活环境恶化,生态系统的稳定性被破坏。当人类福祉转变为以物质和精神双重标准来评价时,除去丰富的物质基础,人们对自由、选择、健康、良好的社会关系、安全等标准更加重视。因此,"增加生态产品供给"不仅是满足着人类较高生活品质的需要,也是人类文明建设、可持续发展的需要。

一、满足人类较高生活品质的需要

在相当长的时间里,丰富的自然资源满足人类的各种需求,人们在享用其效用的同时,对其稀缺性尚缺乏认识,认为自然资源是人类可以永久依赖、取之不尽、用之不竭的宝库。因此以自然资源为重要组成部分的生态系统稳定问题从来没有被放置到危及人类及其后代生存的高度来考虑。随着经济的发展,资源被消耗,生存环境逐渐恶化,生态系统失衡,以往认为仅存在使用价值而不存在价值的物质,例如清洁的水、干净的空气等自然资源逐步向既具有使用价值也具有价值的商品转变。

与物质产品和文化产品不同,生态产品偏重于满足人类对健康生活的需要,强调人与自然生态之间的关系,是与自然生态密切相关的人工成品。它的使用价值表现为它能够满足人类对提高生活品质的特定需求。

二、建设生态文明的需要

"经天纬地曰文,照临四方曰明"。在人类文明的建设过程中,我们经历了从原始文明到农业文明、工业文明的演进,而在人民改造客观物质世界的同时不断克服改造过程中的负面效应,积极改善和优化人与自然、人与人的关系,建设有序的生态运行机制和良好的生态环境的生态文明反映的是人类处理自身活动与自然界关系的进步程度,是人类社会进步的重要标志,是人类文明发展的必然趋势,是人类社会发展的必然结果,也是人类社会达到的顶极稳定形态。①

三十多年的工业经济发展,我国的生态环境问题日趋严重,党中央对于生态问题非常重视。2007年,胡锦涛要求从根源上治理环境问题,建设生态文明社会。2012年,党的十八大在阐述生态文明建设的战略中提到"要加强自然生态系统和环境保护的力度"②,并强调"要增强生态产品的生产能力"③。2013年,中央进一步提出"建设生态文明,必须建立系统完整的生态文明制度体系"。中央政府如此重视生态文明建设,是因为它能够把生态要素、生态系统、生态结构、生态功能、生态循环及生态平衡等组成一个完整的体系,而生态文明建设的基本手段之一就是增加生态产品的供给。因此,生态产品是生态文明建设的核心目标,同时也体现了生态文明建设过程中生态产品供给的迫切性。

三、保护生态安全的需要

生态安全被界定为人类生存和发展所需的生态环境处于不受"破坏"和"威胁"的状态④,是生态系统满足人类生存与发展的必备条件,其目标是达成人与自然和谐相处的生态秩序。但随着逐渐发生的各种自然灾害和疾病增多,资源的耗竭,生态安全已演变为一个涉及环境安全、经济安全、社会安全、国土安全的国家公共安全问题。生态环境具有较强的地域性,但区域生态环境的变化对全球环境的影响不容小觑。生态环境退化而导致的资源稀缺与人口数量膨胀、种族存亡等因素相结合而引起的环境冲突

---

① 杨桂芳.生态文明内涵分析[J].生态经济,2010(12):184-188.
② 胡锦涛.胡锦涛在中国共产党第十八次全国代表大会上的报告[R/OL].[2012-12-8].http://cpc.people.com.cn/n/2012/1118/c64094-19612151.html.
③ 胡锦涛.胡锦涛在中国共产党第十八次全国代表大会上的报告[R/OL].[2012-12-8].http://cpc.people.com.cn/n/2012/1118/c64094-19612151.html.
④ 王树义.生态安全及其立法问题探讨[J].法学评论,2006(3):123-129.

可能造成国家关系紧张,甚至危及国家安全。[①] 因此,习近平在 2014 年中央国家安全委员会第一次会议上就将生态安全纳入国家安全体系。

生态安全涉及自然和社会两方面,包括自然体系的生态安全和人类社会体系的生态安全。从安全的范围和内涵层次看,我们将其分为人的生命和健康安全、生命系统的安全、环境系统的安全。其中,环境系统的安全取决于特定空间(包括空气、气候、阳光、地质、水文等因素)的安全,是生态安全的基础。[②] 人类生产过程中的资源消耗过度导致生态环境恶化,生态系统失衡,部分生态子系统的环境自循环能力直逼其自身修复的阈值,人类的生存环境空间被挤压,人类社会体系的生态安全受到威胁。此时,通过有意识的生态产品供给能使得生态因子[③]变化,反馈给人类生活、生存和发展条件,导致安全程度的变化,甚至由生态不安全变为生态安全状态。因此,生态产品的供给是维护生态均衡的重要方式,也是保护生态安全的需要。

四、保障生态系统均衡的需要

生态系统内某一成分发生变化所引起的生态系统失衡,只要在其生态阈限之内,都可以通过自我调节而得到修复,并生生不息地在"失衡—调节—均衡"的循环中维持生态系统的稳定。但是,生态表征的滞后性使得生态系统破坏程度无法即时被识别,我们往往无法准确地判断在何时、何种程度时应该采取生态保护措施。

我国处于工业发展时期,经济发展被列为首要发展目标。以自然资源

---

① 《我们共同的未来》报告中指出,国家曾经常为争夺和控制原料物质、能源供应、土地、河谷、海洋通道及其他关键性环境资源而发生冲突。随着这些资源越来越稀缺,竞争越来越激烈,造成冲突的可能性也就越来越大。

② 徐岩.国家生态安全的内涵及其影响因素的深层透析[J].中国石油大学胜利学院学报,2009(23):54-57.

③ 生态因子(ecological factor)指对生物有影响的各种环境因子,常直接作用于个体和群体,主要影响个体生存和繁殖、种群分布和数量、群落结构和功能等。各个生态因子不仅本身起作用,而且相互发生作用,既受周围其他因子的影响,反过来又影响其他因子。来源:http://baike.baidu.com/view/71077.htm,访问时间:2015 年 11 月 5 日。

开发和利用为支撑的经济发展在不断攀升的经济增长率面前显得举足轻重。当以自然资源为基础的生态系统受到过度开发，反馈机制和自我调节能力下降，生态系统结构被破坏，功能受阻，整个系统受到伤害甚至崩溃时，利用生态生产的方式提供生态产品，补充生态系统中的生态要素，提高生态系统自我调节能力，保障生态系统均衡就成为有效途径。

五、实现可持续发展的需要

"可持续发展"被定义为"在满足当代人需要的同时，不损害人类后代满足其自身需要的能力"[①]，但随着时代不断发展，可持续发展的这种"能力"被界定得更加清晰。它要求"能力"不但能满足人类的各种需求，还要求保护资源和生态环境；不但要求满足当代人的各种需求，还要求让后代人享受同等的待遇。在这一系列矛盾的要求中寻找到平衡，人类才能够在地球上永久生存和发展下去。

在"经济增长就是社会文明进步"的标准下，人们过度使用和掠夺自然资源，以"高投入，高消耗，高污染"的粗放式经济增长，在一定程度上增强了国力，提高了人民的物质生活水平和质量，但严重破坏了生态环境，使得生态足迹远超生态承载力，生态赤字不断扩大，出现生态危机。然而，相对丰裕的自然资源和适宜人类存活的生态环境是人类生存、发展的基础。自然资源的有限与人类欲望的无限可以通过有计划的开发使用、资源替代、技术进步实现平衡。生态环境可持续需要生态系统的长期稳定平衡才能实现，这就要求经济在生态承载力的限制下发展。

生态系统中的空气、水、温度为生态系统源源不断输入能量创造条件，而温度上升、臭氧层耗竭与破坏、水质恶化等限制或阻断了能量的转化。因此，生态承载能力的降低会阻碍经济、生态和社会可持续发展。人类通过整治国土、植树造林、建设草场、治理污染，增加生态产品的提供就可以增加资源在生态系统中的能量转化效率。生态产品是维持生态系统平衡的重要元素，增加生态产品的供给是实现生态可持续发展的路径之一。

---

① 世界环境与发展委员会.我们共同的未来[M].吉林人民出版社,1997.

第三节 生态产品供给的障碍

增强生态产品的供给能力是当前我国必须面临的一个重要问题。它不但涉及人类福祉的提高，建设精神文明的需要，而且涉及生态系统均衡、生态安全和社会的可持续发展的需要。但是，生态产品供给的实现及供给能力的增强并非容易的事情。除国家制度设置的局限性外，生态产品本身具有的较强的外部性、供给费用难以核算、产品权属不清等问题也严重阻碍了生态产品的供给。

一、生态产品供给障碍之一——国家制度设置的局限性

人类从生态系统获得利益的大小与生态系统的时空尺度有着密切的关系，而生态产品的提供依赖于一定空间和时间尺度上的生态系统结构与过程。对于全球性的生态过程，地区级的产品、服务、物质、能量经常跨区域输送，仅强调某一个特定生态系统或者特定区域的评估不能反映生态系统在更高尺度上的特征。因此，在修复和维持生态系统的过程中，生态产品只有在特定的时空尺度上才能充分表达出其主导作用，而且生态产品的不同提供者能够在一系列时空尺度方位内表征。

生态产品的尺度特征与多尺度关联是生态产品供给制度研究的难点。不同尺度的生态产品对不同尺度上的利益相关方来说具有不同的重要性。而尺度与边界选取中存在政治影响，这是生态产品供给决策及供给制度的制定的重要前提条件。许多问题都是由于没有认识到生态系统与社会系统中的跨尺度相互作用而产生的（Young，1994）。在决定生态产品的供给方面，制度的有效性不仅取决于它们自身的特征，而且还取决于它们与其他制度的相互作用。其中，有一类重要的相互作用是发生在不同尺度之间的纵向相互作用，这些相互作用通常是与空间尺度的变化相对应。国家制度设置的区域性和时空性将成为生态产品供给的最大障碍，限制着我国生态产品的生产。

二、生态产品供给障碍之二——产品外部性问题

生态产品较强的外部性是其供给困难的主要原因之一。首先，从经济学角度来讲，外部性是私人成本的一种损耗，而这种损耗又无法通过市场获得弥补，在产权不清晰的状态下，生态产品的供给方不能获得足够的收益，因此，供给方在提供生态产品时存在决策上的犹豫，这是生态产品供给的主要障碍。其次，从制度角度来讲，制度是将产品外部性内部化的最佳方式，但生态产品的产权属性难以划分，相关的引导制度和保障制度缺失。生态产品的公共产品属性是毋庸置疑的，这种公共性决定了政府供给是生态产品供给的主要主体。同时，这也决定了生态产品的供给不足。当生态产品供给主体无法通过制度将产品外部性内部化时，增强生态产品的供给能力也就是一句空话。

三、生态产品供给障碍之三——供给费用难核算问题

人类赋予生态系统内在价值，但没有在市场上进行交易的生态产品的经济价值难以准确测算。虽然按照生产成本方法可以估计产品价值，但不能否认，商品的价格，与蛛网理论推演相似，由市场供需博弈决定。然而，对于生态产品，既没有成熟、开放的交易市场，也不能相对清晰地估计供需状况，甚至生产生态产品的"设备"——自然要素都处于不充足状态。这都成为生态产品供给的费用核算障碍，也成为生态产品难以进行市场化供给的重要原因。

价值评估问题的一种情况是在地理空间方面被远距离的生态相互作用影响的各种经济活动，另一种情况是在时间方面被长期分割的各种相互作用（例如碳排放对未来长期的气候影响，因为后代不可能和我们当代人进行谈判，所以这种超前的市场是不存在的）。因此，在有些情况下（例如大气、蓄水层、公海），资源的分布特征使得不可能对其进行私有产权划分，从而阻碍了有关市场的形成。而在另外一些情况下，划分不当或者不受保护的产权也阻止了有关市场的形成，或者即使形成了有关市场，它们也不

能发挥正确的市场功能。在所有这些情况下，市场都不能提供关于生态产品价值的正确信号。因此，健全的管理体系需要具有进行价值测度的多种不同方法，以及能够把与生态产品有关的"外部性"和"内部化"的政策。

四、生态产品供给障碍之四——产品权属不清问题

生态科学中，自然资源是指"一切能为人类提供生存、发展和享受的自然物质与自然条件，及其相互作用而形成的自然生态环境和人工环境[①]"，而生态产品以自然资源为物质基础，因此，自然资源权属关系影响生态产品权属关系。但是，自然资源中可分为有形资源与无形资源两类。在我国宪法、物权法、绝大部分单行法律法规中对自然资源所有权进行规定的都属于有形自然资源，而无形资源，如气候资源，并未对所有权进行划分。[②]

自然资源所有权的形成必须具备三个前提条件：稀缺，能够被较准确地特定化，在开发利用过程中没有外部性影响或影响很小。[③] 在自然资源不断恶化的状态下，生态产品赋存条件恶化与生态需求增加之间的矛盾日益突出，其稀缺程度虽未达到对社会公认的公平及效率等价值判断标准产生威胁，但也渐显紧缺端倪。特定化是对主体权利归属进行具体划分的法律过程和结果，它是建立有序社会的基础，也是促进个体充分发挥主观能动性的基本前提。在传统的物权理论中，特定化的要求是建立在对物的质、量等因素物化衡量的基础之上。之所以强调对所有权客体的特定化要求，其本质特征在于"对物直接支配并享有其权利"。特定化意味着能够准确地划定所有权的权利边界，不仅明确所有权支配权能的指向，而且有助于形成对因支配而形成收益的合理预期。[④] 生态产品难以特定化使得其所有权在功能和适用范围上显得先天不足。生态产品较强的外部性与所有权制度中要求权利人因支配行为享有的收益与支配行为实际产生的后果

[①] 刘文.资源价格[M].商务出版社,1996:4.
[②] 何书中.气候资源国家所有的合法性质疑——兼评《黑龙江省气候资源探测与保护条例》[J].上海政法学院学报(法制论丛),2012,6(27):73-79.
[③] 张璐.气候资源国家所有之辨[J].法学,2012(7):12-17.
[④] 张璐.气候资源国家所有之辨[J].法学,2012(7):12-17.

一致矛盾。所有权无法有效的解决外部性问题。因此生态产品的权属问题的确定存在诸多困难。

但是,《黑龙江气候资源探测与保护条例》①的颁布用行动支持了部分学者对于无形自然资源的物权可确定的观点。首先,随着社会的发展,越来越多无形的东西也逐渐被人们所支配和控制,用于满足人们的需要,因此,物的界限应该不限于有形或无形②,部分生态产品虽然无形,看不见摸不着,但这并不能妨碍其成为物的理由。其次,生态产品虽然处于不断的变化之中,无法特定化,但是在客体方面,生态产品使用权客体的特定性有的并不具备,有的则要求不严格。而且,自然资源难以特定化是大多数自然资源的共性。目前,我国法律规定的国家所有的那几种自然资源很多也很难特定化,如长江之水会东流入海、野生动物会迁徙至异国他乡。最后,生态产品是一个集合概念,因此很多学者认为其不具备独立性的特点。的确,生态产品在物理上是不独立的,但物的特定性不仅仅是指物理上的独立,更多的是一种经济上的独立,即能否作为独立的交易对象或标的。现在,生态产品稀缺的态势使得其已经具有独立的价值,可以作为独立的交易对象,比如空气排放权、水权。

综上所述,自然资源的所有权问题存在适用局限,对其保护的过程中所生产的生态产品权属问题也难以划分清楚。这使得生态产品的提供缺乏激励,成为生态产品供给的障碍。

第四节 本章小结

本章对生态产品的现状及现存生态产品供给制度进行梳理和分析后发现,我国公众对生态产品的需求旺盛,但供给并不充分,例如,气温逐年增加,空气质量不高,酸沉降严重,淡水资源不足,生态缺水,土壤污染严

---

① 黑龙江省气候资源探测和保护条例[EB/OL].[2012-6-14]. http://www.hljrd.gov.cn/detail.jsp? urltype=news.NewsContentUrl&wbtreeid=1209&wbnewsid=8464.

② 梁慧星在1996年法律出版社出版的《民法总论》中提到,"社会经济和科学技术的发展,以及对电、热、声、光等'能'的广泛利用,迫使物的概念扩张。于是,电、热、声、光等自然力亦被称为物,而不拘于有形。"

重,森林资源相对不足等,而促进生态产品供给的制度却又相对零散地分布在各项规章制度之中。这些相对分散的制度多为政府主导的强制推行的政策,宏观控制性较高,可操作性较低。推动市场化供给生态产品的相关制度少且难以实施。究其根源,生态产品的尺度特征与多尺度关联为国家制度的制定设置了障碍,产品的外部性强、生态产品供给成本难以核算及生态产权不清等问题都成为生态产品市场化供给的壁垒。

第四章

生态产品供给主体博弈分析

中共十八大报告明确提出要将生态文明建设置于突出位置,并切实融入经济建设、文化建设、政治建设以及社会建设的整体过程当中。由于生态产品是一种公共产品,所以具备非排他性以及非竞争性的特征。当前国内的实际情况是,生态产品大多数由中央以及地方各级政府进行筹资与投资,以直接供给或间接供给,只有较少部分由企业供给。不同的供给主体在职能、地位以及任务上存在差异,由此形成了一个整体生态产品供给体系。如果想要实现生态产品的有效供给,则不同主体之间必须做到精诚合作。然而因为受到成本与收益不对称的影响,导致不同供给主体之间会有一个博弈过程,这也使得生态产品供给效率不高。据此可知,为了能够全面推动我国生态文明建设发展进程,提高生态产品生产能力,需要系统分析生态产品的不同供给主体具有的博弈行为,从而为生态产品供给制度的建立与完善提供指导。

第一节 生态产品供给主体的行为特征分析

生态产品供给主体的行为特征反映了其偏好,对其决策有着至关重要的影响。本节通过对生态产品供给主体的行为特征的分析,以期准确把握各生态产品供给主体的行为特征,进而把握其决策的行为变化,为博弈分析中的行为决策寻找支点。

一、中央政府在生态产品供给中的行为特征

国务院关于印发《国务院工作规则》的通知(2013年版)特别强调国务院需要积极履行职能,不仅要积极履行经济调节、市场监管等基本职能,还需要勇于履行社会管理以及公共服务等服务职能,需要注重发挥服务职能。"公共服务职能"主要指的是"要在加强公共服务的基础上,健全公共政策,创建并完善以政府为主导、社会组织广泛参与、涵盖城镇与农村的公共服务机制,逐步提高公共服务水平,着力扩大公共服务范围,确保公共服务均等化"。之后召开的十八大明确提出要"提供优质公共服务"。不管是根据经济理论还是结合当前实际发展情况,中央政府都具备并需要积极发挥多重职能。首先,中央政府需要为广大民众提供基本的公共产品,这是一项不可推却的义务和责任。它需要依托于强硬的行政政策和有效的经济措施要求当地政府、公司和个人共同提供洁净水源、舒适环境等一系列公共性生态产品。其次,中央政府具备并且要充分发挥经济调节职能,推动国民经济稳步发展。地方政府与当地公司不仅需要提供基本的生态产品,也需要在推动当地经济发展中做出积极贡献。在实践中,中央政府希望在全面提供生态产品的同时推动经济稳步持续发展,以此实现良好的政策效果。不过生态产品提供和经济增长之间往往具有冲突,对此中央政府一般会结合国情有侧重地发展其中一方面。

二、地方政府在生态产品供给中的行为特征

在地方事务中,地方政府需要履行的职能主要包括下述三种:一是建设职能;二是社会事业发展职能;三是社会保障职能。在上述三项职能中,经济建设职能往往被排在首位,究其原因不外乎以下三点:第一,地方政府的考核制度。一直以来,中央往往将GDP视为考察地方政府经济能力的一个重要指标,地方官员的升迁通常和当地GDP之间具有密切联系。要想地方政府放弃经济建设保护生态环境有悖于激励机制,可以说这是极其不现实的。第二,地区经济发展为政府向当地提供生态产品提供了强大了

经济保障，即便地方政府想要为当地的广大人民群众提供生态产品，那也需要一定的资金支持，否则就无法实现提供生态产品的愿望。第三，中央政府没有对生态产品供给进行缜密考核。其实只有将生态产品共纳入考察地方政府的考核体系，才能够促进地方政府加强对生态产品供给的重视程度。现在我国正处于经济转型的关键时期，发展经济是头等大事，所以中央政府在考核地方生态环保方面一般采用软性指标。

三、企业在生态产品供给中的行为特征

企业是一种微观经济主体，其根本目标在于创造更多的经济收益。生态产品，不仅具有准公共产品的属性，还具有商品属性，所以公司供生态产品的事情需要从两方面考虑：一方面，若生态产品的市场化程度比较高，那么可通过交易的方式为民众提供，公司从中赚取利润，因此会主动积极地提供生态产品；另一方面，若生态产品的市场化程度非常低，对公司来讲，提供生态产品只是一项责任或者任务，那么政府就需要加强监管，否则容易出现公司不及时提供生态产品的现象。需要看到的是，无偿向人民群众提供生态产品势必会导致公司运营成本增加、净收益降低。

四、三者在生态产品供给中的行为关系

政府主要通过财政支出提供（准）公共物品。在向民众提供生态产品时，中央政府和地方政府按照比例承担生态产品供给经费，按原则其经费应分别从中央政府和地方政府财政收入中按预算划拨。而多年来地方政府财政负担较重，生态产品这类非显性（准）公共物品的提供并未纳入地方政府绩效考核中。因此，地方政府在生态产品供给经费方面严重匮乏。

中央政府监管工作的开展情况对地方政府及企业都存在较大的影响。当中央政府对地方政府监督不到位时，地方政府就会缩减生态产品供给规模，同时也会放松对企业的监管。在这种情况下，企业会减少公共产品的供给，最大化企业利润，以便缴纳更多税收，增加中央政府和地方政府的财政收入，同时降低公众消费生态产品的数量或质量。这就形成了一个悖

论,即政府提供生态产品的可支配收入增加,但生态产品的供给减少。但若反过来,当中央政府开始强化对地方政府的监管时,后者会相应地提高生态产品供给的支出并加强对辖区内的企业监管,企业在行政指导下增加生态产品的供给,扩大生态产品的供给规模和品质,为公众提供优质的生态产品,同时增加企业的生产成本,企业利润下降,所纳税收减少。此时,政府财政收入降低,那么用于提供生态产品的经费就会相应地减少。

第二节 生态产品供给博弈

一般情况下,生态产品供给可能涉及政府、企业和个体三个主体。三类不同利益主体之间往往存在利益协调和博弈行为。本章拟分别对中央政府与地方政府、地方政府与企业、企业与企业、社会个体间的供给行为进行静态和动态博弈分析,以期全面了解在不同政策环境下,各生态产品供给主体将如何选择供给策略,选择何种供给策略。需要指出的是,政府间博弈行为的产生主要源自中央政府和地方政府之间的执政目标的错位,因为"在中国的分权体制下,地方政府对不同类型的公共物品供给持有不同的态度"[①]。此外,不能否认,对某些方面进行调控,地方政府发挥的作用比中央政府更大。故基于生态产品受益范围的不同,地方政府在提供区域性较强的生态产品更具优势。

一、政府间博弈

结合第二章生态产品的特性可知,生态产品的供给须依靠政府出面组织生产与供应才可能得以解决,这是政府职能的基本依据。因此,政府职能决定其提供生态产品的机制,政府职能成为生态产品供给的重要影响因素。为更好分析政府作为生态产品供给主体的行为,需要明确政府职能。

---

① 傅勇.中国的分权为何不同:一个考虑政治激励与财政激励的分析框架[J].世界经济,2008(11):16-25.

结合本书研究目的和我国政治与经济体制的特征,本书将政府职能①分为:政治职能、经济职能、文化职能、社会职能(详见图 4-1 所示)。根据图 4-1 可知,本书所涉及的生态产品供给分析显然隶属于社会职能范畴。

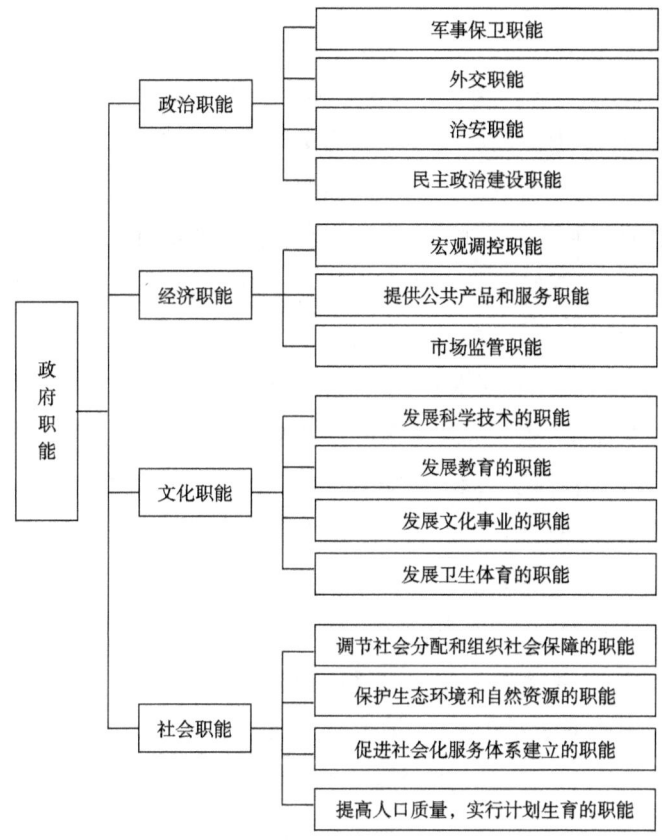

图 4-1　政府职能示意图

---

① 政府职能也叫行政职能,是指行政主体作为国家管理的执法机关,在依法对国家政治、经济和社会公共事务进行管理时应承担的职责和所具有的功能。它体现着公共行政活动的基本内容和方向,是公共行政本质的反映。其中,政治职能指的是政府为维护国家统治阶级的利益,对外保护国家安全,对内维持社会秩序的职能政府为维护国家统治阶级的利益,对外保护国家安全,对内维持社会秩序的职能,具体包括军事保卫职能、外交职能、治安职能、民主政治建设职能。经济职能指的是指政府为国家经济的发展,对社会经济生活进行管理的职能。

(一)纳什均衡

根据政府职能的定义可知,中央政府通过行使相应的职能实现社会福利最大化,基于该角度,中央政府为追求社会福利最大化的理性人,其最大化函数可设定为 $G=F(p,e,c,s)$。其中,G 为社会福利最大化水平,p、e、c、s 分别表示政府的政治职能、经济职能、文化职能、社会职能。在生态产品供给的体系中,中央政府生态产品的供给机制往往通过委托代理的方式来实现,即委托地方政府来真正实现生态产品的生产、供给。这种委托代理关系中激励机制为中央政府将地方政府生态产品的生产、供给作为考核地方政府的指标,同时对地方政府的生态产品供给行为给予中央财政专项补贴(税收补贴)。显然,中央政府财政收入规模将影响中央政府对地方政府的生态产品供给补贴的水平,即中央政府的财政收入水平是中央政府作为生态产品供给者的预算约束条件。具体地,中央政府给予专项财政补贴,需地方政府进行配套,配套比例为 $1:N$。在我国的经济管理实践中,往往要求地方政府在中央政府的财政补贴基础上进行 $1:3$ 的配套,故在此假定 $N>1$。显然配套资金必须由地方政府财政收入来满足,这对地方政府来说是一种约束,即地方政府在生态产品供给中必须要充分考虑自身的财政收入水平,地方财政收入水平成为生态产品实际供给的预算约束。

在其他条件不变的情况下,中央政府通过委托代理方式以地方政府代为提供生态产品的模式在实践中有可能存在信息不对性、缺乏监管影响生态产品的供给效率和质量,也可能地方政府无法对中央财政资金进行配套而不能给付生态产品,进而导致中央政府实现社会福利最大化的目标落空。因此,中央政府为保证生态产品有效供给,除了给予地方政府生态产品供给专项财政补贴外,需要进行激励机制、监管机制的设计与实施。若设中央政府的财政收入为 t,为保证生态产品的供给,中央财政补贴水平为 d,激励与监督机制实施成本为 c。地方财政收入为 x,生态产品的供给成本为 b。值得说明的是,地方政府提供生态产品需要对中央政府的财政补贴 d 进行配套,配套比例为 $1:N$,则有 $b \leqslant (N+1)d$。若地方政府没有按照中央政府的要求有效提供生态产品,将面临考核的惩罚成本,假如该惩罚成本为中央政府补贴 d 的 n 倍。显然,基于理性人假设,中央政府对地

方政府的惩罚成本 nd 不会低于中央政府为提供生态产品支付水平(中央财政补贴支付 b + 激励与监督成本 c),即有 $nd \geqslant d+c$。基于上述分析,可得出中央政府与地方政府在提供生态产品过程中的支付矩阵(如表 4-1 所示)。

表 4-1 中央政府和地方政府的生态产品供给中的纳什均衡博弈

		地方政府	
		提供	不提供
中央政府	检查	$(t-d-c, x+d-b)$	$(t-d-c+nd, x+d-b-nd)$
	不检查	$(t-d, x+d-b)$	$(t-d, x+d)$

根据表 4-1 可知,当中央政府履行"检查"时,地方政府的最优选择是"提供"生态产品,其收益为 $x+d-b > x+d-b-nd$;当中央政府选择"不检查",地方政府的最优选择为提供生态产品,因为其收益为 $x+d$,大于提供生态产品的收益 $x+d-b$。当地方政府"提供"生态产品,中央政府的最优策略为"不检查",其收益 $t-d$ 大于采取"检查"的策略;当地方政府策略为"不提供"生态产品时,中央政府选择"检查"策略的收益为 $t-d-c+nd$,远远高于不实施检查的收益 $t-d$。故中央政府与地方政府不能形成纳什均衡,其政策含义非常清晰:在提供生态产品方面,中央政府发挥主导作用的治理模式并非最理想的模式,需要做进一步调整和优化。

(二)混合战略均衡

上述基于静态的博弈分析表明,中央政府与地方政府之间以委托代理的模式来实施生态产品的供给是无法实施的。若中央政府与地方政府的行动均为随机的,为了便于分析,本书在此假设中央政府的行为策略(检查,不检查)概率分布为 $(p_1, 1-p_1)$、地方政府的行为策略(提供,不提供)的概率分布为 $(p_2, 1-p_2)$。中央政府与地方政府的博弈过程为:中央政府预计地方政府将以概率 p_2 来行动,故采用概率 p_1 来实现自己的目标,即使得自己的预期收益最大化;同理,地方政府看见中央政府将以概率 p_1 来实施策略,则选取概率 p_2 来应对,实现自己收益最大化。根据该过程,可得到中央政府、地方政府的预期收益函数。具体地:

中央政府预计地方政府将以概率 p_2 来行动,其采用(检查,不检查)的预期收益函数分别如式(4-1)、式(4-2)所示。

$$\begin{cases} max & \pi_G(1,p_2) = (t-d-c)p_2 + (t-d-c+nd)(1-p_2) \\ st & t>d \end{cases} \quad (4-1)$$

$$\begin{cases} max & \pi_G(0,p_2) = (t-d)p_2 + (t-d)(1-p_2) \\ st & t>d \end{cases} \quad (4-2)$$

令 $\pi_G(1,p_2) = \pi_G(0,p_2)$ 可得：

$$p_2 = 1 - \frac{c}{nd} \quad (4-3)$$

式(4-3)的政策含义为：若地方政府才用 $1-\frac{c}{nd}$ 的概率来应对中央政府,中央政府的最优选择为(检查,不检查)的概率分布为(1/2,1/2),即博弈均为(1/2,1/2);若地方政府提供生态产品的概率小于 $1-\frac{c}{nd}$,中央政府的最优策略为"不检查";若地方政府提供生态产品的概率大于 $1-\frac{c}{nd}$,中央政府的最优策略为"检查"。同理,地方政府预计中央政府将以概率 p_1 来实施策略,则地方政府的期望收益函数可表达为式(4-4)、(4-5)。

$$\begin{cases} max & \pi_L(p_1,1) = (x+d-b)p_1 + (x+d-b)(1-p_1) \\ st & x>(1+N)d \end{cases} \quad (4-4)$$

$$\begin{cases} max & \pi_L(p_1,0) = (x+d-b-nd)p_1 + (x+d)(1-p_1) \\ st & x>(1+N)d \end{cases} \quad (4-5)$$

令 $\pi_L(p_1,1) = \pi_L(p_1,0)$ 可得：

$$p_1 = \frac{b}{b+nd} \quad (4-6)$$

式(4-6)的政策含义为：当且仅当地方政府预计中央政府将以 $\frac{b}{b+nd}$ 选择策略"检查"时,地方政府的策略选择(提供,不提供)的概率分布为(1/2,1/2);若预计中央政府的选择"检查"的行动策略概率小于 $\frac{b}{b+nd}$ 时,地方政府的最优策略为"不提供";若地方政府认为中央政府选择"检查"的行动策略概率大于 $\frac{b}{b+nd}$,其将采用"提供"策略来应对实现自身收益最大化。

综上所述,可知中央政府与地方政府混合战略纳什均衡为 $\left(1-\dfrac{c}{nd},\dfrac{b}{b+nd}\right)$,可以证明该均衡应为 $(1/2,1/2)$(为节约篇幅,在此省略证明过程)。挖掘该均衡的数量关系可发现,参数 c、n、d、b 是影响生态产品供给能否实现的关键因素,在其他因素不变的情况下,对不提供生态产品的惩罚越重(n 越大)、提供生态产品的支出 b 越高,地方政府不提供生态产品的概率 $\dfrac{b}{b+nd}$ 越小;检查成本 c 越高,地方政府不提供生态产品的概率就越大,这意味着在生态产品的供给经费中,地方政府支出占比远高于中央政府占比(b 远小于 d)。因此,即使中央政府提高生态产品供给的支出,也很难改变地方政府在生态产品供给中的大量付出。地方政府基于地方财政的约束或地方政府短期利益的考虑,减少生态产品的提供也是必然的。因此,该均衡深层次的政策含义为要实现均衡 $(1/2,1/2)$,需要中央政府在既定的财政收入 t 约束下,科学地设计好中央财政补贴水平 d 与惩罚机制系数 n,实践中控制好激励与监督机制实施成本为 c,地方政府需在既定的财政收入 x 的约束下,控制好生态产品的供给成本为 b,这样才能实现生态产品的供给。

(三)地方政府有效供给生态产品的激励模型

从上文的分析可看出,中央政府采用委托代理模式来供给生态产品的博弈中存在混合战略均衡。在实践中,这一均衡的实现关键在于中央政府如何科学合理设计激励地方政府有效供给生态产品的机制。根据委托代理理论,要实现委托人(中央政府)的目标,需要设计合理激励机制来解决委托代理过程中的信息不对称的问题,进而让代理人(地方政府)按照委托人的意愿或目标行事。为此,本书基于委托代理理论,探讨地方政府有效供给生态产品的激励模型。

1. 模型的基本假设

假设 1:用 π 表示地方政府提供生态产品的努力水平。用 a 表示反映该努力水平的关键因素,即 a 为地方政府供给生态产品所采取的一系列的行动或举措,代表地方政府提供生态产品的努力程度。用 θ 表示地方政府在提供生态产品过程中面临的其他不确定因素的冲击,即随机干扰项,且其服从标准正态分布。为此地方政府提供生态产品的努力函数可表示为:$\pi = F(a,\theta)$。为了更好地讨论,假定 π 为 a 的严格递增的凹函数,π 为 θ 的严格增函数。若地方政府所提供的生态产品是一个线性函数,地方政府生态产品供给的努力函数可表示为:

$$\pi = \mu a + \theta \tag{4-7}$$

其中,μ 表示地方政府行动或举措对努力水平的边际贡献水平,也就是能力水平系数,a 为地方政府付出的努力。

假设 2:用 $S(\pi)$ 表示中央政府对地方政府提供生态产品进行的激励函数,该函数表示中央政府根据地方政府的努力水平 π 对地方政府进行激励。实践中,中央政府总会设置一定的生态产品供给的标准对地方政府所提供的生态产品进行一一审查来进行考核,再参考地方政府的执行情况,制定奖惩方案。因此,中央政府所制定的激励函数 $S(\pi)$ 由两部分构成:一是达标部分的供给,用 α 表示;二是超标部分的激励,超标的水平为 $\pi - \alpha$;若假定超标部分的奖励因子用 β 表示,则超标部分的激励为 $\beta(\pi - \alpha)$。为此有:

$$S(\pi) = \alpha + \beta(\pi - \alpha) \tag{4-8}$$

将式(4-7)带入式(4-8)得:

$$S(\pi) = \beta(\mu a + \theta) + (1 - \beta)\alpha \tag{4-9}$$

假设 3:用 $C(a)$ 表示地方政府为提供生态产品付出的成本,其为 a 的函数。为了方便讨论,本书将其设定为如式(4-10)所示的二次型。

$$C(a) = \left(\frac{1}{2}b\right)a^2 \tag{4-10}$$

这样设定目的有二:其一,方便模型的求解;其二,二次型成本函数具有明确的经济学含义:新增资本的边际成本递增是由于新增投入额达到一定程度后,如继续新增投入,此时不仅融资成本会不断提高,且新增投入的管理成本也会出现规模不经济。其中,$b(b > 0)$ 为边际成本率,b 越大,则努力相同的 a 产生的负效用就越大。它跟地方政府的供应能力存在负相关关系,即地方政府的供应能力越强,提供生态产品的能力越弱,亦即地方政府的供应能力越强,行动成本越低。

2.中央政府的最优激励机制

中央政府作为理性人,在推动生态产品供给中所花费的成本,即对地方政府的激励,不能高于其收益,用 v 表示中央政府的期望函数,则有 $v=\pi-S(\pi)\geqslant 0$。地方政府作为生态产品供给的落实者和委托代理关系中的代理者,其期望中央政府的激励收入大于或等于提供生态产品的成本,用 g 表示地方政府的期望函数,则有 $g=S(\pi)-C(a)\geqslant 0$。若中央政府为风险中性者,则其期望效用函数可为:

$$E(v)=E[\pi-S(\pi)] \tag{4-11}$$

将式(4-7)、式(4-9)带入式(4-11)有:

$$E(v)=-\alpha+(1-\beta)\mu a+\alpha\beta \tag{4-12}$$

若假定地方政府的效用函数 u 特征为不变绝对规避风险,即 $u=-e^{-\rho w}$,ρ 为阿罗—帕拉特绝对风险规避变量;w 表示的是实际货币收入。地方政府的实际货币的收入可表达为:

$$g=S(\pi)-C(a)=[\alpha+\beta(\mu a+\theta-\alpha)]-\left(\frac{1}{2}b\right)a^2 \tag{4-13}$$

由于地方政府的效用函数为不变绝对规避风险型,故其确定性等价收入①等于实际货币收入所对应的期望值与其对应的风险成本相减,即有:

$$E(g)-C_{风险}=[\alpha+\beta(\mu a+\theta-\alpha)]-\left(\frac{1}{2}b\right)a^2-\frac{1}{2}\rho\beta^2\sigma^2 \tag{4-14}$$

式(4-14)中,$\alpha+\beta(\mu a+\theta-\alpha)$ 为收入的期望值;$\frac{1}{2}\rho\beta^2\sigma^2$ 为风险成本或者风险贴水②;$\frac{ba^2}{2}$ 为努力成本;若 $\beta=0$,则风险成本大小等于 0。

假设 w 是地方政府的保留收入水平,若确定性等价收入 $[E(g)-C_{风险}]<w$,则地方政府不会接受该合约,即地方政府接受中央政府委托的

---

① 如果 $u(x)=Eu(y)$(其中 y 为随机收入),x 称为 y 的确定性等价。因为消费者从随机收入 y 中得到的期望效用与从确定收入 x 中得到的小勇相同。当消费者是风险中性时,确定性等价等于随机收入的均值;当消费者是风险规避时,确定性等价等于随机收入的均值减去风险成本。

② 由于地方政府的绝对风险规避程度为 ρ,其风险成本为:$c_{风险}=\frac{1}{2}\rho\mathrm{var}[S(\pi)]=\frac{1}{2}\rho\beta^2\sigma^2$。

约束 $I.R$ 为：

$$I.R \quad [\alpha+\beta(\mu a+\theta-\alpha)]-\left(\frac{1}{2}b\right)a^2-\frac{1}{2}\rho\beta^2\sigma^2 \geqslant w \qquad (4\text{-}15\text{-}1)$$

由于信息的不对称，中央政府无法得知地方政府的自然状态 θ 行为 a，若无激励契约存在，那么地方政府通常会采用对自身期望最有利的 a。所以，中央政府的期望 a 只能在地方政府采取最大化效用的行为中实现，此时，中央政府就需要采取行之有效的激励措施加以约束，即中央政府的激励相容约束 $I.C$ 为：

$$I.C \quad \beta\mu-ba=0 \qquad (4\text{-}15\text{-}2)$$

求解式（4-15-2）得：

$$I.C \quad a=\frac{\beta\mu}{b} \qquad (4\text{-}16)$$

式（4-14）、（4-16）的政策含义为：中央政府必须明确 a 与 β 最大化期望效用函数，使之达到（$I.R$）与（$I.C$）所规定的约束条件：

$$\max_{\alpha,\beta} \quad -\alpha+(1-\beta)\mu a+\alpha\beta$$

$$s.t \begin{cases} I.R \quad [\alpha+\beta(\mu a+\theta-\alpha)]-\left(\frac{1}{2}b\right)a^2-\frac{1}{2}\rho\beta^2\sigma^2 \geqslant w \\ I.C \quad a=\frac{\beta\mu}{b} \end{cases} \qquad (4\text{-}17)$$

求解式（4-17）得：

$$\beta=\frac{\mu^2}{\mu^2+\rho b\sigma^2}>0 \qquad (4\text{-}18)$$

将式（4-18）带入式（4-16），可得地方政府最优的行动组合 a^*：

$$a^*=\frac{\mu^3}{b(\mu^2+b\rho\sigma^2)} \qquad (4\text{-}19)$$

式（4-18）、式（4-19）为中央政府对地方政府提供生态产品供给的最优激励水平，该水平的设置将受到地方政府努力的边际水平 μ、边际成本系数 b、风险规避水平 ρ、随机干扰项的方差水平 σ^2 的影响。式（4-19）为地方政府最优的行动策略组合，其行为将与其努力的边际水平 μ、边际成本系数 b、风险规避水平 ρ、随机干扰项的方差水平 σ^2 息息相关。为进一步讨论中央政府激励合约的设置，根据式（4-18）进一步做出以下讨论：

①β 与风险规避水平 ρ 的关系。在其他条件不变的情况下,当 $\rho=0$ 时,$\beta=1$,这意味着当地方政府为风险中性的理性人时,中央对其激励的合约要求为地方政府要承担所有风险。同时,β 关于 ρ 的一阶偏导数为:

$$\frac{\partial \beta}{\partial \rho} = -\frac{\mu^2 b \sigma^2}{\mu^2 + b\rho\sigma^2} < 0 \qquad (4-20)$$

根据式(4-20)可知,风险规避度 ρ 与承担风险大小 β 负相关,即在其他条件不变的条件下,地方政府的风险偏好越高,其承担的风险将越大。

②β 与随机干扰项的方差水平 σ^2 的关系。在其他条件不变的情况下,β 关于 ρ 的一阶偏导数为:

$$\frac{\partial \beta}{\partial \sigma^2} = -\frac{\mu^2 b\rho}{\mu^2 + b\rho\sigma^2} < 0 \qquad (4-21)$$

根据式(4-21)可知,随机干扰项的方差水平 σ^2 与承担风险大小 β 负相关。这表明外部不确定性冲击会让地方政府承担额外的风险,其政策含义为,中央政府在给予地方政府的激励合约中应该充分考虑不确定的冲击对地方政府生态产品供给的影响,即应额外设定一个基金或补贴来激励地方政府。

③β 与边际成本系数 b 的关系。在其他条件不变的情况下,β 关于 ρ 的一阶偏导数为:

$$\frac{\partial \beta}{\partial b} = -\frac{\mu^2 \rho\sigma^2}{\mu^2 + b\rho\sigma^2} > 0 \qquad (4-22)$$

式(4-22)小于 0 意味着在其他条件不变的情况下,地方政府提供生态产品的边际成本与中央政府的激励呈反比。

④β 与地方政府努力的边际水平 μ 的关系。在其他条件不变的情况下,β 关于 μ 的一阶偏导数为:

$$\frac{\partial \beta}{\partial \mu} = \frac{2\mu b (\rho\sigma^2)^2}{(\mu^2 + b\rho\sigma^2)^2} > 0 \qquad (4-23)$$

式(4-23)大于 0 表示在其他条件不变的情况下,地方政府提供生态产品的努力程度与中央政府的激励呈正相关。

综上所述,地方政府努力的边际水平 μ 和 β 呈正相关,而边际成本系数 b、风险规避水平 ρ、随机干扰项的方差水平 σ^2 分别与 β 呈负相关。其蕴含的政策含义为中央政府对激励水平 β 应随着地方政府的努力水平 μ 增大而提高,而中央政府的激励水平 β 应该伴随边际成本系数 b、风险规避水平 ρ、随机干扰项的方差水平 σ^2 的增大而降低,避免地方政府冒风险行事而选择不努力提供生态产品。在实践中,中央政府的激励合约的设定要充分考虑地方政府的努力成本与其努力水平的关系。为此,中央政府首先需要有效的规约自身的行为,其次需要合理操控地方政府行为。由于我国带有中央集权的属性,以中央政府为主体,那么地方政府可能就比较担心中央政府的违约行为。为了避免这一风险,国家必须要建立和完善有关的法律制度,确保地方政府的合法权益不受侵犯。此外,上级监管不善,辖区公众监督体系尚不完善,地方政府为了尽可能地满足上级政府所下发的指标,往往就不会考虑到群众的需求,随意展开政绩工程建设和形象工程建设,对社会环境造成很大的影响,努力成本也会相应增加。[①] 更深层次来讲,很有可能是因为地方政府的职能错位和越位造成,也有可能是由于地方政府同中央政府财权、事权分配有所矛盾造成。所以,国家必须建立相关的法律体系来规范中央与地方政府的财权和事权,加强中央政府与地方政府的合作,各司其职,才能有效规范地方政府行为。

3. 激励契约条件下中央政府的监督问题

在该博弈中,地方政府拥有自己私人信息,中央政府只有依靠产出环境效应来评估地方政府的努力程度 μ 及地方政府供给生态产品所采取的一系列的行动或举措 a,再加上不确定因素(随机干扰项 θ)冲击,这些都有可能加剧中央政府与地方政府的信息不对称的程度,进而影响中央政府最优激励合约 β 的设计。故中央政府为了规避信息不对称的问题,需加强监督。为此,本书基于上述的激励契约模型对中央政府的监督管理行为做出探讨。

根据式(4-12),中央政府的预期收益为 $E(v) = -\alpha + (1-\beta)\mu a + \alpha\beta$;根据式(4-14),地方政府的确定性等价收入为 $[\alpha + \beta(\mu a + \theta - \alpha)] - \left(\frac{1}{2}b\right)a^2 - \frac{1}{2}\rho\beta^2\sigma^2$,地方政府具有不变的绝对风险规避度。因此,总的确定性等价收入 TEC 为中央政府的预期收益与地方政府的确定性等价收入之

---

① 冯勤超,王丽丽,江孝感.中央与地方政府交叉事权的委托——代理模型[J].东南大学学报(哲学社会科学版),2005(7):56-58.

和,即有:

$$\text{TEC} = -\alpha + (1-\beta)\mu a + \alpha\beta + [\alpha + \beta(\mu a + \theta - \alpha)] - \left(\frac{1}{2}b\right)a^2 - \frac{1}{2}\rho\beta^2\sigma^2$$

$$= \mu a - \frac{1}{2}ba^2 - \rho\beta^2\sigma^2 \tag{4-24}$$

将式(4-16)、式(4-18)带入式(4-24)可得:

$$\text{TEC} = \frac{1}{2b}\frac{\mu^2}{\mu^2 + \rho b\sigma^2} \tag{4-25}$$

式(4-25)的政策含义为,在其他条件不变的情况下,中央政府若 σ^2 降低,那么就能提升确定性等价收入。而降低 σ^2 的一种普遍做法即增强对地方政府的监督和检查,但监督与检查的费用会提升中央政府成本,因此,就需要中央政府在成本和收益之间做好权衡。假设增强监督成本函数为 $M(\sigma^2)$, $M(\sigma^2) = \frac{k}{\sigma^2}$。其中 k 为成本参数,$M(0) = \infty$,$M(\infty) = 0$,$M'(\sigma^2) < 0$,$M''(\sigma^2) > 0$,则净收益函数 $W(\sigma^2)$ 为:

$$W(\sigma^2) = \text{TEC} - M(\sigma^2) \tag{4-26}$$

根据式(4-26)求 TEC 关于 σ^2 求一阶偏导,并带入式(4-25)令一阶偏导为 0 可得:

$$\frac{1}{2}\frac{\mu^4\rho}{\mu^2 + \rho b\sigma^2} = \frac{k}{(\sigma^2)^2} \tag{4-27}$$

根据式(4-27)得最优的 $(\sigma^2)^*$:

$$(\sigma^2)^* = \left(\sqrt{\frac{\rho}{2k}} - \frac{\rho b}{\mu^2}\right)^{-1} \tag{4-28}$$

根据式(4-28)可知,当 $\rho = 0$ 时,即地方政府为风险规避者,则中央政府的 $M[(\sigma^2)^*] = M(0) = \infty$,其政策含义为当地方政府不冒风险行事,中央政府无须进行监督检查,地方政府能实现生态产品的供给;当 $\rho > 0$ 时,地方政府冒风险行事,会遇到不确定因素的冲击,加剧中央政府与地方政府的信息不对称,为此中央政府需要强化监督检查,提升激励合约水平 β,即加强对地方政府的激励,使其大力发展低碳经济,从而使代理成本降低。根据式(4-28),可描绘出当 $\rho > 0$ 不确定因素的最优方差 σ^2 图(如图 4-2 所示)。根据图 4-2 可知,中央政府监督管理的边际成本 MC、边际收益 MR

均会随着 σ^2 的减少而增加,但 MC 随 σ^2 减少而增加的幅度要高于 MR 的增加水平。同时,根据图 4-2,当地方政府的风险偏好为 ρ_1 时,不确定性冲击的最优方差水平为 $(\sigma^2)_1^*$,此时若 $\sigma^2>(\sigma^2)_1^*$,则有中央政府监督检查的边际收益 MR 大于中央政府监督检查的边际成本 MC。同理,当地方政府的风险偏好为 ρ_2 时,不确定性冲击的最优方差水平为 $(\sigma^2)_2^*$,此时若 $\sigma^2>(\sigma^2)_2^*$,仍会出现 MR>MC 的情况。依次类推,我们可看到只有不确定因素的方差水平 $\sigma^2>(\sigma^2)^*$,中央政府监督检查的边际收益曲线 MR 一直要高于边际成本曲线 MC。这意味着若边际收益曲线 MR 一直要高于边际成本曲线 MC,$\sigma^2=0$ 是中央政府最优选择;若边际收益曲线 MR 一直要低于边际成本曲线 MC,那么在减少 σ^2 时委托人就不用再花费额外的资金。

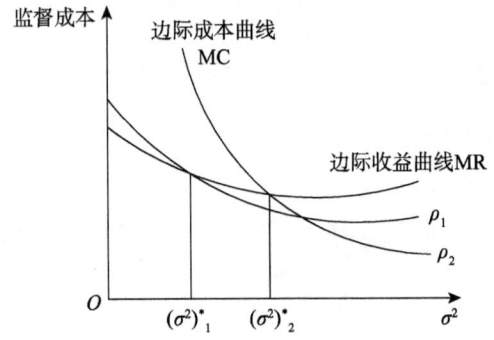

图 4-2　不确定因素的最优方差 σ^2 图

进一步地,对式(4-28)求关于各变量的一阶偏导数,并令偏导数为 0 可得:

$$\frac{\partial(\sigma^2)}{\partial k}=\sqrt{\frac{\rho}{8k^3}}(\sigma^2)^2>0 \tag{4-29}$$

式(4-29)表明监督成的边际本 MC 会随着不确定性冲击的方差水平 σ^2 增加而增加,即实践中表现为中央政府监督检查的难度会越大,这会削弱中央政府监督地方政府提供生态产品的意愿。

$$\frac{\partial(\sigma^2)}{\partial b}=\sqrt{\frac{\rho}{\mu^2}}(\sigma^2)^2>0 \tag{4-30}$$

式(4-30)反映的是地方政府提供生态产品的边际成本 b 同政府努力

水平 μ 呈反比。即无论何种给定激励,就会具有越低的努力供给 $\left(a=\dfrac{\beta\mu}{b}\right)$,且在 σ^2 给定的情况中,就会具有越低的激励 $\beta=\dfrac{\mu^2}{\mu^2+\rho b\sigma^2}$。如果降低监督的边际收益,中央政府就越不愿意加大监管力度,因此,中央政府管辖的区域范围当中,监督行为必须要考虑到地方政府努力的边际成本。

$$\dfrac{\partial(\sigma^2)}{\partial\mu}=-\dfrac{2\rho b}{\mu^3}(\sigma^2)^2<0 \tag{4-31}$$

式(4-31)反映出地方政府如果愈加努力,则会创造更多的环境边际收益,如果通过监督可获得越高的边际收益,那么委托人就越愿意去监督。

$$\dfrac{\partial(\sigma^2)}{\partial\rho}=-\dfrac{2b\sqrt{2k\rho}-\mu^2}{2\mu^2\sqrt{2k\rho}}(\sigma^2)^2 \tag{4-32}$$

式(4-31)表明最优方差同地方政府的绝对风险规避 ρ 之间是双向影响的,而且参数 b、k 和 μ 都会对其产生作用,这主要是因为 σ^2 和 ρ 是从两个角度来共同影响总的确定性等价收入 TEC 的,首先影响最优激励参数 β,其次影响风险成本。尽管 ρ 对 TEC 多是负面的影响,但若将 ρ 降到最低,ρ 对降低 σ^2 的边际收益就会呈正向影响,ρ 如果提升,那么最优 σ^2 就会逐渐下降;ρ 较大时,会对降低 σ^2 的边际收益产生负面影响,最优的 σ^2 会随 ρ 的提升而提升。

二、政府与企业间博弈

企业是提供生态产品的核心主体,其重要地位无可取代。政府通过控制污染、组织生产等方式促使生态产品的供给,但生态产品供给的提供者仍然是企业。企业既可通过在企业生产过程中降低碳排放,减少污染物排放提供生态产品,也可通过污染治理、植树造林等方式提供生态产品。值得注意的是,企业以营利为目的,这些行为的目的都是为了获得收益,所以,在供应生态产品方面,企业仍然是追求利益最大化的理性人,需要跟政府进行博弈来实现利润最大化。基于该假设,本部分内容拟从静态和动态两个角度分析政府与企业在提供生态产品过程中的博弈。

(一)静态博弈均衡分析

中央政府与地方政府在事权财权的分离使得地方政府可能偏离中央政府的政策目标,但当中央政府将生态置于与经济、政治、文化、社会同等重要的地位时,我们假设两者目标一致。生态产品,特别是清洁水源、清新空气等生态产品跟企业治理行为有着密切关系。通常来说,企业生产行为都会对环境造成一定破坏,但企业往往不愿付出一定的费用进行治理。根本原因就在于,提供生态产品会极大增加企业生产成本,导致利润率降低。对此,就需要地方政府制定合理的惩罚制度,通过严格执法,让企业不得不维护生态环境。此外,企业在提供生态产品的过程中,会降低利润,进而导致政府税收的减少。这一行为的结果对政府的影响更为显著。为此,本书将政府对企业的供给行为进行监督所产生的成本纳入支付矩阵中,并提出以下7个假设:

假设1:企业的生产成本为 c;

假设2:生态产品供给成本(环境治理成本)为 h;

假设3:企业产品的销售收入为 y;

假设4:企业的税前利润为 $I_i(i=0,1)$。其中,$I_1 = y-c-h$,表示企业提供生态产品时的税前利润,$I_0 = y-c$ 表示企业不提供生态产品时的税前利润;

假设5:政府财政收入为 τI_i,$\tau(\tau \in (0,1))$ 表示税率。

假设6:政府对企业的监督、执法成本为 f;

假设7:要是没有提供生态产品,就会出现额外罚款 $g(g>f;g>h>0)$。

根据上文的假设,可建立如表4-2所示的政府与企业间的生态产品供给博弈支付矩阵。

表4-2 政府和企业的生态产品供给博弈

地方政府		企业	
		供给	不供给
政府	执法	$(\tau I_1 - f), (1-\tau)I_1$	$(\tau I_0 - f + g), (1-\tau)I_0 - g$
	不执法	$(\tau I_1), (1-\tau)I_1$	$(\tau I_0), (1-\tau)I_0$

根据表4-2,政府的行为选择为(执法,不执法),企业的行为选择为(供给,不供给)。当政府的策略为"执法"时,企业(供给,不供给)的预期收益分别为$[(1-\tau)I_1,(1-\tau)I_0-g]$,由于$(1-\tau)I_1>(1-\tau)I_0-g$,则企业的最优策略为"供给"生态产品,以免被政府惩罚而使得收益严重下降;当政府的策略为"不执法"时,企业的最优策略是"不供应"生态产品("不供应"策略的收益$(1-\tau)I_0$大于选择"供给"生态产品的收益$(1-\tau)I_1$)。当企业的策略为"供给"生态产品时,政府选择"执法"的预期收益为τI_1-f,低于政府选择"不执法"策略的预期收益是τI_1,故政府最优策略为"不执法";当企业的策略为"不供给"生态产品时,政府选择"执法"的预期收益为τI_1-f,低于政府选择"不执法"策略的预期收益是τI_1,故政府最优策略为"不执法";政府选择"执法"的预期收益是τI_0-f+g要低于政府选择"不执法"策略的预期收益是τI_0,故政府此时的最优策略为"不执法"。

综上分析,若从长远计,政府的最优策略为"不执法",主要依赖企业自治。不过参考支付矩阵,政府和企业还会一直博弈下去,也就无法制定最佳的组合方案。一切依靠政府的力量,企业无权管理,这种方式存在很大问题,必须要对其做出修改。

(二)基于斯坦克伯格博弈均衡框架

作为微观主体,政府具有独立性,它的职能和目的跟企业的差异较大,企业可观察到政府行为,政府制定的政策也会极大影响和引导企业的经营行为。所以,政府运用自身强大的政治权利处于博弈的主体地位,即为领导者,而企业根据政府政策进行生态产品生产,处于追随者地位。能够发现,选择斯坦克伯格模型来研究政府与企业之间的动态博弈更好。所以,我们从政府、企业这两个利益主体出发,考虑到推出生态产品所需要的各种因素,建立生态产品供给两阶段博弈模型,并以此为基础,提出政府行为模式的一致性的想法。

1.政府与企业两个博弈利益主体的相关假设

背景假设:在一个物产丰富的地区存在一个典型企业P,该地区的政府用G表示。为了方便分析,假设该地区的经济活动为部门制,包括资源部门与生产部门,这两个部门是该地区经济活动的主要框架结构。用Z表示该地区的资源禀赋水平(资源部门的价值),生产部门给该地区居民和政府部门提供产品。用 t 表示政府征收的所得税率。用 T 表示企业总成本,其由提供生态产品利益 M 和生产活动利益 L 两部分构成。同时,将政府的行为活动活分为两部分:第一部分为制定方案决定是否提供生态产品,用 φ 表示, $\varphi=\{0,1\}$,1 代表提供,0 代表不提供①,提供生态产品的成本记为 I;第二部分,政府努力争取生态收益,将政府的努力水平 R 表示。基于上述背景设置以下参数:

(1) 生产函数。为了讨论方便,本书根据柯布-道格拉斯生产函数,将该地区的生产函数设定为如下形式:

$$Q(A,\varphi,L)=(1+A)f(\varphi,L) \tag{4-33}$$

式(4-33)中,A 为技术进步因子。该生产函数满足单调递增的凹函数,即:$f(1,L)>f(0,L)>0, \frac{\partial f}{\partial L}>0, \frac{\partial^2 f}{\partial L^2} \leqslant 0$,其中,$f(1,L)>f(0,L)>0$ 的政策含义为,若政府想要投入公共品,需要更多的社会总产出。同时,式(4-33)满足 $\frac{\partial f(1,L)}{\partial M}-\frac{\partial f(0,L)}{\partial M}>0$,这意味着社会总产出随着公共品的投入及民间的生产活动付出呈正向发展。而 $\frac{\partial f(1,L)}{\partial M}-\frac{\partial f(0,L)}{\partial M}<0$ 表示政府投入公共品,会降低社会总产出的损失。

(2) 资源收益占有函数。用 $S(M,R)$ 表示居民部门对资源收益占比函数,该函数为关于 M 的递增减函数,以及关于 R 的递减增函数,即该函数满足条件:$\frac{\partial S}{\partial M}>0, \frac{\partial S}{\partial R}<0, \frac{\partial^2 S}{\partial M^2} \leqslant 0, \frac{\partial^2 S}{\partial R^2}>0, \frac{\partial^2 S}{\partial M \partial R}<0$;同时,$\frac{\partial^2 S}{\partial M \partial R}<0$ 意味着民间资源收益对自身付出的边际收益随着政府付出的增加而减少。

(3) 政府成本函数。政府成本函数设定为 $C(\varphi,R)$,其亦是关于 R 单调递增的凹函数,即满足 $C(1,L)>C(0,L)>0, \frac{\partial C(1,R)}{\partial R}-\frac{\partial C(0,R)}{\partial R}>0, \frac{\partial C}{\partial R}>0$,其经济含义为政府成本会随着付出和公共品的投入的增多而增多,即公共产品的投入越多,地区总福利水平越高,政府获得的回报越高。

---

① Dunning(2005)同样将公共产品投资定义为二进制选择变量。

同时,该政府的公共产品还会对政府产生正外部性,让政府在博弈中更具有战略优势,这样会强化政府占有资源的能力,进而在资源稀缺性约束下更好地有效配置资源。另外,需要说明的是,由于民间利益主体具有离散特性,个体差异大,无法构建该利益群体的成本函数,故在此仅仅考虑政府的成本函数,这也不会影响我们对博弈的分析结论。

根据斯坦克伯格模型博弈框架,政府在博弈中处于主导地位,在实践中主要体现为政府会制定一系列规则措施来规范民间主体的行为。故在政府与民间利益主体的博弈过程会按照以下顺序来进行或实施:

(1)政府决策是否参与公共品投资。在既定的技术进步因子 A 条件下,政府的决策集合为 $\varphi=\{0,1\}$。

(2)两阶段的动态博弈过程。第一阶段:政府的行为将决定付出努力 R 争取资源收益;第二阶段:企业主体对政府的行为做出反应,选择合适的努力 M 以使自己的利益最大化。为了方便博弈分析,将式(4-33)的生产函数以及成本函数、资源占有函数具体设定为如下形式:

$$Q(A,\varphi,L)=(1+A)(1+\varphi)(1+L) \tag{4-34}$$

$$C(\varphi,R)=c(1+\varphi)R \tag{4-35}$$

$$S(M,R)=\min\left(\frac{M^{\alpha}}{R^{\gamma}},1\right) \tag{4-36}$$

式(4-35)中的 c 为比例因子;式(4-36)中的 $\alpha\in(0,1)$、$\gamma\in(0,1)$,α、γ 为政府与企业对资源的操控能力,当 $\alpha>\gamma$ 意味着企业对资源控制权更强,反之政府对资源操作能更强。

为了获得上述博弈均衡,我们从企业的行事进行逆推。具体地:企业在博弈中从两个方面获利:一方面是从生产活动中获利;另一方面是伴随生产活动提供生态产品获利,故企业利益主体的收益函数为:

$$Max \quad \pi_p=(1-t)(1+A)(1+\varphi)(1+L)+Z\frac{M^{\alpha}}{R^{\gamma}} \tag{4-37}$$

$$s.t \quad M+L\leqslant T$$

求解式(4-37)的优化问题可得企业在观察到政府的策略后的最优策略函数:

$$M(A,\varphi,R)^*=\left[\frac{1}{\alpha Z}(1-t)(1+A)(1+\varphi)\right]^{\frac{1}{\alpha-1}}R^{\frac{\gamma}{\alpha-1}} \tag{4-38}$$

根据上文背景假设与参数设置,政府利益主体的收益主要来源于两个方面:一是生产部门所提供的效益;二是资源部门提供的资源收益。为此,在政府与企业的博弈过程中,能最大化自身收益的是,引导企业利益主体进入生产活动领域,而让渡出资源领域的操控利益,这样对于政府既能获得更多生产部门所提供的效益,又能提升对资源的控制能力,实现两个方面利益的双增局面。故作为符合理性人假设的政府会以该方式来进行博弈,其收益函数为:

$$\underset{R}{Max} \quad \pi_G = t(1+A)(1+\varphi)(1+T-M) + Z\left(1-\frac{M^a}{R^\gamma}\right) - c(1+\varphi)R - I \tag{4-39}$$

将式(4-38)的 $M(A,\varphi,R)^*$ 代入式(4-39),可解得政府付出的最优努力为 $R^*(A,\varphi)$。

综上所述,地方政府是否愿意提供生态产品取决于地方政府对资源禀赋的相对控制力。当地方对资源具有更多控制力时,相比资源匮乏的地区,高资源禀赋地区的地方政府往往鼓励企业提高生产率以支撑生态产品的供给,否则政府没有动力或积极性增加生态产品的供给。而民间对资源控制力相对较强时,高资源禀赋地区的地方政府会更加积极投入生态产品的供给中来,该地区社会福利水平亦会更高。

三、企业间博弈

(一)市场化供给

在竞争市场上,微观主体企业或厂商总是按照自身利益最大化来进行生产或产品供给,而忽略了自身生产活动对环境带来的负外部性。从科斯产权定理可知,要解决这种负外部性,就需要明确产权,而企业对其带来的负外部性需要承担责任,让其生产的私人边际成本 MC 等于社会边际成本,来解决存在的问题。实践中,政府通过向引致外部性的企业征收生态治理税费方式来解决该外部性问题。而现在的问题是政府如何引导企业有责任地参与到治理环境、提供生态产品中来。为此本书假定在一个区域存在两家企业,该区域的环境治理由该两个企业共同负责。若用 h 表示该区域环境治理的总成本,且两个企业各承担一半,若企业不按照该规则进行,不仅要对治理环境做出赔偿,还要受到额外的罚款,若用 g 表示该赔偿与罚款,则有 $g>h>0$,即会面临政府的惩罚。在该过程中,两家企业的策略组合均为(合作治理,不合作治理),在政府不进行检查的情况下,两家企业博弈的收益矩阵如表 4-3 所示。

表 4-3 企业与企业的生态产品供给博弈(政府不检查)

预期收益		企业	
		合作治理	不合作治理
企业	合作治理	$(-h/2,-h/2)$	$(-h,0)$
	不合作治理	$(0,-h)$	$(0,0)$

表 4-3 显示,在政府不进行检查时,若两个企业的策略组合为(合作治理,合作治理),即双方各自承担一半的环境治理责任,其收益组合为 $\left(-\dfrac{h}{2},-\dfrac{h}{2}\right)$。若两个企业的策略组合为(合作治理,不合作治理)或(不合作治理,合作治理),则收益组合将分别为 $(-h,0)$、$(0,-h)$。若两个企业的策略组合为(不合作治理,不合作治理),其收益组合为 $(0,0)$。

若政府要进行检查时,两家企业博弈的收益矩阵如表 4-4 所示。若两个企业的策略组合为(合作治理,合作治理),其收益组合为 $\left(-\dfrac{h}{2},-\dfrac{h}{2}\right)$。若两个企业的策略组合为(合作治理,不合作治理)或(不合作治理,合作治理),则收益组合将分别为 $(-h,-h-g)$、$(-h-g,-h)$。若两个企业的策略组合为(不合作治理,不合作治理),其收益组合为 $(-h-g,-h-g)$。

表 4-4 企业与企业的生态产品供给博弈(政府检查)

预期收益		企业	
		合作治理	不合作治理
企业	合作治理	$(-h/2,-h/2)$	$(-h,-h-g)$
	不合作治理	$(-h-g,-h)$	$(-h-g,-h-g)$

综合表 4-3、表 4-4 的分析发现,在政府不进行检查时,两个企业的最优策略组合为(不合作治理,不合作治理),其收益组合为 $(0,0)$。当政府进行检查时,两个企业的最优策略组合为(合作治理,合作治理),其收益组合

为 $\left(-\dfrac{h}{2}, -\dfrac{h}{2}\right)$。这说明在竞争状态下的市场化供给中,企业对于生态产品供给的态度主要取决于政府是否实行监管。存在政府监管时,企业倾向于实施治理行为,增加生态产品供给量。反之,则倾向于不实施治理行为,增加生态环境污染。

(二)寡头竞争:市场化供给

显然,表 4-3、表 4-4 的均衡一旦引入全社会的收益,这两种最佳方案仍旧不够可行,还是存在着企业之间的博弈。为此引入市场化机制,利用古诺模型讨论生态产品市场化供给后的企业提供生态产品的博弈均衡问题。具体而言:

企业 1、企业 2 既追求产量又保证提供生态产品,设 $q_i \in [0, \infty)$ 为第 i 个企业的产量,$C_i(q_i)$ 为第 i 个企业的生产成本,$P = P(q_1 + q_2)$ 表示企业面临的市场需求函数,则第 i 个企业利润函数为:

$$\pi_i(q_1, q_2) = q_i P(q_1 + q_2) - C_i(q_i) \tag{4-40}$$

$$q_1^* \in \arg\max \pi_i(q_1, q_2^*) = q_i P(q_1 + q_2^*) - C_i(q_1) \tag{4-41}$$

$$q_2^* \in \arg\max \pi_i(q_1^*, q_2) = q_i P(q_1^* + q_2) - C_i(q_2) \tag{4-42}$$

对式(4-40)分别关于 q_i 求偏导数并令偏导数为 0 可得两个不同的反应函数:

$$q_1^* = R_1(q_2) \tag{4-43}$$

$$q_2^* = R_2(q_1) \tag{4-44}$$

这两个反应函数是相互表征的,每个企业对应的反应函数是对于另一个企业的产量情况反应。这两个函数的交叉点即为市场均衡点,该交叉点就表示纳什均衡 $q^* = (q_1^*, q_2^*)$。

进一步地,若假定两个企业的单位成本相同,即:$C_1(q_1) = q_1 c$,$C_2(q_2) = q_2 c$,所面临的需求函数设定为:$P = \alpha_0 - (q_1 + q_2)$。则式(4-40)最优解可为:

$$\frac{\partial \pi_1}{\partial q_1} = \alpha_0 - (q_1 + q_2) - q_1 - c \tag{4-45}$$

$$\frac{\partial \pi_2}{\partial q_2} = \alpha_0 - (q_1 + q_2) - q_2 - c \tag{4-46}$$

根据式(4-45)、式(4-46)反应函数为：

$$q_1^* = R_1(q_2) = \frac{1}{2}(\alpha_0 - q_2 - c) \qquad (4-47)$$

$$q_2^* = R_2(q_1) = \frac{1}{2}(\alpha_0 - q_1 - c) \qquad (4-48)$$

根据式(4-47)、式(4-48)可归纳出，若企业增加 1 单位的产出，则企业 2 的产出会相对减少 1/2。为此，可推导出企业与企业间的博弈均为：

$$q^* = (q_1^*, q_2^*) = [\frac{1}{3}(\alpha_0 - c), \frac{1}{3}(\alpha_0 - c)] \qquad (4-49)$$

根据式(4-49)可计算出两个企业的纳什均衡利润为：

$$\pi_1(q_1^*, q_2^*) = \pi_2(q_1^*, q_2^*) = \frac{1}{9}(\alpha_0 - c)^2 \qquad (4-50)$$

综上所述可以看到，企业 1 与企业 2 采用寡头竞争方式进行经营，其均衡总产量、利润应该为

$$q_{寡头竞争}^* = q_1^* + q_2^* = \frac{2}{3}(\alpha_0 - c) \qquad (4-51)$$

$$\pi_{寡头竞争}^* = \pi_1(q_1^*, q_2^*) + \pi_2(q_1^*, q_2^*) = \frac{2}{9}(\alpha_0 - c)^2 \qquad (4-52)$$

同理，也可推导出当企业 1、企业 2 采用垄断的方式来进行生产与生态产品提供时的总产量、总利润：

$$q_{垄断}^* = q_1^* + q_2^* = \frac{1}{2}(\alpha_0 - c) < q_{寡头竞争}^* = \frac{2}{3}(\alpha_0 - c) \qquad (4-53)$$

$$\pi_{垄断}^* = \pi_1(q_1^*, q_2^*) + \pi_2(q_1^*, q_2^*) = \frac{1}{4}(\alpha_0 - c)^2 < \pi_{寡头竞争}^* = \frac{2}{9}(\alpha_0 - c)^2 \qquad (4-54)$$

根据式(4-53)、式(4-54)可知，实践中企业 1、企业 2 将采用寡头竞争方式来进行生产经营活动，寡头竞争最终得到利益会大于垄断时的利益。

(三)合作：市场化供给

根据表 4-3、表 4-4 博弈双方的收益矩阵可发现，若企业 1 与企业 2 仅进行一次交易，在理性人假设与信息完全对称的假设下，通过一次交易双方若发现采用"不合作"的策略对自身的收益影响不大，那么企业 1 与企业 2 就均会选择(不合作治理,不合作治理)组合。尽管该博弈在一次交易就

达到纳什均衡,但远远未达到帕累托最优水平,且实践中理性人的假设并不全面,再加上信息收集并不完整,就很有可能出现重复博弈的情况。这将会影响双发的博弈结果与均衡。由于企业之间的博弈循环往复,若双方耐心十足,双方就不再注重短期利益转而重视长期合作,其主要原因是长期合作带给他们的效益要比短期利益明显多一些。这种情况下,对博弈双方须提升自己参与度,同时要达成若短期内不合作者实施惩罚,这样进行的长期博弈形成的均衡,才能实现帕累托最优。即经过多次博弈,合作双方会认为,长期利益大于短期利益,转而寻求不同的均衡方式,过去本来不会合作的项目最终转变为合作,从而使双方达到最为均衡的状态。

针对上述情况,博弈双方要进行长期博弈,作为理性人总是时刻将每次博弈的跨期收益进行贴现,使得现值最大化。故假设将博弈双方的贴息率为 r,博弈方在多次博弈之后获得的总收益现值 $V_i(i=1,2)$,$v_{i,t}$ 为企业 i 在 t 期的收益,则有:

$$V_i = v_{i,0} + \frac{v_{i,1}}{1+r} + \frac{v_{i,2}}{(1+r)^2} + \cdots + \frac{v_{i,t}}{(1+r)^t} = \sum_{t=0}^{t} \frac{v_{i,t}}{(1+r)^t} \tag{4-55}$$

显然每一次博弈可能面临不同的环境与影响因素,故博弈的情况存在以下四种情形:

情形 1:$v_{1,1} > v_{2,1}$,$v_{1,2} > v_{2,2}$。这种情况下,只有双方都同意合作才能够实现纳什均衡。将这个结果作为原始博弈,并以此作为基础重复博弈过程,从而可以得到重复博弈过程中的最优解,也就是在博弈过程中都采用纳什均衡方法,实现最终博弈结果收益最大化。[①] 上述博弈次数若能够实现无穷次,则能实现子博弈完美纳什均衡结果[②]。即:

$$V_1 = v_{1,0} + \frac{v_{1,1}}{1+r} + \frac{v_{1,2}}{(1+r)^2} + \cdots + \frac{v_{1,t}}{(1+r)^t} = v_{1,0} + v_{1,1} \frac{1+r}{r} \tag{4-56}$$

$$V_2 = v_{2,0} + \frac{v_{2,1}}{1+r} + \frac{v_{2,2}}{(1+r)^2} + \cdots + \frac{v_{2,t}}{(1+r)^t} = v_{2,0} + v_{2,1} \frac{1+r}{r} \tag{4-57}$$

若式(4-56)、式(4-57)中的 $V_1 \leqslant V_2$,则双方并不会出现合作。合作双方若都可以不断提升自身实力和名誉,并且积极寻找对方过错,惩罚对方,

---

① 谢识予.经济博弈论[M].复旦大学出版社,1997.
② 张维迎.博弈论与信息经济学[M].上海人民出版社,1996.

那么就可以形成积极的激励循环,最终帮助合作双方实现共赢。

情形 2:$v_{1,1}<v_{2,1},v_{1,2}<v_{2,2}$。这种情况下的纳什均衡为(不合作,不合作),这种方式是博弈过程中最低效的一种,最终博弈结果产生的收益最小。

情形 3:$v_{1,1}<v_{2,1},v_{1,2}>v_{2,2}$。这种情况下,企业的策略组合(合作,不合作)和(不合作,合作)都属于纳什均衡。这类博弈的过程为:企业 i 在某次博弈的前几个阶段都选择了"合作",而另一企业在某次博弈中的行事为"不合作",则企业 i 的策略将从原来的"合作"变为"不合作",并一直持续下去。因此在合作过程中双方都应该全面考虑对方终止合作之后产生的影响。通常合作方如果一直保持合作的姿态,那么其余合作企业也会选择合作,这样就能够实现企业利益共赢。

情形 4:$v_{1,1}>v_{2,1},v_{1,2}<v_{2,2}$。该种情形下,企业双方的策略组合(合作,合作)和(不合作,不合作)也是纳什均衡。如果以此为基础进行重复博弈,那么最终结果将会出现多条子博弈完美均衡路径,并且每个阶段选(合作,合作)都是帕累托最优[①]。

四、社会个体自愿供给的博弈

追求最大化的自身效用,这是每一个个体目标。在生态产品供给决策中,就会由此出现一种讨价还价的局面。个体也属于在网络中的一员,网络中各个个体之间存在着一定的关系,而且这种关系具有相互依赖性。因此生态产品供给决策事实上就是各个个体之间相互影响的结果,所以个体需要对网络中其他个体的决策产生影响。生态产品从本质上是社会集体产品的一种表现,其能够实现信息的最大化传递,因此能够通过完全信息静态博弈实现对生态产品过程中个体选择的分析。为探讨该种供给模式下的博弈均衡,本书做出如下假设:

假设 1:存在一个典型的社会生态网络,该网络中的个体容量为 n。其中每个个体自愿加入生态产品的供给。每个个体提供的生态产品规模的

---

① 陈育花,朱顺泉.供应链管理中企业合作的博弈分析[J].价值工程,2004(1):61-63.

叠加构成该社会生态网络生态产品的总数量,即个人提供的生态产品数量越多,社会生态网络的生态产品总规模越大,每个个人获得生态收益也就越高。

假设2:该社会生态网络中的个体均符合理性人假设,追求自身效用最大化。

假设3:用 $s_i(i=1,2,\cdots n)$ 表示第 i 个个体提供的生态产品数量,则全社会生态网络的生态产品总量为: $S=\sum_{i=1}^{n}s_i$。

假设4:用 $u_i(i=1,2,\cdots n)=(x_i,S)$ 表示第 i 个个体的效应函数,其中 $x_i(i=1,2,\cdots n)$ 为个体 i 所具备的私人产品数量;同时,效用函数满足 $\frac{\partial u_i}{\partial x_i}>0$, $\frac{\partial u_i}{\partial S}>0$。

假设5: $x_i(i=1,2,\cdots n)$ 与 $S=\sum_{i=1}^{n}s_i$ 之间的边际替代率为 $MRT_{x_i,S}$,具有边际递减的特征。

(一)模型 Ⅰ:纳什均衡解

设 p_1 为 $x_i(i=1,2,\cdots n)$ 的价格, S 的价格为 p_2, $M_i(i=1,2,\cdots n)$ 为个体 i 的预算收入。则个体 i 能在一定的其他 $(n-1)$ 个体生态产品 $s_j(j=1,2,\cdots,n-1)$ 提供下,其效用函数为:

$$\begin{cases} max \quad u_i(x_i,S) \\ st \quad M_i=p_1x_i+p_2s_j \end{cases} \quad (4-58)$$

构造式(4-58)的拉格朗日函数 $L_i=u_i(x_i,S)+\lambda(M_i-p_1x_i-p_2s_j)$,并求解得:

$$\frac{\partial u_i}{\partial S}-\lambda p_2=0 \quad (4-59)$$

$$\frac{\partial u_i}{\partial x_i}-\lambda p_1=0 \quad (4-60)$$

$$\frac{\partial u_i}{\partial \lambda}=M_i-p_1x_i-p_2s_j=0 \quad (4-61-1)$$

联立式(4-59)至式(4-61)可得:

$$\frac{\partial u_i/\partial S}{\partial u_i/\partial x_i}=\frac{p_2}{p_1} \qquad (4-61-2)$$

式(4-61)表明当生态产品作为商品供给时,其与一般商品无异,消费者的效用最大化的均衡即为社会个体自愿供给的纳什均衡。故有:

$$S^*=(s_1^*,s_2^*,\cdots,s_n^*)=\sum_{i=1}^n s_i^* \qquad (4-62)$$

式(4-62)的经济学含义为,社会生态产品总供给水平会受到个体纳什均衡规模下的供给水平影响。结合式(4-61)、式(4-62),可挖掘该博弈均衡蕴含的政策含义:对个体 i 来说,处于生态产品供给纳什均衡条件下,将会与 S 规模提升和个体投入提升成反比。可进一步概括为,个体从社会网络中获得生态产品更为轻松,并且生态产品总供给情况将由个体纳什均衡供给情况决定。

(二)模型Ⅱ:帕累托最优解

上面的纳什均衡是考虑到生态产品具有同特征性,即个人提供的生态产品为同类型产品,但实践中,社会成员可能提供的生态产品具有差异,由此种差异带来的效用可能存在差异。因此,需要重新考虑当个人提供差异化生态产品情况下的博弈均衡及帕累托状态。假定个人价格仍为上文纳什均衡下的价格水平,社会总福利效用函数为:

$$W=\theta_1\mu_1+\theta_2\mu_2+\cdots\theta_i\mu_i+\cdots+\theta_n\mu_n \qquad (4-63)$$

其中,$\theta_i(i=1,2,\cdots,n)$ 为个人的效用权重。面临的总预算约束为:

$$\sum_{i=1}^n M_i=p_1\sum_{i=1}^n x_ix_i+p_2S \qquad (4-64)$$

根据式(4-63)、式(4-64)可构造拉格朗日函数求解最优解:

$$\sum_{i=1}^n \theta_i\frac{\partial u_i}{\partial S}-\lambda p_2=0 \qquad (4-65)$$

$$\theta_i\frac{\partial u_i}{\partial x_i}-\lambda p_1=0 \qquad (4-66)$$

$$\frac{\partial u_i}{\partial \lambda}=\sum_{i=1}^n M_i-p_1\sum_{i=1}^n x_ix_i-p_2S \qquad (4-67)$$

联立式(4-65)至式(4-67)可得够获得帕累托最优条件下的均衡:

$$\sum_{i=1}^n \frac{\partial u_i/\partial S}{\partial u_i/\partial x_i}=\frac{p_2}{p_1} \qquad (4-68)$$

式(4-68)表示,若当且仅当全部个体两个物品边际替代率加起来是两个物品之间的价格比例时,生态产品的供给水平实现了最优,此时社会生态网络的社会福利最大化。其经济学含义为:在生态产品供给决策中,社会网络中个体总福利实现最优的条件是各个物品与生态产品之间的边际替代率和为两类产品的价格比。这意味着一定意义上社会福利水平与个人私人物品存在关系。从全社会整体出发,在帕累托最优均衡情况下,个体将会对总福利水平给予最大的关注,这种结果通过相互协调导致。

进一步挖掘式(4-68)的深层次含义发现,帕累托条件之下的均衡大于纳什条件下的均衡水平。这是因为纳什均衡情况下个体行动对其他伙伴在已知的战略条件下,其需要实现的是自己效用的最大化以及通过生态产品的获得所能够带来的收益,对于社会网络总体生态产品的贡献度如何并不关注。所以可以看到个体在这种情况下属于自利,只是从每一个个体的自身战略出发,没有对整体福利纳入思考。但是,帕累托均衡情况在集体的层面,对整体福利进行关注,他们关注的不再是个体的边际替代率是否与价格相等,而是考虑整个的边际替代率是否与生态产品与私人物品价格比相同。在信息对称的情况下,该过程往往具有相互关注、相互谅解的特点,这样就会使得人人都追求贡献,然后再是对收益问题进行思考。显然,与帕累托最优解相比,纳什均衡解是一个次优解。然而,现实当中更多出现的是纳什均衡,这是由于最优情况通常难以被接受,但是次优则更容易被接纳,所以被认为是满意的状态。

(三)个体收入水平对生态产品供给结构的影响

上文的博弈均衡分析都假设个人收入水平约束相同,然而,不同局长入个体对生态产品供给的水平不同。因此,此处对该假设条件进行变更,进一步讨论不同收入水平情况下的生态产品供给。此外,我们还假定个人效用函数的具有C-D生产函数特征,并讨论以下三种情形收入水平对生态产品供给结构的影响:一是无收入约束情形;二是收入约束存在个体差异的情形;三是收入约束相同情形。

1. 无收入约束情形

个人效用函数的 C-D 生产函数形式：

$$u_i = x_i^\alpha S^\beta \ (0<\alpha<1, 0<\beta<1, 且\ \alpha+\beta=1) \tag{4-69}$$

其中，α 为私人产品的效用弹性，β 为生态产品的效用弹性。

根据式(4-61)可得到该效用函数下的最优解：

$$\frac{\beta x^\alpha S^{\beta-1}}{\alpha x^{\alpha-1} S^\beta} = \frac{p_2}{p_1} \tag{4-70}$$

结合收入预算约束，根据式(4-70)可得个体 i 的生态产品供给均衡决策函数：

$$s_j = \frac{\beta}{\alpha+\beta} \frac{M_i}{p_2} + \frac{\alpha}{\alpha+\beta} \sum_{i=1, i\neq j}^{n} s_i \tag{4-71}$$

式(4-71)为个体 i 的生态产品供给均衡决策函数，该式表明，若个体效用函数具有 C-D 生产函数的特性性质，那么当效用达到均衡时，个体 i 生态产品的供给水平将随其他个体生态产品供给的增加而下降。这意味着"搭便车"的现象仍然存在于生态产品的供给中。

2. 个体收入存在差异的情形

假设社会生态网络中存在的两个个体，一个是收入水平高的个体，另一个是收入水平低的个体，为方便直观讨论，这两个个体分别用 $M_1=2m$ 和 $M_2=m$ 表示。结合式(4-71)可获得相应的均衡 (s_1^*, s_2^*)，此时（令 $\alpha \geq \beta$）：

$$\begin{cases} s_1^* = \frac{\beta}{\alpha+\beta} \frac{2m}{p_2} \\ s_2^* = 0 \end{cases} \tag{4-72}$$

总供给水平 S^* 为：

$$S^* = s_1^* + s_2^* = \frac{\beta}{\alpha+\beta} \frac{2m}{p_2} \tag{4-73}$$

式(4-72)的博弈均衡是典型的"囚徒困境"或"智猪"博弈均衡特征，即在收入水平不同的情况下，个体在生态产品供给纳什均衡决策当中选择不同的策略，策略存在差异，高收入者会选择的策略为最大程度提供公共产品；而低收入者会选择"搭便车"，其蕴含的政策含义为：实践中，影响个体提供生态产品的一个重要因素就是个体收入水平情况,进而影响整个生态产品的总供给。

3.个体收入相等的情形

其他条件和前述相同,假定两个个体的收入相等,设 $M_1=M_2=1.5m$。根据式(4-70)可得个体 i 的生态产品供给均衡决策函数的纳什均衡(s_1^{**}, s_2^{**}):

$$\begin{cases} s_1^{**} = \dfrac{\beta}{2\alpha+\beta}\dfrac{1.5m}{p_2} \\ s_2^{**} = \dfrac{\beta}{2\alpha+\beta}\dfrac{1.5m}{p_2} \end{cases} \quad (4-74)$$

总供给水平 S^{**} 为:

$$S^{**} = s_1^{**} + s_2^{**} = \dfrac{\beta}{2\alpha+\beta}\dfrac{3m}{p_2} \quad (4-75)$$

根据式(4-74)可知,收入水平相同所产生的生态产品供给水平也是一样的,其蕴含的策略含义为:若在实践中,个体收入水平相等或相当时,可激励各个体采用相同策略供给生态产品,进而实现博弈均衡。

4.个体收入对生态产品供给结构的影响

根据上文分析可知,生态产品供给结构相同的情况下,个体收入影响个体均衡策略的选择。然而,收入对生态产品供给结构的影响如何,哪种供给结构更有利于生态产品的自组织供给,需要进一步讨论。结合式(4-75)、式(4-73)进行如下讨论:

情形 1:当 $\alpha=\beta$ 时有:

$$S^* = s_1^* + s_2^* = \dfrac{\beta}{\alpha+\beta}\dfrac{2m}{p_2} \xRightarrow{\alpha=\beta} S^* = \dfrac{m}{p_2} \quad (4-76)$$

$$S^{**} = s_1^{**} + s_2^{**} = \dfrac{\beta}{2\alpha+\beta}\dfrac{3m}{p_2} \xRightarrow{\alpha=\beta} S^{**} = \dfrac{m}{p_2} \quad (4-77)$$

显然,式(4-76)与式(4-77)相等,这意味着不管收入相同与否,只要私人产品的效用弹性 α 与生态产品的效用弹性 β 相同,个体收入差异对生态产品的供给结构就不会产生影响。

情形 2:当 $\alpha>\beta$ 时有(为节约篇幅在此省略论证过程):

$$S^* = \frac{\beta}{\alpha+\beta}\frac{2m}{p_2} > S^{**} = \frac{\beta}{2\alpha+\beta}\frac{3m}{p_2} \tag{4-78}$$

式(4-78)显示,私人产品的效用弹性 α 大于生态产品的效用弹性 β 且收入存在个体差异时,生态产品供给规模要高于存在收入不存在个体差异时的规模。

情形 3:当 $\alpha < \beta$ 时有(为节约篇幅在此省略论证过程):

$$S^* = \frac{\beta}{\alpha+\beta}\frac{2m}{p_2} < S^{**} = \frac{\beta}{2\alpha+\beta}\frac{3m}{p_2} \tag{4-79}$$

式(4-79)显示私人产品的效用弹性 α 小于生态产品的效用弹性 β 且收入存在个体差异时,生态产品供给规模要低于存在收入不存在个体差异时的规模。

结合奥尔森在对公共物品供给研究的理论,可得出在纳什均衡中,生态产品供给不仅与收入差异有关且和生态产品、私人产品对个人的效用弹性有关。其反映出的政策含义为:实践中生态产品供给水平与私人物品之间是存在相互联系的。因此,在提供公共物品过程中,不能够忽视私人物品投资的因素。

第三节 本章小结及建议

本章基于生态产品的特性,剖析了生态产品的供给主体行为特征,探讨了不同供给主体(中央政府、地方政府、企业、社会个体)之间在生态产品供给中的博弈过程及其均衡,并深入挖掘了这些博弈均衡的经济学含义与政策含义,为如何设计生态产品供给机制和制度打下了坚实基础。通过本章分析得出了以下结论:

(1)生态产品供给主体行为特征分析认为中央政府的职能决定了其提供生态产品是一项不可推卸的义务和责任,其在生态产品供给的行为包括生态产品供给制度的顶层设计,在宏观层上引导、激励、监督其他生态产品供给参与主体提供生态产品;地方政府在生态产品供给中既要接受中央政府既定的生态产品供给目标的约束又要充分考虑自身资源禀赋状况对企业进行监督检查来实现其在生态产品供给中的作用;企业是按照市场化原则来提供生态产品的微观主体,其决策行为往往受到地方政府的监督约束,受到其生产经营活动的影响。

(2)中央政府与地方政府在生态产品供给中的博弈分析显示,中央政府以委托代理机制委托地方政府提供生态产品的博弈中存在混合战略均衡,该均衡的实现需要中央政府在既定的财政收入 t 约束下,科学地设计好中央财政补贴水平 d 与惩罚机制系数 n,实践中控制好激励与监督机制实施成本为 c,地方政府需在既定的财政收入 x 的约束下,控制好生态产品的供给成本为 b,这样才能实现生态产品的供给。

(3)地方政府与企业在生态产品供给中的博弈均衡显示,企业生态产品供给实现机理为地方政府通过引导企业进入生产活动领域,让企业让渡出资源领域的操控利益,这样政府既能获得更多生产部门所提供的效益,又能提升对资源的控制能力。地方政府对资源控制能力的增强能激励企业通过提供生产率来支撑生态产品的供给,进而提升地区社会福利水平。

(4)企业与企业在生态产品供给中的博弈分析显示,企业通过寡头竞争与合作这两种市场化的方式都可实现生态产品的供给,但寡头竞争的方式仅能在短期内实现均衡,而合作的方式能实现长期的博弈均衡。因此,企业生态产供给过程中,政府要通过执法检查来营造一个合作的市场化环境来激励企业提供生态产品。

(5)社会个体自愿供给的博弈分析显示,生态产品供给不仅与收入差异有关且和生态产品、私人产品对个人的效用弹性有关,即实践中生态产品供给水平与私人物品之间是相互联系的。因此,在提供公共物品过程中,不能够忽视私人物品投资的因素。

上述分析结论显示,满足理性人假设的各生态产品供给主体的目标差异是影响生态产品供给均衡的关键因素。那么,在实践中,如何规避这一问题,实现生态产品的有效供给呢?本书结合供给主体的行为特征及他们间博弈均衡,提出构建中心治理机制来解决生态产品供给主体的目标差异性对生态产品供给的影响问题。具体而言:

第一,强调主体的多元性,并且明确各主体责任。从发达国家的经验启发中可以看到,四位一体的生态产品供给机构的优势,即政府供给,而非政府组织、民营企业以及公民广泛参与。要形成以政府为组织中心、企业为责任核心、非政府组织以及社会个体积极参与的多元治理结构。首先，各级政府的分工应该明确。基于生态产品所具有的外部性强的特点，中央政府需要承担起国内范围最大的供给主要责任。按照全国主体功能区规划，限制开发和禁止开发区域作为生态产品供给的主要地区，其经济价值补偿应该由中央政府承担。地方政府在配合执行中央政策的同时，还需要重点关注地区性生态产品供给。其次，应当对政府、社会组织、企业、个体的定位进行界定。企业通过市场化供给生态产品能够获得收益。而政府方面应当提供资金、政策扶持，并且政府也是企业生态产品的主要购买人。社会组织、个体则应当作为生态产品的补充供给者，政府利用更多的优惠政策来推动社会组织以及个人广泛参与到生态产品的供给之中。

第二，实行多元化的筹资渠道。其一，生态产品得到充足供给的前提是政府的财政补助以及财政拨款。采用财税体制的改革，对中央政府相应的财权以及事权进行明确，从而达到财权与事权的相统一，这样一来可以提升政府的工作能力，使得生态供给产品能力得到全面的提升；其二，应当加大民间企业投资力量，使得民间资金参与到生态产品供给领域。民间资金的参与，政府应当给予一定的金融扶持政策，如可以提供更便捷的贷款以及更低的利率，也可以通过财税方面的优惠，降低税收收入，从而最大限度地激发民间资本进入生态产品市场化的主动性和积极性；其三，大力对非政府组织以及个体进行鼓励和引导，使得他们能够在既定的政府规定之下，充分发挥在生态产品供给方面的优势和能力，不断地丰富生态产品的提供渠道。非政府组织方面，政府应当加大鼓励利用各种基金，个人方面政府应当加强道德规范的培养，使得人们能够提升生态环境保护的意识和自觉性。

第三，建立多中心监督体系。多中心监督体系，首先需要保证监督制度的法制化。从博弈情况来看，地方政府以及企业在博弈过程中都会站在节约成本的角度上，从而逃避生态产品的供给。通过监督制度的法制化，使得破坏环境行为将会受到严厉制裁，从而保证了监督的权威性和地位。其次应当从监督主体考虑，实现监督主体的多元化。整个社会要能够形成一个从上到下和从下到上的双重监督机制，既要有中央对地方、企业的监督，还要广泛吸引更多的社会力量参与进来，如非政府组织、个体、新闻舆论等,对于在生态产品供给中出现的寻租、腐败、懈怠等行为进行监督。这样的多中心监督体系既脱离了政府一单挑的形式,也避免了政府完全退出而市场化走向私营化的局面。政府应当起到规章制度的制定者作用,同时充分利用法律、行政、经济等方法保证生态产品的供给。多中心治理模式将会有效推动政府、社会、市场之间的互通,使得生态产品供给决策得到最佳方案。

第五章

生态产品供给模式

按生态产品供给主体分,生态产品供给模式可分为政府供给模式、私人供给模式和自组织供给模式三种类型。政府供给模式以政府为供给主导,按"命令—控制"的方式组织提供生态产品,是目前各国使用最多的一种供给模式。然而,政府供给模式中,政府对市场的干预虽然解决了市场失灵问题,但市场的扭曲及供给的低效率要求存在其他供给模式,以对其进行补充。这就为私人供给模式和自组织供给模式的存在提供了空间。私人供给模式,又称市场供给模式,是通过市场与价格机制调整生态资源的配置,进而激发私人(企业)参与供给的一种模式。该种模式下,私人(企业)以营利为目的,根据生态产品价格变动决定自己的供给水平,供给主体和消耗者之间地位平等。生态产品的特殊性决定了私人供给无法替代政府供给,只能是政府供给模式的补充。实践中,在不存在强制性征税或必然性消费的情况下,人们仍愿意承担提供公共产品的成本,这一行为显然不满足"经济人"假设的前提,由这一群体或组织提供生态产品的模式为自组织供给模式,是满足生态产品多样化需求的一种供给模式,也是生态产品供给的模式之一。本章分别对这三种模式的理论解释、动因、可能性、供给效率及其现实约束等进行细致剖析,为后文生态产品供给制度的构建奠定基础。

第一节　政府供给模式

受生态产品自身特性、制度设计和供给成本等因素的制约,目前,生态产品的政府供给模式一直占据主导地位,私人供给模式和自组织供给模式存在但并不多见。为此,本节通过剖析政府供给模式下政府提供生态产品的原因与动机、运作机制、效率等问题,进而归纳总结出政府生态产品供给模式存在的"利"与"弊",为设计既能兼顾解决市场失灵问题又能充分发挥市场优化配置生态资源、提升生态产品供给效率的生态产品供给制度奠定基础。

一、政府供给生态产品的原因与动机

政府责任是指政府能够积极地对社会民众的需求做出回应,并采取积极的措施,有效率地实现公众的需求和利益。[①] 而政府职能决定了政府提供生态产品是其重要责任,故由政府部门提供或主导提供生态产品已逐渐成为实务界和理论界的基本共识。

(一)政府是生态产品供给的第一责任主体

生态系统是世界上所有生物生命存续的前提,也是人类社会发展的环境支持,而生态产品使生态系统发挥作用。"为了这一代和将来世世代代的利益,地球上的自然资源,包括空气、水、土地、植物和动物,特别是自然生态类中具有代表性的标本,必须通过周密计划或适当管理加以保护"[②],而维护、保持人类生存和发展是政府最大的责任。

从理论层面来看,首先,生态产品具有公共物品属性,而供给公共物品是政府的责任,是政府职能的体现;其次,政府提供生态产品具有充足的正当性。政府作为社会公共利益的天然代表,其任何活动与行为,都必须从

[①] 周庆行,吴长冬.生态责任:政府责任新思考[J].福州党校学报,2008(1):23-26.
[②] 联合国人类环境宣言[EB/OL].[2016-4-19].http://www.waizi.org.cn/law/7936.html.

公共利益的角度寻求合法性与正当性支持。① 生态产品的供给关系到公众的福祉和社会的发展，是公共利益的体现。因此，作为公众利益的受托人，政府拥有对自然要素及生态环境进行管理的权力②，也应该承担持续提供生态产品的义务。事实上，政府对自然资源和生态要素进行管理，并在社会主体之间公平分配生态利益就是出于社会公共利益而采取的必要举措，是政府维护社会公共利益的具体体现，具有充足的正当性基础。

政府责任是不断满足公众社会需要的同时利用有效的措施保护和利用生态环境。③ 随着经济社会的不断发展，各种破坏生态环境的行为给人们的生活带来的影响和危害逐渐凸显，人们迫切希望政府能够承担相应的保护责任。由此，生态责任演化为政府责任的一部分。同时，它也是政府的经济和社会责任的体现。

于社会而言，生态产品正外部性的外溢有利于社会福利的增加。然而，对于生态产品供给者而言，生态产品供给的成本分摊的不合理直接影响了供给者的积极性，甚至减少供给。因此，外部性内部化的问题就成为生态产品供给的核心问题。市场机制下，生产者对于利润最大化的追求决定了"生态产品"这种物品供给的不足，而物种存续要求这种物品不可或缺。因此，政府必然成为生态产品供给的第一责任人。

(二)政府是实现生态产品均等供给的重要途径

均等供给是针对均等享有而言的。均等享有并非平均享有，而是每个个体按生存和发展的需要充足享有，是一种受保障的权利。均等供给则是从整体出发，为保障每个个体需求得到满足，提供足够充分的生态产品。也就是说，生态产品的均等供给必须满足每个个体需要，照拂每个个体。

诺贝尔奖获得者、著名的国际法学者雷诺·卡辛提出，"享有健康和福利等要素不受侵害的环境的权利是一种基本人权。"④人权的享有不只是健康权、生命权，包括公民的政治权、公民权、社会经济文化权等，都需要在健

---

① 约翰·罗尔斯.正义论[M].何怀宏，等译.中国社会科学出版社，1988:238.
② 我国宪法明确规定，国家需要对生活环境以及生态环境进行改善，同时还应当加强对污染以及其他公害的治理。环境法中也规定了各级人民政府所需要承担的相应责任。
③ 张成福.责任政府论[J].中国人民大学学报，2000(2):75-82.
④ 雷诺·卡辛：《东京宣言》，1970年3月。

康安全的生态环境当中才能够得到充分使用。① 人们有权在享有福利和尊严的环境当中生活,同时也有享受平等、自由的生活条件的基本权利,并且需要由此承担相应的环境保护责任。② 生态产品是生态系统运行中重要的参与者,也是公众生存发展的必需品。均等地享有生态产品是每个公民应有的权利。同时,实现生态产品均等供给也是一个强大的、负责任的政府的表现。

针对目前我国在生态产品供给方面存在的严重不均问题,管理公共事务并承担公共责任的政府是实现均等供给的主要主体。它的公共服务功能能最大程度地为不同区域的公众提供基本的、在不同阶段具有不同标准的、最终大致均等的生态公共产品的服务。

(三)生态产品的内在特性决定了政府介入的必要性

首先,生态产品具有的,包括非竞争性、非排他性以及外部性等特点与公共物品属性特征相同,这导致单纯依靠政府以外的其他主体难以实现生态资源的有效配置必须通过政府政策加引导实现。以非竞争性来说,即便是在技术上能够实现生态产品消费的排他目的,但是社会福利最大化的约束下,排他性并非必需。非排他性和外部性特征往往使得消费者在生态产品的供给过程中倾向于选择"搭便车"策略,导致生态产品很难通过价格机制在生产者和消费者之间建立联系。通过税收进行筹资,在消费方式上采取公共消费或集消费的方式,无疑可以很好地解决这类问题。

其次,公共物品的需求收入弹性大于1。③ 这表明随着收入水平的提升,公共物品的增长率高于公共收入的增长率,可见公共物品需求增加与公共收入比重缩小之间存在一定的矛盾。作为典型的公共物品,生态产品的收入弹性也应该大于1。全球生态环境不断恶化的现状进一步激化了它与生态产品需求增长的矛盾,这也使得生态产品的需求弹性大于1的内在特征表现更为突出。生态环境的恶化产生的供需矛盾严重制约了社会经

---

① C.G.威拉曼特里.人权与科学技术发展[M].张新宝,译.知识出版社,1997:229-230.
② 联合国人类环境宣言[EB/OL].[2016-4-19].http://www.waizi.org.cn/law/7936.html.
③ 斯蒂格利茨.经济学[M].马丁,译.中国人民大学出版社,2000:109.

济的发展,市场和社会的不完善生态产品供给中的供需矛盾难以得到有效解决,这就必须要通过政府干预扩大公共投资来促进、实现其有效供给。目前国内生态产品供给方面,用于生态环境保护方面的投入越来越大,生态产品供给量也呈上升趋势。这一方面是因为人们对生态产品日益增长的趋势需要,另一方面是政府期望通过生态产品的持续有效供给,以便在维持人类生存的同时实现社会经济的发展。

二、政府供给模式的运作机制

目前实务界与学界关于"政府"的界定未形成共识。从鲜有的研究来看,政府在广义上包括了国家政治机关;如司法、立法、行政等公共机关。而从狭义层面来看,政府往往被理解为一个国家的中央、地方行政机关。国内狭义上的政府观是指国内生态产品供给主体主要是指中央政府及各地方政府机关,包括自然资源部、财政部、农业农村部、林业部、环境环保部、国家发展和改革委员会等。因此,生态产品的政府供给模式就是政府利用行政权力,通过"命令—控制"的方式实现供给的目的,以此满足公众对生态产品的最终需求,并且通过税、费等方式筹集资金,以中央政府为主导,各省市级政府机关配合实施,向公众提供生态产品的供给模式。

（一）政府供给模式的运作过程

从供给过程来看,政府供给生态产品的参与者主要包括政府和社会公众两者。公众是生态产品的消耗方,即需求方,是需求的代表。短期内,由于他们难以对政府所提供的生态产品质量以及数量进行明确的判断,只能被动接受政府提供的生态产品;长期来看,他们也只能通过经济发展状态、身体健康程度、生态满意度或所谓的"幸福感"间接地确定政府是否提供了优质的生态产品。显然,这些评价标准具有较强的主观性。由此可见,在政府供给模式中,公众与政府之间并非平等的关系,其中,政府占据"主导"地位,公众处于"被动"接受地位。整个供给过程可以参见图 5-1。

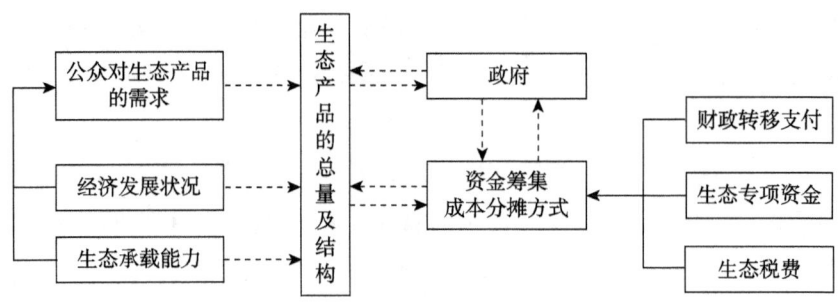

图 5-1 政府供给模式的运行机制

从供给机制看,政府在提供生态产品的各环节中发挥重要的作用。从生态产品供给所需资金的来源、产品供给的结构和总量的确定到供给成本的评估等,都需要政府结合当前的社会经济客观发展规律、生态环境和生态系统运行实际情况加以确定。首先,政府应当从生态产品所具有的特征、社会经济发展的阶段、生态产品供给的现状以及公众对生态产品的需求等方面进行综合考虑,从而对政府所需要提供的生态产品的总量和结构进行确定;其次,政府应当根据不同生态产品的类型确定各种生态产品的生产方式,包括政府在生态产品供给过程中不同级别的政府所需要承担的相应责任划分;最后,政府需要在已经确定的生态产品供给总量、结构、生产方式上对资金的获得途径以及建设成本分配进行明确,具体包括资金的来源、资金的使用地方,如是否免费等。在资金来源途径以及分配方式方面,也会对生态产品供给产生一定的总量、结构变化,影响和改变供给生产主体和方式等,该过程就是供给主体制度的变化。

(二)政府提供生态产品的实现途径

政府既可以是生态产品直接生产者,也可以是生态产品的间接提供者。政府供给的生态产品不一定是通过政府生产,但是政府所需要生产的产品则往往在法律上有着明确规定。因此,政府提供生态产品的实现途径可以分为两种:

一种是政府直接供给,即政府直接投资生产生态产品。当前,生态产品由政府直接投资生产的方式提供的情况并不常见。美国的罗斯福生态工程、中国的退耕还林还草项目等属于这种类型。由于国内集权和分权相结合的治理模式普遍存在,这使得生态产品的政府供给存在中央政府直接供给和地方政府直接供给两种。两者之间的区别主要在于供给范围和供给种类不同。中央政府直接供给相对弱化生态产品的个性,实行全覆盖供给,对于地区间差异考虑不周全,而地方政府直接供给更多结合其辖区内的特色和需求。此外,因为每一个国家的政治体制、经济环境均不同,所以在中央政府直接供给方面生态产品种类也有所不同。

另一种则是政府间接供给,也就是政府通过委托—代理的方式,委托生态产品生产者保护自然资源及生态要素,保证生态产品的持续供给,而政府为此行为提供资金支持或对生产者的损失予以补偿。通常这种间接供给由政府制定供给规则,利用财政预算、政策安排达到供给激励效果,让更多私人部门参与到生态产品的供给之中,从而达成一个相对高效的供给效果。这种政府间接供给的方式仍然以政府财政资金为公众统一购买。政府供给模式下的这种"市场"更多附有行政命令,具有强制性。与政府直接供给相比,政府间接供给的方式相对更加丰富,比如签订生产合同,利用税收减免、补贴、贷款优惠政策等等。

三、政府供给模式的效率探讨

关于政府效率解的成立,在纯公共物品有效供给理论均衡模型当中都是建立在一系列假设条件之上的。比如,对于消费者而言,每一个消费者都愿意对公共物品消费当中的边际收益进行披露,并且能够真实地对自己的需求偏好进行表达,不存在对边际收益以及需求偏好的隐瞒,也不存在逃避成本费用的情况;政府是一个无所不能和无所不知的政府,能够掌握所有消费者对公共物品的需求偏好情况,同时消费者都能够根据税款的缴纳来实现对公共物品成本的分摊,并且每一个人都能够从自己在公共物品当中消费中获得的利益进行准确计算,从而根据自己的消费准确地对公共生产进行分摊,不存在搭便车的现象;合约机制、市场机制、自愿协商联合机制等等在公共物品供给当中是不存在的,不能够发挥应有的影响,所有的一切都通过政府机制实现。但是,现实生活当中,以上这些假设条件基本上都难以实现,生态产品的供给也不例外。

第一,非排他性的生态产品一旦被提供,难以阻止或需要花费较高成本才能阻止他人从中受益。因此,在支付购买生态产品时,大多数人会隐瞒自己对生态产品需求的真实偏好。此外,由于生态产品的供给过程持续时间长、产品数量难以度量、生态产品价值难以确定等特征,也会导致公众对政府的依赖感和信任感丧失,致使社会公众进行生态产品的需求测试时,很难得出正确和客观的答案,只能通过估算得到一个虚拟数量区间。

第二,追求利益最大化的"经济人"特征使得政府提供生态产品的效率受到影响。由于政府"经济人"特征的存在,使得政府失灵客观存在,导致政府不可能做到无所不能。生态产品供给中,政府为了实现自身利益最大化,往往会忽视公众的现实需求,以官员个人的政绩、利益为目标函数,对生态产品的供给量、种类及结构进行调整,以产生影响。此外,相关利益者也期望能够最大限度地维护自身利益,使得最终的结果和之前的意愿产生背离[1],从而迫使生态环境超负荷承载。与此同时,供给的监督制度不完善也是导致政府生态产品供给低效的重要因素。各级政府关于生态产品供给行为的出发点存在着明显的不同。作为政策以及资金提供的中央政府,最终的目标是为了达到生态产品供给效率的最大化,但是地方政府为了能够获得更多的资金支持,以及最佳的政绩,从而采取相应的政策,而对于基层政府来说更是由于缺乏相应的监管措施,导致自身行为存在自利性。[2]

第三,万能的政府并不存在。首先,政府能力的有限性决定了政府无法对每个消耗者的需求偏好及其能够承担的生态产品价格拥有全面的了解。这个能力既包含信息收集的能力,也包含知识及经验获取能力和容纳能力。没有相对准确、全面的上述信息,政府就无法确定生态产品供给类型及其最优供给量。其次,生态产品类型及品质层级的多样化决定了单纯依靠政府的公共财力无法满足当前的多层次、多样化的公众需求。

第四,在生态产品供给过程中,非政府供给机制依然发挥着作用。随着科学技术的发展,部分生态产品可能会由公共物品转变为准公共物品,

---

[1] 潘忠虎.林下经济发展模式探讨及效益评价方法[J].安徽农学通报,2012(13):138-139.

[2] 陈定洋,王泽强.从非合作博弈到合作博弈——基于当前农村社区公共产品供给机制"一事一议"制度分析[J].商业研究,2008(3):52-56.

但其保障社会经济安全和生命安全的功能仍不会改变。对于这类生态产品，政府可以强制性供给，如水净化行业、空气净化行业等迅速发展就证明了市场供给模式在生态产品领域的有效性。

四、政府供给生态产品模式的评述

综上所述，政府供给生态产品的模式采用的是"命令—控制"的机制来实现，这种机制能很好解决生态产品供给过程中由于生态产品的特性所引致的市场失灵的问题。但该模式由于政府采用干预方式，会扭曲市场作为优化生态资源配置的基础性机制。这也从另一角度印证了：生态资源稀缺性的内在要求须在生态产品供给的实践中引入市场机制来解决生态产品供给的问题，对政府供给模式形成有益补充，提升生态产品供给的效率。

第二节 私人供给模式

随着经济发展水平、技术条件、产品的需求弹性、规模经济等因素的改变，生态产品的公共物品属性也会发生变化。生态产品行业面临着两大变化：第一，政府开始逐渐地从某些生态产品领域淡化或退出，转而利用积极的政策鼓励和支持非营利组织、个体参与；第二，政府利用竞争机制降低供给成本，提升供给效率。这两种趋势都反映了新公共管理思想[①]在生态产品供给领域的应用。换句话说，政府意识到，在生态产品供给中，其扮演的角色及其职责范围是通过制度设计，实现为谁供给、供给什么、供给达到怎样的水平及如何支付供给费用等，至于生态产品的生产供应的具体行为，则可以由市场利用市场机制调配。

需要说明的是，私人供给的主体主要是指进行生态产品生产的组织或个体，它们通过"交易"的方式提供生态产品。市场供给主体基本上是确定的，可以是一个或少数潜在的卖家，也可以是个体或公众。

---

① 新公共管理思想主张在政府公共部门采用私营部门成功的管理方法和竞争机制，实现竞争与合作，重视公共服务效率，强调在解决公共问题、满足公民需求方面增强有效性和回应力。

一、私人供给生态产品的可能性分析

由于生态产品的内在特性,市场无法在任何情况下都能有效地提供生态产品。私人机构提供公共产品(服务)意味着公共产品(服务)能够在市场机制下实现成本收益的核算,并且能够按市场供需状况自动定价,以排除"搭便车"行为,从而使得私人机构能够从中获得利润。[①] 也即是说,制度上许可、经济上可行和技术上支持是私人机构生存与发展的前提。由此,制度的创新、技术的进步能够使得(部分)生态产品满足市场供给的条件,实现市场有效供给,比如空气净化、碳排放、排污权交易等。

(一) 私人供给生态产品的制度性条件

制度设置直接影响生态产品市场供给能否实现及在多大范围"充分"供给。事实上,制度性条件也即是供给许可条件。制度性的条件主要分为经济性制度和法律性制度。前者决定价格在市场中对资源的配置,后者体现为政府通过制定和颁布一整套有关的法律法规,使私人部门获得进入生态产品领域的许可证,并按照政府规定的程序进入和运营,最终达到政府所希望达到的生态产品供给水平。可以说,没有法律性制度允许,私人部门(组织)就无法进入生态产品供给市场,也就无法实施营利行为。以碳排放交易为例,欧盟通过一系列规则和指令分配排放初始配额,规定拍卖碳配额的处理办法,制定温室气体排放的监控和及时上报流程指南,等等。若没有经济性制度允许,随着盈利空间的减少,生态产品的市场供给行为将逐渐减少甚至消失。

(二) 私人供给生态产品的经济性条件

私人作为理性人,在供给生态产品中追求利润最大化,即其是否愿意供给生态产品、愿意以什么样的方式来提供生态产品都取决于私人对供给生产品的成本与收益预期。实践中,基本生态产品的需求群体规模众多,

---

[①] 唐娟,曹富国.公共服务供给的多元模式分析[J].华中师范大学学报(人文社会科学版),2004(2):14-20.

实现基本生态产品的交易成本过高,而导致私人不愿意供给基本生态品。但随着市场经济的发展,生态产品的需要呈现出多层次特征,即使是同类生态产品,对产品的品质层级的需求也不尽相同。与此同时,政府在供给生态产品时,往往只能按照社会平均需求状况来确定生态产品供给的类型和供给数量。因此,政府供给生态产品也无法有效满足多层次的生态产品需求,而对于特殊的、高品质的、高层次的生态产品的供给,则需要更多的供给主体给予补充。例如空气净化机的生产与售后服务、水净化器的生产与售后服务等。正是由于这些非基本生态产品的需求的存在,为私人供给生态产品提供了市场需求。

(三)私人供给生态产品的技术条件

生态产品消费的排他性是实现私人供给生态产品获利的前提,若存在"搭便车"行为,私人将无法提供生态产品。20世纪70年代以来,针对这一问题,很多理论界和实务界的学者与专家提出,满足社会需要与私人需要之间的区别在于技术上能否实现消费者所需的外在性特征①,即可从技术层面上解决生态产品的"搭便车"现象。这些观点与理论的核心思想认为,通过设计生态产品的排他技术,使得生态产品具有私人属性,这样能很好地解决生态产品供给中的"搭便车"问题,且排他技术的设计成本与售后的服务成本成为影响私人供给生态产品定价的重要因素。实践中,随着科技发展与创新,生态产品的排他性技术设计技术越来越多,运用也越来越广泛,如供给清新空气的空气净化器、进水器等,即对于部分生态产品而言,通过技术手段实现消费的排他性已经成为现实可能。

二、私人供给模式的运作机制

生态产品的市场供给是营利性个体或企业依据生态环境市场需求,以"有偿"的生态产品满足公众的生态需求并以此获得盈利。值得注意的是,我国的生态产品市场供给与发达国家存在的"生态系统服务"供给不同。

---

① 理查德·A.马斯格雷夫.财政制度[M].董勤发,译.上海人民出版社、上海三联书店,1996:9.

我国的生态产品供给是在政府主导下,通过主动引入多元供给主体,形成竞争态势,而其他国家的"生态系统服务"过程虽然也引入市场竞争机制,但是其并不强调以政府为主导。

(一)市场供给模式的运作过程

生态产品市场供给的产生主要源于:其一,政府职能所在。政府在推动经济社会的和谐持续健康发展的过程中,生态文明的建设是重要内容,政府为促进生态的可持续发展,出台颁布多种加强生态环境建设的政策措施,这为私人进入生态产品市场提供了政策依据;其二,生态产品的多层次需求。根据帕累托最优理论,私人供给生态产品的过程也就是帕累托改进的过程,这是因为在私人供给生态产品过程中,在未影响他人的社会福利情况下改进了一部分生态产品需求者的福利,增进了社会总福利。而对于生态产品的消费者而言,其倾向于通过市场购买来实现自己的特殊或高品质的生态环境需求。因此,按照市场机制,有生态产品的需求市场,就会有生态产品供给产生,这也符合市场经济发展的内在机理。

从运行机制来看,在该供给方式下,生态产品的市场供给涉及的利害相关者有三方:政府、私人部门(组织)和消费者。首先,以公共利益为依托的政府,它允许或授权私人部门带着营利目的进入生态产品的生产领域,并对其生产过程负有指导和监督之责。作为具体的生产者的私人部门(组织),在追求经济利润最大化的同时,它们不得不同时对政府和消费者负责,因为它们之间存在着争夺政府的合同与消费者信任的激烈竞争。生态产品的消费者直接与生态产品的生产者——私人部门(组织)发生关系。其中,生态产品的供给者与消费者是平等的交易关系,供给者根据消费者对生态产品超额需求提供相应的服务,消费者则按照"受益者付费"的原则支付相应的费用。

另外一个关键问题是,不同于一般私人产品的供给,生态产品的供给具有特殊性。这是因为:其一,生态产品的特殊性决定了其效用不像一般商品能很好地估计,由此导致消费者的选择成本过高,以及供给者的供给不足等问题。其二,生态产品的供给制度的不完善。生态产品与公众的"幸福指数"、经济社会的可持续发展密切相关,这是一般商品无法比拟的,因此相当部分的生态产品供给制度的设计还是空白,这严重阻碍了生态产品的市场化,也使得生态产品的市场交易过程并不完全等同一般商品。具体生态产品市场供给过程可参见图 5-2。

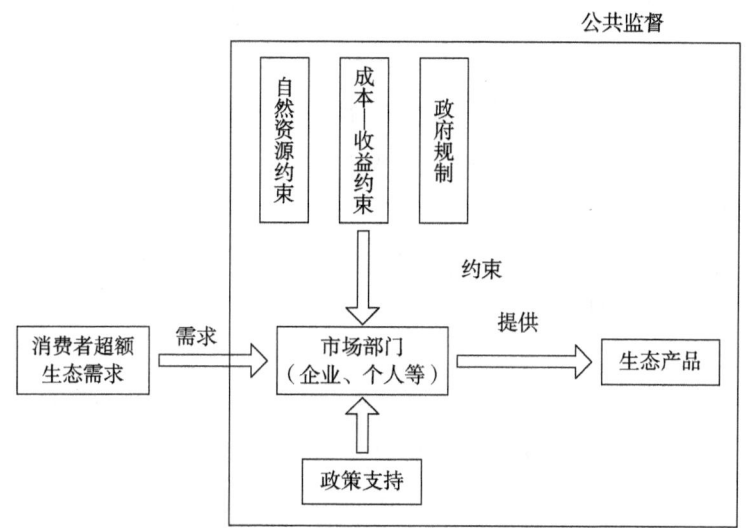

图 5-2 市场供给模式的运行过程

(二)市场供给模式的实现途径

1.私人自供给模式

生态产品的私人自供给模式是指如一般商品一样,厂商自筹资金,按照自主经营、自负盈亏的方式来生产生态产品,提供生态产品服务等。该模式下,政府的主要职责为如何营造一个公平有序的生态产品供给市场。这种私人自供给模式可以很好地减少政府的财政负担和节约政府监管的资源,也能按照市场运行机制很好地满足市场消费者对生态产品的多元化需求。然而,由于生态产品的特殊性,这种供给模式仅仅适合投资规模不大、竞争性强的生态产品的供给。

实践中,生态产品的自供给模式可采用碳交易制度、排污权交易制度等具体形式来实现。就排污权交易制度而言,国际上通行的做法是,政府强制规定排放标准,企业或组织必须投入建立相应的环保设施或应用相应的环保技术来保证生产符合政府规定的排放标准。排污权交易指标可采用三种方式来实现:一是转让排污权净值标。所谓排污权净值标是指取得排污权指标的企业或组织,通过自身生产经营活动的创新、生产效率提高而降低了排放水平,该水平低于排污权指标所规定的最低标准,低于的缺口部分为排污权净值标,该指标可以在市场上出让或转让。二是出售富余排放指标。富余排放指标是指排污权受让发通过技术改造等途径,降低了排放标准,低于碳交易指标所规定的最低标准的渠口部分。该富余排放指标可进行市场交易。三是出售共同富余排放指标。所谓的共同富余排放指标是指两个及其以上的排污企业共同致力于减排的建设,使得排放标准得到协同降低,低于排放指标规定的部分即为共同富余排放指标。指标交易中按照参与主体投资比例分红。

2. 特许经营

特许经营是通过合约的方式将生态产品的外部性内部化,并达到提高内部化效率的一种经营方式。以特许经营的方式提供生态产品实质上是政府将提供生态产品的职责以合约的形式部分或全部地转让给市场。政府通过租赁的方式,将国家的生态资源租赁给私人部门(组织)生产和供给商业化的生态产品,消费者向生产者支付一定的费用来弥补生产者的投资成本。

3. 使用者自愿供给

使用者自愿供给是指使用者同时是生态产品成本费用承担者和生态产品的受益者。这种自愿供给的范围与规模都比较小。实践中,我国社区生态产品供给往往采用使用者自愿供给模式。这种模式能有效实现生态产品的供给,原因在于生态产品的供给者同时是生态产品的受益者,且限于小区范围内,"搭便车"的现象可以得到规避,即使有搭便车的现象,也只能享受短期的利益,且"搭便车"者会面临丧失社区成员的信任而损害自己长期利益的风险。

三、私人供给模式的约束条件

私人供给模式存在以下约束条件:一是生态产品产权界定不明晰引致其市场化交易缺乏依据;二生态产品相对和绝对的稀缺性。这些约束条件都会对生态产品的市场化有效供给产生重大的影响。

(一)生态产品产权界定不明晰使其市场化交易缺乏依据

私人供给生态产品的意愿和规模会受到其预期收益的影响,即当预期收益为正,企业或组织有意愿提供生态产品,且生态产品供给的数量与方法会受预期收益大小的影响。除开影响一般商品预期收益的因素外,生态产品的排他性将成为影响其预期收益的重要因素。根据科斯定理,可设定特定的产权制度,使得收益或成本内部化①,而实现产品的有效排他性。但是生态产品源于自然要素,像空气、水、森林等自然要素受到一系列因素的制约使得其产权界定本身就十分困难。这些制约因素主要有自然要素自身的特性、技术水平、产权主体的复杂性和多元性、社会经济价值体系等。具体地:

第一,自然要素的整体不可分割性。自然要素是生态产品的载体,具有自我调节性和整体不可分割性,这些特性使得生态产品不能像其他一般商品一样能有效分割,其产权和配置也不像一般商品能有效地进行界定,尤其是产权边界通常十分模糊。

第二,界定生态产品产权的技术水平及界定成本。界定生态产品产权的技术水平往往是有限的,有限的生态产品产权界定技术使得很多生态产品的产权界定和配置范围很难做出准确判定,或者使得界定和配置的成本较高。

第三,产权主体的复杂性和多元性。诸如森林资源、空气资源、水资源等自然要素,它们属于全民所有或集体所有,但在实践中,基于成本与效率的考虑,不可能让所有的所有权者都来行使其权利。例如,空气资源,它是归属于公众的,每个社会成员在生态资源产权的占有上具有同等的权力,但当代个体社会成员对空气资源的使用必然会直接影响后代子孙的拥有权。同时,生态产品的产权主体众多,总体上看,主体主要有全体公民、国家、社会经济实体和公共组织,且在不同的主体间产权存在巨大差异,这会使得生态产品的产权主体的确定比一般商品的要更加困难。因此,这种产

---

① 唐娟,曹富国.公共服务供给的多元模式分析[J].华中师范大学学报(人文社会科学版),2004(2):14-20.

权主体的多元性和复杂性必然使得生态产品的供给受到约束。

第四,社会价值体系制约。明晰产权虽然主要侧重于经济与法律的层面,但同时也要受到文化、道德、传统和习俗的影响。因此,虽然明晰产权在很多情况下会导致高效率,但如果具体的形式与社会价值体系有很大差异,这种产权界定和配置制度就是不现实的和无效的。

(二)生态产品相对和绝对的稀缺性

生态产品的稀缺性是指相对于人类无限增长的生态产品需求而言,在一定时空内生态产品总是有限的,相对不足的生态产品资源与人类绝对增长的生态产品需求的差异造成了生态产品资源的稀缺性。生态产品的稀缺性可进一步分为生态产品的绝对稀缺和生态产品的相对稀缺。生态产品绝对稀缺性是指生态产品的总供给低于生态产品的总需求;生态产品的相对稀缺性是生态产品资源的总供给能满足生态产品的总需求,但是由于分布不均而造成局部范围生态产品的供不应求或供大于求。

生态产品是稀缺资源,不可能满足人类无限的欲望,故必须在有限的生态产品资源情况下,充分利用市场机制合理配置生态产品资源,有效地利用有限的生态产品资源满足人类无限欲望,这正是本书研究的出发点。

第三节 自组织供给模式

自组织供给是指在政府部门和以盈利为目的的企业(市场部门)之外的一切个体、志愿团体、社会组织或民间协会自筹资金,"自愿"生产或提供生态产品的行为。也就是说,除了通过政府强制方式或通过经济利益诱导方式供给生态产品,通过个体生产者或供给者自愿提供生态产品也是客观存在的现实。本节将对自愿供给者作为生态产品供给主体进行讨论的主要原因在于,生态产品的特殊性决定了非责任主体"自愿"供给现象的存在。

一、自组织供给生态产品的理论解释与现实推动

现有关于生态产品自组织供给的研究显示自组织供给生态产品的动

因十分复杂,除出自个人利益或公益的"人性"动机外,有些也可能会源于客观世界。

(一)自组织供给生态产品的理论解释

生态产品是一种典型的公共物品,因此,我们可以借鉴理论界对于公共物品自愿供给的可能性予以理论解释。"经济人"假设下,追求自我利益是个体的行为的根本动机。"经济人"能依据所处的市场环境,采取适当的经济行为,使所追求的利益尽可能最大化。以这一假设为前提为推论,对于具有消费的非竞争性和非排他性的公共物品,人们都存有"搭便车"心理,即由于不愿意承担相应的供给成本而隐藏自己对公共物品的真实需求,从而导致公共物品只能依靠政府等公共机构供给。然而,现实生活中却常出现这样一种情况,即在不存在强制性征税或必然性消费的情况下,人们仍旧愿意承担提供公共物品的成本,这显然与上述"经济人"假设的结果存在冲突。对于这种现象,理论界学者给出了两种竞争性的解释。

1."选择性激励"机制

(1)"选择性激励"机制的基本思想。简单地说,选择性激励就是实行不对称激励,针对不同类型的人,激励方式不同,其作用在于诱发成员的贡献,即对组织或集团内每一个组员或成员区别对待。具体地说,对那些增加组织或集团利益做出贡献的组员或成员,除了获得应得的利益份额外,再给予其适当的奖励以作激励;而对于那些有损组织或集团利益的组员或成员,除没收其利益份额外,还应给以相应的惩罚。通过这样的机制,那些没有以一定方式或行动为组织或集团利益做出贡献甚至损害组织或集团利益的组员或成员所受到的待遇与那些为组织或集团利益做出贡献的人就会不同,从而能很好地激励组员或成员的为组织和集团做贡献的积极性,规避"搭便车"现象的出现。

(2)"选择性激励"机制在生态产品供给中的运用。根据"选择性激励"机制的基本思想,在自组织供给生态产品中,可以通过"选择性激励"对支持或不支持组织生态产品供给(生态产品视为自组织的共同利益)的组员给予区别对待。对自组织生态产品供给有贡献的组员,除了获得应有的收益份额外,还能因为其贡献而获得额外的收益作为激励;而那些违背自组织集体利益或逃避自己应承担的义务甚至损害自组织集体利益的除了没收其收益,还会受到额外的惩罚作为做出贡献成员的额外激励。这样就能有效地实现自组织生态产品的供给,规避自组织生态产品供给中的"搭便车"问题。

2.利他主义

(1)利他主义的内涵。简单地说,利他行为(altruistic behavior)是指对别人有好处,而对自己没有任何明显益处的自觉自愿行为。利他主义有如下典型特征:其一,以帮助他人为目的;其二,不期望有精神或物质的奖励,该特征为利他主义的主要特征;其三,自愿的;其四,利他者可能会有所损失。实践中,利他主义分为两种类型:一是"自我利他主义"。其主要是指为了减轻内心的不安或紧张而采取帮助他人的行为,通过给予帮助而减少自身内心的痛苦,而让自己体会到自我价值;二是"纯利他主义"。当看到他人处于困境而驱使自己做出助人行为来帮助他人减轻痛处或解决别人难处,其目的纯粹是为了他人的幸福,故为纯利他主义。

(2)利他主义在自组织生态产品供给中的运用。结合经济学中的效用理论和上述两种利他主义的分类,利他主义实际上能给给予他人帮助的人带来效用提升,具体地:一是"自我利他主义"的效用。自组织成员出于某种善心帮助其他组员改善生活环境而选择帮助他人,让别人获得消费生态产品的效用提升,同时体会到自身价值存在的效用感提升。二是"纯利他主义"的效用。自组织生态产品的供给中,自组织人员看到其他组员的生活生产环境恶化而驱使自己去帮助他们改善,提升了其他组员的消费生态产品的效用,增进了他人的幸福感。

(二)自组织供给生态产品的现实推动力量

根据第三章的分析可知,政府、私人部门作为生态产品供给主体存在的不足以及随经济社会的高速发展,日益增长的生态产品的异质性需求是自组织生态产品供给产生的现实推动力。自组织生态产品的供给能有效解决政府、私人部门无法满足的日益增长生态产品的异质性需求。具体地:

第一,生态产品的异质性需求是自组织生态产品供给产生的第一推动力。伴随经济与物质水平的日益增长和生产生活生态环境的恶化,多层次、多种生态产品的需求产生。而政府作为生态产品的供给主体,由于受到成本与效率甚至公平的约束,其只能供给平均水平或大众化的生态产品,而对特殊性、异质性的生态产品供给是无能为力的;私人部门供给生态产品也受制于众多不确定性因素影响的预期收益,故其满足个性化、异质性生态产品的需求的效率也是有限的。这就为自组织生态产品的供给产生提供了巨大的推动力,自组织可通过"选择激励"机制等方式,满足个性化、异质性的生态产品需求,对政府生态产品供给、私人部门生态产品供给形成有力的补充,解决日益增长的生态产品异质性需求与生态产品有效供给不足的矛盾。

第二,政府的经济社会增长的目标与生态环境保护的目标具有统一性与矛盾性,是自组织生态产品供给产生的重要推动力。政府经济社会增长目标与生态环境保护的统一性是指经济社会的健康持续发展能有效地促进生态建设,而生态建设反过来又能有效保证经济社会的可持续发展;而它们间的矛盾性主要体现在经济社会的高速发展必然会对生态环境带来负面冲击和影响,往往高速的经济发展需要以牺牲生态环境作为代价。因此,政府政策目标的这种辩证性的关系会影响政府生态产品的有效供给,不能很好满足生态产品的市场需求。

二、自组织供给模式的运作机制

(一)自组织供给模式的运作过程

社会机制都离不开输入、转换以及输出这三个阶段,生态产品要求自愿供给者采用相关运作机制,此过程也包含了输入以及转换、输出等环节,具体可参照图5-3。纵观整个输入环节,生态产品的供给需通过自愿供给者,当然也离不开内外两大因素。

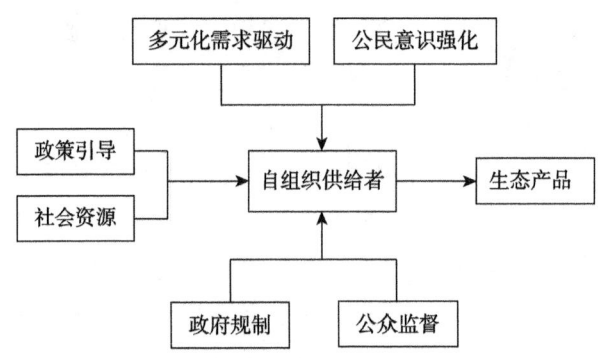

图 5-3 自组织供给模式的运行过程

为了使自供给者尽可能地提供生态产品,政府出台相关政策并给予了相应的社会资源,这些都是强大的外部动力。随着生态环境越来越恶劣,国家为了有效治理环境,提出了一些政策方针,特别强调必须保护自然要素,增加生态产品供给能力。此外,国家从政治和经济以及法律等方面也采取了不同的手段,以期借助整个社会的力量实现生态保护这一重大目标。正是由于该方针的正确指引,各个地区相继成立各种组织,如环保基金、水资源治理委员会、环保联盟等多种形式的生态保护组织。其中,很多个体自愿加入这些组织,另外,充足的社会资源也起到了一定作用,社会资源可反映整个社会目前的经济情况。任何一个个体都可以通过个体行为,如种植植物、节约用水等参与到生态产品的供给中。是否参与自愿供给生态产品与性别、年龄、贫富程度无关,与个体的环保意识、社会责任意识相关。

根据不同的生命需求,不断强化公民的责任感,可促进自供给者提供更多的生态产品,因此可将其称之为内部动力。这里所说的生命需求,指的是政府利用有限的公共资源,只能保证少数群体获得安全服务,正是由于受到各方面的限制,故必须预留一定的作用空间。当然,要加强自愿供给,必须具备互帮互助的精神,这样才能推动自愿供给者数量的快速增长。上述所提到的转换,可以利用一些环境保护组织,使其保持正常运行并加以管理。换句话说,环境保护组织采用各种管理手段,比如计划和组织以及协调,包括领导以及控制等,确保生态产品得到有效维护。输出环节,是指在社会上供应生态产品,以此为社会创造最大的公共福利。

(二)生态产品领域自愿供给者的构成及其具体供给方式

在生态产品自愿供给中,自愿供给者多为个体。这些个体既可按照个人意愿随机地、分散地提供生态产品,也可在各种类型的环境保护协会或组织的指导下,自愿参与生态产品的供给。由此,这类"草根型"供给者在自组织供给中占绝大多数。

现阶段,"草根型"自愿供给者的供给过于随意且品种多样,多样性更多表现在供给生态产品的类别方面,随意性则表现在供给方式、组织管理、运作等方面。他们的供给行为难以受到法律保障。在环境保护协会或组织中,协会或组织的"领袖"人员的导向也具有随意性。以上特征对自愿供给的规模存在较大的限制,难以具有较大的社会影响力。需注意一点,生态产品相对来说比较特殊,再加上政府在我国的主导地位,因此大部分环境保护协会或组织都离不开政府部门管理,故其运行受政府政策的影响较大。当然,一些没有得到过政府部门的许可的地下组织表现出极强的自主性,且其独立性也很强,政府针对这类型的组织活动提出了"三不"政策,即不过度否认,不过分干预,也不采取任何取缔措施。从"草根型"协会或组织所采取的实现方式来看,除了与公共部门一同提供生态产品,还可单独供应或是与市场部门一起合作。实际生活中,这类协会或组织为了更好保护生态环境,多数选择单独提供生态产品,他们通过建立自己的队伍或是自主筹备资金,凭借自己的最大力量来达到生态产品的供应目的。若要向每个家庭供应所需的生态产品,可采用自购供给的形式。

此外,自愿供给者与政府合作提供生态产品也是自组织提供生态产品的模式选择。自愿供给者与政府可通过多种方式进行合作,比如生态产品生产社区化,将环保事业建立在每个社区中,利用政府机构为社区提供帮助,以便更好对政府进行压缩管理;对于较大的自组织团体,政府应清楚各自愿者团体内的生态产品供给量及产品质量标准;对于达到一定供给数量的自愿供给者,予以个人所得税税收优惠。政府通过这种方式,鼓励更多的志愿者参与生态产品供给。

三、自组织供给模式的现实约束

纵观现实实践,自组织供给仍然是生态产品供给的模式之一。在生态产品供给中,自愿供给者发挥的积极作用不言而喻,例如,通过积极的生态产品供给,有效地保护生态环境,提高个体的生态福利,同时,有利于增强生态系统的承载力,为社会经济发展提供绵薄的支撑,积跬步以至千里。但不可否认的是,相较于政府供给或私人供给,无论供给能力、供给品质还是供给效率,自组织供给都无法与之匹敌。这与自组织供给的分散性、随意性、非营利性有密切的关系。这也是自组织供给模式在生态产品供给中的最大约束。首先,分散供给难以实现规模生产,降低生产成本;其次,随意性供给无法实现针对公众的生态需求提供相应类别的生态产品,甚至可能不利于保障生态系统实现动态均衡;再次,非营利性使得随意供给缺乏约束。

总而言之,选择性激励或利他主义在一定程度上可以激励自组织供给行为,但是"理性经济人"的假设将会为自组织供给行为设定相应的边界,超越边界的搭便车行为将降低自愿供给者的供给意愿,同时,现实中生存、物质或精神方面的需求也可能将自愿供给者转变为非自愿供给者。

第四节 本章小结

本章基于政府与市场机制,将生态产品的供给模式分析为政府供给模式、私人供给模式、自治组织供给模式,并分析对各种模式可行性、形成动因、运作机制、约束条件进行了仔细剖析,得出了以下结论:

第一,政政府职能决定了政府提供生态产品是其重要责任,政府是生态产品供给的第一责任主体。实践中,政府供给生态产品的模式往往采用"命令—控制"的机制来实现,这种机制能很好地解决了生态产品供给过程中由于生态产品的特性所引致的市场失灵的问题。但该模式由于政府采用干预方式,会扭曲市场作为优化生态资源配置的基础性机制。这也意味着需要有其他供给方式来对政府供给模式进行补充。

第二，私人供给生态产品的模式的可行性在于，随着经济社会的发展，生态产品的需求日益增长，并呈现出多层次、异质性特征，政府生态产品供给仅能解决基本生态产品的供给，而私人供给能对此形成一定补充。实践中，私人供给生态产品的具体形式包括私人自供给、特许经营、使用者自愿供给三种方式，但生态产品的稀缺性（绝对稀缺性与相对稀缺性）、生态产品产权界定困难等对私人生态产品的供给有重要影响。

第三，自组织供给模式现实推动力在于政府生态产品供给、私人生态产品供给都不能很好地满足生态产品的异质性需求。"选择性激励"机制和利他主义是自组织生态产品供给的实现的有效机制，政府可通过制定一定激励机制来促进自组织生态产品供给的实现。但自组织供给的分散性、随意性、非营利性是影响自组织供给模式效率的最大障碍。

◆ 第六章 ◆
生态产品供给的国际经验

生态产品的概念于我国十八大报告中正式提出,然而,在国外的研究中并不存在与之完全对等的相关概念。当前研究成果显示,我国提出的"生态产品"与国外的"生态系统服务"在内涵上部分重叠,前者的重点在于产品,是一种可消耗物品,而后者重点强调服务。生态产品的界定,随着社会的发展不断演化。从广义范围来看,包括纯自然要素的生态产品、经过人类劳动加工后所形成的人工自然要素的生态产品及通过生态工(农)艺生产出来的没有生态滞竭的安全可靠无公害的高档产品;从狭义范围来看,仅包含经过人类劳动加工后所形成的人工自然要素,这也是本研究研究的对象。

从供给行为看,生产和提供都可被视为供给,"生产"是从直接供给的角度,"提供"是从间接供给的角度考察供给的方式。同样的,生态产品的供给主体也可以分为生态产品的生产者和提供者两类。前者从直接提供的角度讨论生态产品供给问题,例如土地所有者通过植树造林增加碳汇,通过水土保持净化水源等,这些都属于生态产品的生产者;后者从间接供给的角度讨论生态产品供给问题,例如政府、企业、非政府组织通过补偿方式增加生态产品供给量。

从供给机制看,生态产品的供给有政府供给和市场供给两种。政府供给强调由政府财政资金按照政府规定的价格标准生产或提供生态产品;而市场供给强调价格在生态产品供给中的作用,生态产品供给量随其市场价格的变化而发生改变。

"生态系统服务"与"生态产品"存在区别,但两者之间也有相似之处,比如,它们的内涵部分相同;此外,它们的供给都以自然要素为物质基础,以保护生态系统环境为前提,在生态系统运行中实现。而从国外来看,一些国家在生态环境保护、自然资源的开发和利用等方面走在世界前列,积累了许多成功的做法和经验。因此,在探索我国生态产品供给的道路时,我们仍然可将"生态系统服务"的供给模式及相关的政策制度的经验纳入参考范围。这对我国建立生态产品供给模式、完善生态产品供给制度具有十分重要的借鉴意义。

目前学界对于"生态产品"的概念还处于学术讨论阶段,生态产品的范围划定也无统一标准。但在生态系统实现动态平衡的过程中,生态产品是一种不可或缺的中间产品参与生态系统能量转换。因此,提供与生态系统动态平衡所需要的生态产品量是生态环境保护的目的之一。自然生态系统可分为水域生态系统和陆地生态系统,其中森林生态系统是以森林为主体的生物群落及其光、热、水、气、土壤等非生物环境综合组成的生态系统。那么,森林和水在生态系统作用下所产生的森林生态产品和水生态产品对于生态系统动态平衡有着极其重要影响,同时,这两者具有研究上的可行性。因此,本书选取部分国家(地区)为对象,从生态产品供给的主体、供给资金来源、供给成本支付标准、供给行为的激励和保障制度等方面进行研究生态产品供给机制,寻求上述国家或地区在森林生态产品和水生态产品在供给方面的先进经验,以供我国借鉴。需要说明的是,国外的生态系统服务(产品)供给实践主要可以分为两种类型:政府供给模式和市场供给模式。有学者将生态认证模式与这两种模式并列为三种类型,然而,笔者认为目前所界定的生态产品无法予以认证,故生态认证计划不纳入本书讨论之中。

第一节 生态产品的政府供给

政府提供生态产品的理论基础来源于生态产品的公共产品属性和政府的生态责任。但是通过政府直接生产的方式提供生态产品并不具有普适性。究其原因,生态产品参与生态系统运作,是维持生态系统动态平衡的中间产品,无论供给成本还是生产能力,政府直接生产的生态产品都不能满足公众生活和社会持续发展的需要。因此,政府作为提供者,必然通过购买方式提供生态产品。

不同学科对生态补偿进行研究的出发点和目的都不同。从法学视角出发,生态补偿为"生态资源使用人或受益人在合法利用资源过程中,对其所有权人或对生态保护付出代价者支付相应费用的法律制度"[1]。而经济学则以如何减少生态环境外部性以实现环境保护为目的,认为"对生态破坏者、生态受益者、负外部性产生者进行收费",补偿"生态保护者、生态受害者、正外部性产生者"[2]是解决生态环境外部性的有效方法。从以上两个角度看,生态补偿必须实现费用的支付,但这种支付不一定表现为货币的支付。生态补偿这一行为本身并不是区分政府供给或市场供给的标准,政府供给可以使用生态补偿这一方式提供生态产品,市场供给也可以。就国外目前的实践情况而言,生态补偿模式中主导的、最为普遍的仍然是以政府为主体的补偿模式。美国的保护性储备计划、瑞士保护农业环境的补偿政策、德国易北河流域生态补偿,都是典型的通过以政府为主体提供生态系统服务(产品)的实践案例。

本章讨论的生态产品政府供给是指由政府作为生态产品的生产者或提供者所提供的生态产品。在政府供给中,生态产品的生产或提供由政府的行政命令控制,产品价格不由市场供需决定,提供产品的费用由政府承担。

一、生态产品政府供给主体

生态产品是生态系统实现均衡的必要中间产品,同时,生态系统持续运行是其产生的基础。由于生态产品具有公共产品的特征,在界定其产权时存在一定的困难,所以政府必然成为生态产品提供的主体。初期,生态产品供给的行为必须由政府出面组织才能有效展开。大规模生态保护的

---

[1] 曹明德.对建立生态补偿法律机制的再思考[J].中国地质大学学报(社会科学版),2010(5):28-35.
[2] 毛显强,钟瑜,张胜.生态补偿的理论探讨[J].中国人口·资源与环境,2002(4):8-41.

资金成本高,且不能直接产生效益,所以,政府的主体地位对生态产品的生产具有物质基础作用的河流、森林、湿地等自然资源的保护产生决定性的作用,这在一定程度上为保证生态系统的平衡提供前提。其次,由于生态产品具有公共产品的性质,为避免"搭便车"现象的发生,生态产品供给也需要政府进行宏观调控。"公共品自身的性质特征是决定公共品供给机制的最基本因素"[①],生态产品的非排他性和非竞争性引致部分公众会因此利用这一特点,从而发生"公地悲剧",造成对公共资源的浪费,而生态环境本身不具有市场交易性,最终环境保护主体就落到了政府身上。因此,在政府供给机制下,政府是生态产品供给的核心主体。

二、生态产品政府供给机制

社会科学中,机制泛指一个系统的内在构造和功能的内在联系,以及保持系统正常运行的规律或工作原理,多涉及机构组织和制度管理。而供给机制是从供给主体和运行机理的角度抽象出的商品供给模式。政府供给机制是以公平为目的、以税收和公共收费为主要筹资手段,以行政命令的方式对某一产品的安排和监督。生态产品的政府供给机制以生态产品为核心,对其生产、提供的制度主要包括供给资金来源、供给方式、供给支付标准和供给管理等。

在政府供给机制下,政府作为生态产品供给的主体,无论是生产者角度还是提供者角度,其最明显的两大特征是:政府筹措供给资金和生态产品供给实行政府定价或固定价格。必须强调的是,对于后一个特征,主要说明政府作为供给者提供生态产品时,按政府定价进行供给,以保障公众的生态需求。因此,本书所讨论的政府供给机制,是建立在政府定价或者政府固定价格的基础上的生态生产或者生态补偿。下面从政府供给的制

---

① 樊丽明,石绍宾.公共品供给机制:作用边界变迁及影响因素[J].当代经济科学,2006(1):63-68.

度支持、供给的方式、供给标准及管理制度等方面对国外的政府供给机制进行比较分析。

(一)生态产品供给的制度保障

生态产品的作为中间产品,对于维持生态系统动态平衡有着不可缺少的重要作用。然而,自然资源的耗竭,自然环境的破坏使得自然要素生产生态产品能力降低。为保证生态产品能够源源不断地参与到生态系统的能量转化中,各国制定了各种相关制度保护自然资源,保障生态产品的供给。

美国的经济社会发展进程中遇到生态保护问题相对较早,其在生态系统服务(产品)的供给方面形成的制度体系和框架较为完整。美国的《森林保留地条例》(1891)的颁布开启了美国的森林保护和资源管理工作法制化进程;《威克斯法令》(1911)授权联邦和州政府在森林防火方面加强合作,以减少因火灾事故对森林的破坏;《美国农业法案》(1956)在法律上确定了生态补偿机制的地位;《森林多种利用及永续生产条例》(1960)推动了退耕还林政策,并未因此而失去农田的农民提供经济补偿;《国有林经营法》(1976)将《国家环境保护法》的条款融入国有林的经营活动中,要求各国有林经营单位每10~15年更新一次林业计划,并在国有林中保留一定密度且分布均匀的脊椎动物,以保护生物的多样。《保护区规划》(1985)鼓励农民在严重水土流失区域退耕还林、还草;植树造林实行乔、灌、草结合,以保护水土资源,改善水源供应,增加木材生产。1990年颁布了《综合环境反应、补偿与责任法案》、1998年又颁布了《超级基金法》,征收环境税并将其纳入生态补偿资金的来源中。

哥斯达黎加是生物多样性最丰富的国家之一。1969年,哥斯达黎加颁布首部《森林法》以鼓励新造林和更新造林。1979年颁布的《再造林法》,通过减征所得税激励大型企业造林。1986—1996年,为全方位鼓励以造林,哥斯达黎加对《森林法》进行了3次修订。其中,1986年,通过补偿造林成本,鼓励中小型企业和农场主造林;1992年,将以财政激励和直接支持方式鼓励再造林扩大到适用于大、中、小型林业企业;1996年,对林地所有者造林、保护和管理森林的行为进行补偿[1]。为小农户发展农用林业,政府于1990年设立林业发展基金提供直接支持。1992年,创设了林业证书制度。该制度以森林管理为主要内容,规定获此证书的林地所有者可以因放弃砍伐薪柴而受偿。1995年,创设了以森林保护为主要内容的林业证书,获颁此证的林地所有者可以因其保护森林的行为而受偿[2]。为对森林生态系统进行更好地维护和保护,哥斯达黎加政府设置了一个具有独立法人资格的机构国家基金组织负责生态系统支付项目的实施与管理,并且该机构是由1996年修订的《森林法》明文规定。在世界范围内,国家基金组织机构的设立及其运行机制是实现环境保护的一个创新。

(二)生态产品政府供给的资金来源

政府提供生态系统服务(产品)的资金依赖于政府财政收入,其中主要包括环境保护方面的税收和费用。此外,政府债券、基金及其他金融工具也是筹集生态系统服务(产品)供给资金的途径。但各国筹资的方式、范围和重点存在较大差异。

1.环境税、费

税收是保证国家有正常运转的主要财政收入来源,是政府进行宏观调整的重要手段。当政府履行生态责任时,税收作为生态产品供给资金的重要性不言而喻。

庇古在研究福利经济学时发现,经济主体的私人成本与社会成本不一致是导致市场配置资源失效的主要原因,政府通过征税或补贴可实现帕累托最优。因此税收成为各国解决环境问题的重要手段。

美国是最早将税收政策引入环境保护领域的国家。迄今为止,它已形成一套相对完善的环境税收政策。据考察了解和资料介绍,美国的环境税收主要包括氯氟烃税、"超级基金"的税收、形成漏油责任基金的税收、形成

---

[1] DANIELS A E, BAGSTAD K, ESPOSITO V, eds. Understanding the impacts of Costa Rica's PES: are we asking the right questions? [J]. Ecological Economics, 2010, 11(69): 2116-2126.

[2] COQ J-F L, FROGER C, LEGRAND T, eds. Payment for Environmental Services Program in Costa Rica: a policy process analysis perspective[C]. 90th Annual Meeting of the Southwestern Social Science Association, Houston, Texas, United States, 2010.

地下储藏罐泄漏基金的税收、形成废弃矿井再利用基金的税收、对空气污染课征的税收、开采税、高耗油车税、煤炭税等。而西方国家税和费的区别并不明显,美国的部分环境费也是保护生态,环境治理,提供生态系统服务(产品)的资金来源,例如水费、下水道费、固体废弃物收费等。

欧盟有着全面和标准的环保税务体系,是全世界环境税收入最多的地区之一。欧盟的环境税以生态保护为原则,在矫正污染行为的同时,为生态环境保护筹集更多的专项资金。根据环境税收制度目标和遵循的基本原则,欧盟成员国根据各国国情,设计出符合自身环境标准与经济发展需要的环境税收体系。随着环境保护重要性的提高,环境税征收范围逐渐扩大,当前征收的环境税费已达100多种[①]。在设置环境税税率时,环境税税率是基于环境保护支出的需要而设定的,而不是根据预期的和实际的环境损害程度而设计,且实施专款专用原则。跟其他国家不同,欧盟国家将能源的消费及使用,尤其是化石能及其产品的消费和使用视为环境保护的关键。因此,在欧盟的环保税务体系中,通过多重征税和差别征税的办法控制能源的消费及使用。例如,瑞典对工业用电不收税,而对家庭用电要征收能税和碳税;欧盟许多国家依据汽车排放性能的差别对汽车销售征收不同的销售税,从而引导排放更清洁的车辆的生产和使用。

与欧盟相似,澳大利亚在环境税的征收方面覆盖也相当广泛,征税范围不仅包括与环境污染有关的各个领域,还扩展到资源环境的诸多方面。其主要范围覆盖在能源产品,交通设备与服务,水与大气的污染排放,破坏臭氧层物资,面源污染,废物管理,噪声污染,以及水、土地、土壤、森林、生物多样性、野生动植物和渔业养殖等方面。需要说明的是,碳税曾经是澳大利亚森林生态补偿资金重要来源之一,征收的对象是500家最大能源污染企业,涵盖了约60%以上的碳排放,但2014年澳大利亚联邦议会参议院通过《清洁能源法案(取消碳税)2014》取消碳税[②]。碳税的取消从一个侧面说明环境类税的征收与社会各利益集团的博弈相关,在民主程度高的国家反而要依靠民众较高的自觉意识。在环境费方面,澳大利亚森林对直接生

---

① 数据来源:欧盟统计局。
② PRIME MINISTER OF AUSTRALIA. Legislation to Repeal the Carbon Tax[EB/OL].[2014-7-30]. http://www.pm.g-ov.au/media/2013-10-15/legislation-repeal-carbon-tax.

态受益部分征收补偿费。

2. 金融工具

(1) 环境基金

环境基金是发展中国家和转型经济体日益普遍的环境融资方式。政府未能通过制定激励政策、环境制度执行机制解决环境问题,也未能以合理条件在金融资本市场获得融资途径是专门的环境融资机制被建立的根本原因。然而,环境基金通常只是推迟而不是解决这些问题,它们仍然可能导致现有的扭曲。[1]

环境基金是指以合理配置环境要素,预防、治理环境问题为目的而通过设置一定数量具有收益性功能和增值潜能等特点的资金[2]。金融组织、政府、私人都可以以发起人的身份对外发起环境基金。一般而言,按发起人及其性质分,环境基金可分为三类:第一类是政府部门为实现某一环境目标而设立的基金;第二类是政策性金融机构设立的基金产品;第三类是由各种金融机构开发的相关基金产品,该类基金对于投资回报率的期待很高,否则在市场运行下,无法获得投资人的关注。其中第一类和第二类都以政府为主导,以环境保护为目的,具有非营利性。

以政府为发起人的环境基金主要采取公司或者信托的形式,其资金主要来源于公共机构和民间机构,如全球环境基金、双边多边捐赠和政府财政拨款等;环境基金的管理者通常为多边机构、非政府组织和区域组织。此外,基金所在地的政府通常是基金管理委员会的代表;为了确保环境基金更好地发挥作用,需要相应的政策和法律制度予以支持。

美国的"超级基金"是典型的环境基金。由美国"Love Canal"事件暴发激化的废物污染严重与政府治理不力之间的矛盾致使美国国会通过了《综合环境反应、补偿与责任法》,也称为《超级基金法》。超级基金制度最初的资金来源主要是对生产石油产品和某些无机化学制品的行业征收专门税和政府财政拨款。之后,在1986年的修正案中将环境收入税纳入超级基金的资金来源中。环境收入税与企业经营收益密切相关,实行比例税率。

---

[1] The World Bank. Environmental Funds[EB/OL].[2016-12-5]. http://documents.worldbank.org/curated/en/659021468739311963/pdf/multi-page.pdf.

[2] 李妍辉.论环境治理的金融工具[D].武汉大学,2012.

该税由税务部门统一征收上缴至联邦财政部,然后由财政部将税款分别纳入普通基金预算和信托基金,超级基金设在信托基金项目下,由美国环保局负责管理,主要用来专门服务于专项的环保事业。

(2)市政债券

市政债券(municipal bonds)是以政府信用作为担保,由地方政府及其代理机构、授权机构发行的债券,是地方政府及其代理机构从社会上吸收资金用于市政建设和提供公共产品支出的长期债务性融资的主要工具[①]。

美国是市政债券发行量最大的国家,这与美国市政债券市场的规模、流动性、法律和税收结构以及美国宪法规定的破产保护都密切相关。美国的市政债券具有以下几个特点:一是市政债券的利息收入享受税收优惠。根据美国国内税收法典第 103 条规定,市政债券持有人获得的市政债券利息收入不计入联邦所得税应税总收入中,同时根据适用的州所得税法律,可以免征州所得税。二是债券保险为市政债券提供收益保障。[②] 通过为债券购买保险能够增进信用评级,使被保险债券的评级可以达到债券初始评级和保险机构评级中的较高级别,提高债券的流动性。20 世纪 90 年代末,美国新发行的市政债券购买债券保险比例超过 50%,这一比例在次贷危机爆发之后才有所下降。三是高流动性提高变现能力,增加转让概率。债券保险除能提高市政债券的流动性外,与其他在交易前被实行价格限制的新发行股票不同,大多数市政债券一旦被投资者购买,便可以随时进行交易,而且专业交易员每周定期对同一债券进行多次交易和再交易。

在美国以外,世界上许多其他国家也发行类似债券,有时也称地方政府债券或其他名称。这些债券的主要特点是,它们都是由政府的一个公共使用单位发行的,而不是主权国家。

---

① 美国的市政债券既有短期融资债券(short-term notes),也有长期债券(Long-term bonds),长期债券期限从 1 年到 30 年或更长期不等。80% 以上的市政债券为期限长于 13 个月的长期债券。市政债券传统上一般通过柜台交易市场(OTC)进行交易。近年来不断加速的技术进步因素使得电子交易(Electronic trading)迅速增长。

② K THOMAS LIAW.Capital Markets[M]. Thomson TM, South-western,2004. 债券保险是指发行人向保险机构支付一定的保费(一次付清或分期付款),当发行人违约时,保险机构按照合约的规定对被保险债券的本金和利息进行偿付。

(3) LIFE 金融供给

LIFE[①]是欧盟设计开发的新型环境金融供给,由欧盟委员会管理LIFE计划。委员会委托中小型企业执行机构执行LIFE计划的多数分项目。外部选拔、监测和沟通小组为委员会和中小型企业执行机构提供协助。欧洲投资银行管理两种新的金融工具:自然资本融资基金和能源效率工具私人融资[②]。自然资本融资基金为促进保护自然资本,包括气候变化适应项目的创收或节省成本的试点项目提供贷款或股权投资形式的融资机会。能源效率工具私人融资将为国家能源效率行动计划确定的能源效率项目投资提供贷款。在1992至2013年间,LIFE在欧盟共同资助了约3954个项目,共计投入了61.43亿欧元以支持环境政策的实施。

总体来讲,LIFE环境金融工具在措施的实施上具有更强的灵活性,在最终的效果标准上具有更高的严格性,在项目资金的使用上具有更高的透明性,在项目实施的后续保障上具有更强的完整性。

3. 国际基金

国际基金是发展中国家生态系统保护项目的主要资金来源。生态环境的跨国影响性决定了全球范围内环境保护的重要性。然而,发展中国家经济社会的发展程度相对滞后,可用于生态保护的非官方资金有限。发达国家在保护生态环境时获取了丰富有效的经验,但这些经验所采取的措施对发展中国家而言普遍缺乏可操作性,例如生态服务补偿、鼓励私营部门投资等。因此,发展中国家开展生态保护活动需要国际社会的资金支持与技术支持,需要增加官方发展援助。

国际基金由官方发展援助、新兴资金和非官方发展援助三个部分组

---

① LIFE(The Financial Instrument for the Environment)环境金融工具是欧盟针对环境的金融资助工具。LIFE的主要目标在于贯彻执行、更新和发展欧盟的环境和气候政策和立法,以实现欧盟相关环境项目的价值。

② LIFE financial instruments. [EB/OL]. [2017-6-21]. http://ec.europa.eu/environment/life/funding/financial_instruments/index.htm.

成,见图 6-1。其中,官方发展援助的援助主体为国家[①],它包括双边和多边发展援助两种。前者是两个国家或地区之间通过签订发展援助协议或经济技术合作协定,由援助国直接向受援国提供援助。发展援助是政府行为,援助资金一般来源于援助国财政预算。一般情况下,双边援助的关系相对简单,援助国对援助资金的使用和管理进行监管。后者与双边援助相对应,是指多边国际组织利用成员国的捐款、认缴的股本等,按照他们制定的援助计划向发展中国家或地区提供的援助。多边援助受多边政策制定程序的约束。在全球化背景下,援助是全球公共物品提供的一个重要渠道。因此,对于生态产品这种具有强外部性的公共产品,发达国家利用援助方式实现全球供给是有效的。

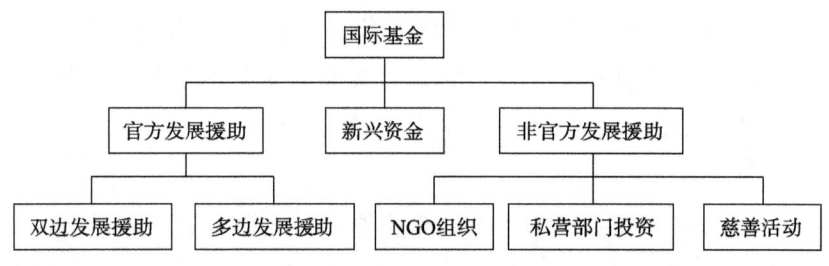

图 6-1　国际基金资金来源构成

非官方发展援助包括非政府组织(NGO)、私营部门投资和慈善活动捐赠。

4.社会捐款

社会捐款也是政府提供生态系统服务(产品)的资金来源之一,但其在生态产品供给资金中所占比例相对较低。例如,为保护生态,摩提维德保护联盟购买摩提维德云林保护地周围的林地的资金源自欧洲学校的孩子们的捐献,目前该林地是哥斯达黎加最大的私人保护林。

总体来看,政府供给机制下,生态产品供给来源主要是税收。虽然金

---

① 著作在讨论国际基金时,将非政府国际组织的援助纳入费官方发展援助中,因此,官方发展援助中的援助主体为国家或政府间国际组织。而政府间国际组织成员都是主权国家或其他成员不必为主权国家的国际组织(像欧盟和世界贸易组织),故著作将官方发展援助的援助主体设定为国家。

融工具种类较多,也被视为一种重要的资金来源,但是,无论是环境基金,还是市政债券,其重要的组成部分仍然是税收,例如,美国超级基金的资金来源于行业专门税、财政拨款和环境收入税。国际基金的发展援助并非单纯意义上的援助,往往附带有较强的政治目的。社会捐款的筹资能力最弱。

(三)政府供给机制下的生态产品供给方式

在政府供给机制下,生态补偿是政府提供生态系统服务(产品)的主要方式,通过政府的转移支付实现。从支付的方向来看,转移支付包括纵向转移支付和横向转移支付两种。前者是中央政府对地方政府或地方的上级政府对下级政府的转移支付,其形式又分为一般性转移支付和专项转移支付。一般性转移支付是中央从全局出发,为达到均衡财力、弥补生态保护地区发展机会成本的目的,实行的自上而下的支付,专项转移支付主要是为了实现生态产品供给或者生态环境保护而设置的临时性支付;后者为生态保护区内同级地方政府之间的转移支付,是生态产品的消耗地政府对产品提供地进行的支付或是生态保护区内生态产品消耗地政府对利益受损地政府进行的赔偿。横向转移支付改变地区间既得利益格局,从而实现生态产品提供地和生态产品消耗地公共服务水平的均衡。

1. 政府直接购买

政府直接购买是指为了保护某些具有重要生态价值的生态资源,"利用财政资金对私人或其他组织所有的森林、草地、湿地或流域沿岸土地进行收购[①]",实现所有权的转变。例如,1935年罗斯福大草原林业工程(罗斯福生态工程)[②];欧盟国家通过政府直接购买的方式提供购买公共服务类别表中包含"排污物、废物处理:卫生及类似服务"等项目。

政府供给机制下的政府直接购买以政府为生态产品的提供者和付费者,有资质的企业、非政府组织和个体农民等是生态产品的生产者和受偿

---

① 梁丹.全球视角下的森林生态补偿理论和实践——国际经验与发展趋势[J].林业经济,2008(12):7-15.

② 李世东.美国罗斯福工程——全球八大生态工程介绍之三[J].防护林科技,1996(1):54.

者,全体公民是生态产品的消费者。在政府直接购买的过程中,"政府仍然保留服务提供者的责任并为此支付成本,只不过不再直接从事生产[①]",政府利用转移支付的方式进行支付,支付资金可来源于税收、政府发行的债券、国际基金或社会捐款。在政府直接购买过程中,政府为生态产品的提供者,其他企业、非政府组织、个体或社区为生态产品的直接提供者,两者的分离实现了生态产品供给角色的分离。

政府购买可采用合同外包、项目申请、许可证制度、补助或直接资助等方式[②],具体的购买方式与生态产品类型匹配方能发挥最大功效。例如,排放权采用许可证制度,水生态产品采用补助或直接资助方式,森林生态产品采用合同外包方式。从购买价格看,政府购买价格一般由政府制定。该价格的确定以政府公共财政的支付能力为限,综合考虑生态产品的生产成本、区域经济发展水平等因素。因此,随着以上因素的变化,价格制定需遵循动态化、差异化的调整规则,在不同区域、不同阶段,各类生态产品应该有不同的价格。

政府通过直接购买方式提供生态产品在生态资源产权领域存在一定的局限性。在私人产权保护的国家,政府通过直接购买的方式提供生态产品的局限性较大,原因之一在于政府购买需要财政资金的支持,原因之二在于在严格保护私人产权的国家,大量收购私有土地会引起政治争议。在公有制国家,自然资源的所有权本就归国家。因此,政府直接购买的方式提供生态产品难以在大范围内实施。

2. 政府补贴

政府补贴是政府为实现某一目标,用财政资金为企业、个人或非政府组织提供价格支持的一种方式。政府直接补贴是最为常见生态补偿政策,大部分国家或多或少以某种形式对各种生态服务或产品提供补贴。根据定价和参与机制不同,政府补贴项目又可分为固定支付标准协议、个案协

---

① E.S.萨瓦斯.民营化与公私部门的伙伴关系[M].周志忍,等译.中国人民大学出版社,2002:69.
② 王浦钢,莱斯特·M,萨拉蒙,等.政府向社会组织购买公共服务研究——中国与全球经验分析[M].北京大学出版社,2010:17-19.

商协议、投标协议。①

(1)固定支付标准协议

固定支付标准是指政府以财政预算额度为限,对需要保护的森林、草地、河流等生态要素制定单位面积上实现其可持续经营、保护和再造等措施的支付标准。固定支付标准协议由生态要素所有者或使用者与政府签订,履行生态保护义务,提供生态服务或产品,并以此获取直接补贴。

固定支付标准协议还可以分为自愿和非自愿两种。固定支付标准自愿协议②是自愿式环境协议的一种,是政府通过补贴的政策性手段,诱导生态资源所有者或使用者保护生态环境,提供生态产品,是对环境行政强制管理的一种有效补充方式。固定支付标准自愿协议具有单一标准、所有者或使用者"自愿"签署两大特征,因此是最为普遍的生态供给机制。然而,统一的补偿标准简化了项目的实施环节,减少了执行成本,但从长期发展来看,在发展中国家的特殊社会经济环境下,统一的补偿标准缺乏效率,且在部分地区项目缺乏额外性;③中小规模的农户因交易成本高,参与积极性不高;④项目没有规定惩罚条款,并且对项目执行情况的监督由当地林务员执行,在实际操作中面临很大的道德风险。⑤

(2)个案协商协议

个案协商协议是指政府与生态资源或生态要素所有者就其所拥有的生态区位、保护价值等进行单独协商,以确定实施生态保护活动,提供生态产品的补贴标准,并就相关参与者的权利义务签订的协议。单独个案协商具有较大的灵活性,在监管有效的情况下,能够发挥补贴的效率,避免单一标准与不同林地、草地等物产上机会成本之间差异所造成的效率损失。

---

① 戴广翠.森林环境服务业发展的理论与实践研究[D].北京林业大学,2009:103.

② 戴广翠.森林环境服务业发展的理论与实践研究[D].北京林业大学,2009:103.

③ SIERRA R, E RUSSMAN.On the efficiency of environmental service payments:A forest conservation a-ssessment in the Osa Peninsula, Costa Rica[J]. Ecological Economics,2006(59):131-141.

④ ZBINDEN, S., D. R. LEE. Paying for environmental services:An analysis of participation in Costa Rica's PSA program[J]. World Development,2005,2(33):255-272.

⑤ CHOMITZ,K.M., E. BRENES,eds..Financing environmental services:the Costa Rican experience and its implications[J].Science of the Total Environment,1999,1-3(240):157-169.

(3)直接协商投标协议

投标协议是指政府在实施支付项目过程中,针对不同类型的生态保护区域采取招标的方式获取生态保护协议。该协议的成立仍然建立在成本收益基础之上。各生态物产所有者根据自己的收益状况投标,政府按一定的标准,如生态保护价值和投标成本,对各投标综合打分,并按照成本收益率由高到低排序,一般情况下,选取成本收益率最高的物产签订补贴协议。

与个案协商协议相比,投标协议能够降低协商成本,而与固定支付协议相比,它能够减少固定价格自愿参与模式的资金效率损失。值得注意的是,不管是单独协商协议和投标协议,出于预算约束的考虑,政府一般会制定单位面积补贴上限,例如美国的土地休耕计划、澳大利亚的灌木林保护项目[1]等。

重复投标易于被投标人根据各种生态环境指标估计出政府愿意支付的最大价格,进而使得投标人按府的最高价格投标而不是依照自己的机会成本投标。[2] 这种策略行为降低补偿资金的效率。这种重复投标产生的效率损失也是这种定价机制的缺点之一,但是总体而言,投标机制仍然比固定价格机制效率高。政府在评标时采用的评标标准存在差异,有按照环境价值标准、成本标准或政府可支付补贴额降序标准等。

综上所述,三种实现政府直接补贴的方法各有利弊,针对不同类型的生态资源可采用不同的方法进行补贴,但也可以组合使用以扬长避短。例如苏格兰林业委员会在原有的固定标准林业补贴计划补助的基础上,借助一系列挑战基金(challenge funds)采用投标机制对私有土地主增加直接补贴,以鼓励在特定地理区域内扩大林地面积。

---

[1] 澳大利亚维多利亚州在2001到2003年试点实施灌木林保护项目(Bush Tender pilots),采用投标协议方式提供生态补偿以鼓励保护天然植被和生物多样性。私有土地主先向政府部门表达参与的意愿并提交生态保护投标。政府官员对农场及其土地进行考察,收集相关的生态数据,并且采用生物多样性效益指数对土地进行评分。所有的标书通过其单位成本的生物多样性效益进行排序,政府部门根据财政预算从高到低挑选标书纳入项目。Stoneham 等(2003)对该项目第一轮投标进行了分析,认为该项目大大节省了保护成本,对于等量的生态效益,采用固定标准补偿方式的成本大约是该投标方式的7倍。

[2] LATACZ-LOHMANN, U. S. SCHILIZZI. Auctions for Conservation Contracts: A Review of the Theoretical and Empirical Literature, (Project No: UKL/001/05). [EB/OL]. [2017-3-20]. http://www.gov.scot/Publications/2006/02/21152441/0.

3. 税收减免、优惠贷款

税收减免和优惠贷款多是政府为实现某一目的而鼓励企业、个人或其他组织参与并实现这一目的而采取的经济激励政策,是各国政府的政策导向标。例如,为了保护澳大利亚的生态环境,政府对远洋捕鱼的获益推出税收优惠,实际上这也从侧面上保护了近海的生物多样性;德国政府规定,营林列支可以抵扣企业、家庭的所得税[1];在法国,私有土地上建造林地,可以免除 5 年地产税;1975 年,芬兰政府规定,在休耕地上造林,国家给予 15 年的补贴并免交土地税。

4. 投资激励

对于环境的保护,政府通常还采用行政手段对环保领域进行调整,例如税收政策调整。各国还是运用直接税自身的特点设计了各种有利于改善环境、抑制污染的激励措施,如美国对用于水土保持的支出可进行资本抵免,使用太阳能和地热能设备或利用可再生能源发电可抵折一定额度的税收;澳大利亚用于环境有关的投资支出可用于税前抵折;芬兰关于水、空气污染控制的投资可以在一定年限内折旧等[2]。

(四)生态产品政府供给支付标准确立的依据

1. 一般方法与依据

提供生态产品是各国实现经济社会可持续发展的一种必然趋势。生态产品的公共物品性质及外部性的特征决定了无论是利用政府机制还是市场机制实现供给,满足公众需求,都需要一个类中介的组织或机构存在。而这个类中介的组织或机构主要功能是通过购买、补贴等方式补偿生态所有者或由生态破坏承担者,组织生态产品的生产以实现供给。生态产品的交易价格也体现为生态产品供给价格。因此,研究生态产品的供给机制逃离不开对生态产品价格的确定,也就是供给价格标准的确定。

按照马克思的劳动价值论的观点,商品价值取决于物化在商品中的平

---

[1] 梁增然.发达国家森林生态补偿法律制度分析与借鉴[J].郑州大学学报(哲学社会科学版),2015(7):42-44.

[2] 廖晓靖.OECD 国家的环境税及其与我国之比较[J].外国经济与管理,1999(10):42-46.

均社会必要劳动时间①。生态产品的生产取决于森林、水、湿地等生态要素的质量和数量。那么,不同主体对这些生态要素进行保护所投入的费用可视为生态产品的生产成本,也即是生态产品供给费用。

(1) 生态保护者视角下的供给费用

在生态环境保护下,生态保护者的直接投入和机会成本之和可视为生态产品供给需支付的费用。生态产品的生产意味着其生产要素的投入,比如对森林的维护、流域的保护、土壤的保持等生态环境的保护。因此,生态要素所有者或生态环境的保护者为了保护生态环境而投入的人力、物力和财力及他们为实现保护而牺牲了部分的发展权应纳入补偿标准的计算之中。从理论上讲,直接投入与机会成本之和应该是生态产品供给费用的最低标准,而且,该种方式是从产品生产的角度考虑生态产品供给费用的。

(2) 生态受益者视角下的供给费用

"谁受益,谁支付"的原则强调生态受益者向生态保护者付费,以"付费"的方式,分担生态保护者因保护行为的正外部性而承担的费用。因此,可通过产品或服务的市场交易价格和交易量计算生态服务和产品提供者的获利作为产品供给的标准。通过市场交易来确定生态产品供给标准简单易行,而且有利于激励生态保护者采用新的技术来降低生态保护的成本,增加生态产品的供给量,促使生态保护的不断发展。

(3) 生态产品自身价值视角下的供给费用

生态系统服务(产品)的价值评估主要针对生态保护或者环境友好型的生产经营方式所产生的水土保持、水源涵养、气候调节、生物多样性保护等生态服务(产品)的功能价值进行综合评估与核算。对生态产品自身价值的估计是建立在效用论基础上的一种核算方法。在经济学中,"效用"是对于消费者通过消费或者享受闲暇等使自己的需求、欲望等得到的满足的一个度量。但是无论水土保持、水源涵养,还是气候调节,我们既难以相对准确衡量它们的"效用"或者"稀缺"程度,因此价值评估结果只能作为理论上的限值,生态产品供给费用的参考值。

除以上标准外,地方财政能力和居民的收入水平是生态产品和服务提

---

① 晏智杰.劳动价值论新探[M].北京大学出版社,2001.

供过程中必须要考虑的重要方面。如果支付标准超过产品利益享受者的支付能力,会使得生态产品负外部性扩散,影响生态系统整体均衡,进而影响其他地区的经济发展。

表 6-1 确定供给价格标准的一般方法与依据

生态资源	生产者视角 成本法 (实际成本+机会成本)	消费者视角 生态受益者获利法	逆算法 生态价值法
林地	造林和营林的直接投入; 森林经济产品的经济回报; 森林经营中的直接成本投入; 放弃经济发展的机会成本;		涵养水源的价值; 保育土壤价值(水土保持效益); 碳汇价值。
流域	上游地区的直接投入(环境保护的直接投入、林业生态保护投入); 上游发展权限制的损失(例如退耕耕地损失); 上游地区新建流域水环境保护设施成本;	水质标准额外提高导致的增加的水环境容量对应的可增加的排污能力所容纳的产业发展收益①	生态服务价值增加量
湿地	湿地信用单位建设成本; 湿地补偿面积比率;		湿地信用单位的评估

注:一般而言,成本估算或机会成本法、生态破坏的回复成本法多用于政府供给机制下提供生态产品的供给价格标准。

2. 供给价格确定的实践

政府供给的主要特征之一是政府基于生态责任为社会提供生态系统服务(产品)时,提供产品所需支付的费用数额的决定权一般在政府。政府依托先进的科技手段,如卫星遥感技术,一般运用成本收益法、随机评估法、综合测定及意愿调查等方法②对生态产品供给成本进行估计,从而使供

---

① 《生态补偿的国际比较:模式与机制》编写组.生态补偿的国际比较:模式与机制[M].社会科学文献出版社,2012:222.
② 王晓东.生态补偿机制:美国经验及启示[J].世界农业,2015(1):48-52.

给成本价格尽量做到科学合理。

美国森林生态产品供给价格的确定建立在多渠道收集信息并进行分析基础之上,采用成本收益法则确定产品供给者。首先,由申请者提供保护区域内近 N 年($0<N<5$)来的生态变化信息,比如土壤污染程度、空气变化、水质变化等供决策部门对保护区内的环境信息进行初步估计,然后由主管部门与专业监测结果对比,以评判申请者对当地环境的熟悉程度;其次,主管部门会根据投标者提供的详细实施计划书确定申请者提供生态保护行为的意愿价格;最后,政府运用成本—效益法则对申请者进行筛选,并从中确定适合的参与者提供生态产品。

三、典型案例

(一)美国:土地休耕计划(CRP)

保护性储备计划[①](Conservation Reserve Program, CRP, 1985-)补偿资金包括土地租金补贴、维持性激励补贴、成本共担性补贴等,由美国农业部通过商品信贷公司提供,在项目实施过程中则利用了市场机制,并遵循农户自愿的原则。

土地休耕计划的补偿资金全部由政府提供,但政府补贴标准由市场竞争机制决定,主要依据环境评价体系来确定当地的租金补贴,不同州的租金率不同。在市场竞争机制中,补贴标准与当地自然经济条件相适应,土地所有者采用竞标方式参与补贴。以直接协商投标方式为例,农田服务局(the Farm Service Agency, FSA)[②]在休耕地登记之前根据各郡土壤的相对生产力和平均旱地租金确定土地租金补贴参考值,土地所有者根据自己的机会成本投标。随后,农田服务局依照环境效益指数(environmental

---

① 美国保护性退耕计划的一个重要组成部分。这个计划源于在美国有一部分耕地是处在土地极易侵蚀退化的地区,因此政府希望通过与农民签订合同使之放弃在这类生态敏感的土地上耕作,并且帮助他们种草种树,使土地重新覆盖植被,从而达到帮助改善水质,防止水土流失,减少野生动物栖息地损失的目的。按照登记注册的土地数量,政府以签订合同的方式,与农民签订休耕合同。政府以一定土地租税来支付租金,并且可分担农民在建设保护地过程中大约 50% 的成本,一般项目的合同期为 10~15 年。

② 美国农业部农田服务局是土地休耕计划的管理、实施主管单位。

benefits index)对每项休耕地投标申请进行评级,然后根据效益级别高低和投标价格的多少来挑选休耕地纳入保护计划。在合同期满后,农户可以根据当时农作物的市场行情来确定是否参加下一个阶段的退耕项目。

休耕计划的实施显示了一些积极的环境效益,包括减少土壤侵蚀,通过植被覆盖、缓冲带和减少施肥改善水质、增加栖息地以增加野生动物种群等。然而,休耕计划也存在争议,包括休耕土地上的活动对经济和环境的影响,如复耕收益高于休耕的经济价值使得农业法案需要重新授权。2014年美国的农业法案减调了休耕土地的登记量,放松对耕牧土地的限制,废除草原储备计划并在特定的条件下,提高休耕计划参与者提前终止协议的机会。①

(二)哥斯达黎加:国家基金组织(FONAFIFO)

哥斯达黎加颁布的《森林法》(1996)规定,哥斯达黎加将设置了一个独立的政府机构国家基金组织②,负责协调和执行哥斯达黎加的生态系统服务支付方案和减少毁林和森林退化造成的碳排放战略发展。

在组织机构方面,为了经营森林生态资源,《森林法》设定了新的组织结构并调整制度框架。哥斯达黎加在环境与能源部(MINAE)下设国家森林局(the State Forest Administration, AFE)。根据第27521号法令,环境与能源部通过国家保护区域系统(the National Conservation Areas System, SINAC)运营国际森林局。同时,设立国家林业局(the National Forestry Office, ONF)。该部门是一个公开的非政府机构。它的职能是为环境与能源部的林业政策提供建议,促进林业部门特别是小农参与政策的制定。它管理董事会成员的组成并对外融资。国家基金组织的董事会由以下人员构成:由国家林业局(ONF)选定两个私营部门代表、中小林业生产者的代表、林业工业界的代表、环境与能源部(MINAE)、农业和畜牧业部(MAG)

---

① 美国2014年农业法案对农场补贴增设了上限,并终止了每年约50亿美元对农民的直接支付补贴。

② 哥斯达黎加的生态系统环境支付项目由国家森林基金(FONAFIFO)负责执行。根据《森林法》规定,私有林地的所有者向国家森林基金提交申请,请求将自己所有的林地加入国家的生态系统环境支付项目中,国家森林基金根据法律的规定受理申请,与符合要求的林地的所有者签订生态补偿合同。

和国家银行系统的代表。

国家森林基金是森林生态系统环境支付制度得以顺利实施的重要管理机构和驱动力。随着时间的推移,国家基金组织为生态系统环境支付提供的资金来源及结构有所变化,主要包括:

(1)税收。税收包括木材税(30%)、国家燃油税(40%)。最初,根据7575 法案第 69 条规定,向环境服务支付(PSA)项目分配燃油税的 1/3。① 后来,这项税收被《税收简化法》(Tax Simplification and Efficiency Law,2001)修改,为汽油创造了单一税,其中 3.5% 被分配给环境服务支付项目。② 虽然初期的天然气税分配比例较现在高,但事实上,哥斯达黎加财政部很少按规定的比例(1/3)分配资金给国家基金组织;反而调整后,这笔资金无须再通过财政部而直接分配给国家基金组织,国家基金组织实际获得的资金反而增加了。这一行动反映了立法者的远见,他们清楚地认识到需要建立一个确保环境服务支付项目可持续性的资金来源。

(2)水费。2006 年,水费被纳入国家基金组织基金的来源资金,并规定全国水费总收入的 50% 转移给国家基金组织。这些水费由水资源使用者支付,国家基金组织利用这笔资金为相关流域的生态系统服务支付项目提供资金③。

(3)国际合作和信用销售收益基金。《森林法》(Forestry Law)第 47 条规定,通过加强制度建设增加潜在融资渠道以推动项目发展,例如国家一般财政预算、专项财政预算,或其他机制;捐赠或从其他国家或国际组织获得信用;由国家基金组织获得信用以及通过排放信用工具获得其他资源。此外,国家基金组织鼓励国际机构如世界银行、全球环境基金、德国复兴信贷开发银行等通过生态市场项目参与国家基金。

然而,目前可用的投资资源还不足以满足日益增长的需求。在这种情况下,为了环境服务支付项目,国家基金组织与当地私营企业订立的协议

---

① MEYER S. Working with landowners to provide ecosystem services: Costa Rica's groundbreaking experiment[C]. Conservation Capital in the Americas Conference, Valdivia, Chile, 2009.

② Tax simplification and efficiency law. Law 8114 of 2001, Art. 5.

③ the Ministry of Environment and Energy's Decree 32868 of 2006, Art. 14.

产生其他融资方式被证明是非常成功的,并且有可能更多的生产者通过使用这些工具获得的资源效益。近几年来,私营企业的投资约为700万美元。

(三)结论

美国的保护性休耕计划和哥斯达黎加国际基金组织的运行这两个案例显示的重点不同,各具特色。生态系统服务(产品)较强的外部性和流动性决定了封闭状态下提供生态产品并不现实。同时,依靠政府供给这一单一的方式提供生态产品,履行政府的生态责任也非持续可继。在政府供给机制下,增加生态产品供给量,提高供给效率,还必须有坚实的法律基础和稳定的执行机构,由专门的协调机构实现区域间合作供给。

1. 专门的协调机构是生态系统服务(产品)有效供给的润滑剂

为了进一步完善生态系统服务(产品)供给机制,发挥各部门或机构的主观能动性,由政府组建专门的协调管理机构负责处理生态补偿过程中出现的问题有利于生态环境改善,生态产品供给和生态系统动态平衡的维持。

生态产品的种类众多,涉及森林、河流、湿地等生态资源。对于这些资源的保护、修复并非单个机构可以实现。然而,各机构的职权范围却是有限的,对某一生态资源的保护可能出现无法确定由哪个部门负责的问题。因此,专门的协调机构能够有效协调生态保护中出现的矛盾和冲突,化解相互推诿的问题。

2. 完整的法律体系是生态系统服务(产品)供给实践的保障

法律是一个国家管理社会所设定的最高制度规范。在国域内,法律规定的管理办法具有最高的约束效力。生态产品的广泛性决定了其相关的制度是一个系列制度的合集,它们共同组成一个法律体系。如哥斯达黎加,它通过立法设定生态产品供给实施的管理机构,明确供给的标准、程序、范围、权责,完善供给资金的募集方式和管理制度,建设供给行为的法律监督机制,对破坏生态环境的行为进行惩罚,为生态系统服务(产品)实现持续的供给提供制度保障。

3. 跨区域供给合作是生态系统服务(产品)供给的一种方式

"'环境影响'和'生态服务'的外部作用是通过自然界里大气、水的运动实现"①,但以大气为传播媒介的负外部作用在污染源形成的所在区域内影响更为显著。这种以点为中心的负外部性扩散大多不需要跨区域的治理和修复。然而,以水为媒介的全球循环系统必须面临跨区域的保护。因此,对这种特殊的生态要素进行保护,跨区域合作是实现水资源供给的重要方式。

第二节 生态产品的市场供给

一、生态产品市场供给的主体

生态系统服务(产品)的市场供给主体多样,凡是能够提供生态系统服务(产品)的所有者都可以参与市场供给,比如林地所有者或使用者,水资源所有者或者使用者,个人等都可以成为生态系统服务(产品)的市场供给者。

生态问题的社会性以及生态服务的公共物品性质,因此,生态系统服务(产品)进入市场交易是一件相对谨慎的事情。虽然,公共物品的特征、生态环境在人类社会生存发展中的重要性以及一国政府的责任等条件下,政府作为生态产品供给主要主体得到学者的认可并达成共识,但对于公共物品的提供,"不同种类的公共产品不仅可以而且完全应该通过不同方式提供,在这样的供给方式之下,能够创造出多样化的供给方式",个人、企业、非政府组织等也可以纳入生态系统服务(产品)供给主体范围中来②,只不过对于具体生态产品,其供给主体资格实行严格限定。

(一)政府

政府作为国家和社会的管理者,为满足公众的公共需求,以消费者的身份,遵循市场规则,按照市场价格,以政府财政为支付资金,购买社会所

---

① 丁四保,王晓云.我国区域生态补偿的基础理论与体制机制问题探讨[J].东北师大学报(哲学社会科学版),2008(4):5-10.
② 在符合一定条件,公共物品的私人供给是可以实现的,如灯塔的私人提供。"一定条件"可能是社会环境的变化,也可能是供给规则的制订。

需数量的生态系统服务(产品)。

(二)企业

企业是市场交易的重要参与者,它以营利为目的,为需求者(消费者)提供产品。以生态系统服务(产品)为标的物的市场中,企业便成为生态系统服务(产品)的供给主体。但是,市场机制下的供给是一个自愿供给的过程,首先,参与市场交易的标的物必须具有价值,可供交易,如美国政府允许将生态系统服务(产品)作为可供交易的商品引入市场进行开放的市场交易,前提是该类生态服务可以被量化为商品的形式[①];其次,所供给的产品必须能够让其供给者获得"利润",否则供给者或产品供给数量会减少,甚至为零。

(三)非政府组织

"个人在收入、财富、宗教、种族背景、教育水平等方面都有着一定程度的不同,这直接导致了他们对于公共物品需求的差异性"[②],而政府提供公共产品以满足大多数人的需要为标准,这就为非政府组织参与生态公共产品供给提供了空间。非政府组织致力于各种公益事业和公益活动的社会组织,是介于政府和企业之间的一种组织形态。"志愿性"和"民间性"使得它更贴近社会公众,对社会公众的生态产品需求更为了解,并能做出弹性反应,满足个性化需求;"非营利性"使它更为关注弱势群体,畅通生态产品传输机制,实现生态服务的均等化;"组织性"和"自治性"使它能够起到良好的教育和带动作用,整合与动员各种社会资源,提升生态产品供给水平。但是非政府组织在提供公共产品时也存在很大的局限,如非政府组织不以营利为目的,其收入又主要来源于政府,因此,政府在一定程度上影响非政府组织的行为(萨拉蒙和安海尔);权利扩张导致的社会功能的下降(罗伯特·内斯比特);"志愿失灵"(莱斯特·萨拉蒙)等。因此,非政府组织参与生态产品的供给是对政府供给和市场供给的补充,但它的生态产品供给行为必须受到约束。

---

① 李俐.中美生态补偿制度比较研究[D].山东师范大学,2013:14.
② 田凯.组织外形化:非协调约束下的组织运作——一个研究中国慈善组织与政府关系的理论框架[J].社会学研究,2004(4):64-75.

(四)个人

个人又称个体,是社会的最小组成单位。法律规定具有完全民事行为能力的个体可以独立进行民事活动,这为个体在市场中参与提供生态系统服务(产品)提供了法律基础。

生态系统服务(产品)的个体供给属于"一对一"形式的私人交易。在生态系统服务(产品)的交易市场并不活跃的前提下,个体提供生态系统服务(产品)数量较少,且一般都是"自愿"行为。但是,随着技术的进步和社会的发展,"第一次和第二次工业革命时期传统的、集中式的经营活动将逐渐被第三次工业革命的分散经营方式取代"[①],分散式合作的生产供给模式成为生态系统服务(产品)生产、提供的主要模式时,个体供给将成为生态系统服务(产品)供给的主导。

(五)社区

通常而言,社区是一定地理区域范围内的社会群体组织。生态系统服务(产品)的区域属性决定了社区是保护生态资本、提供生态系统服务(产品)的最小范围。对社区内生态资源和自然要素的保护和管理需要社区居民的合作。"社区共管"[②]模式在自然资源保护领域广受认可,并由实践证明是行之有效保护环境的制度,而社区对生态环境的保护和治理这个行为本身,也间接地提供了生态系统服务(产品)。此外,从"集体"层面看,社区能够通过协商实现共同体成员的个体供给,是分散合作的一种现实体现。

二、生态产品市场供给机制

市场供给强调通过市场机制调动生态产品生产者的积极性,增加生态产品的供给量。而对于生态系统服务(产品)的供给,通过对生态资源的"补偿"或"支付"都可以在市场机制下实现。

---

① 杰里米·里夫金.第三次工业革命[M].张体伟,孙豫宁,译.中信出版社,2012.
② 社区共管是指共同体成员共同参与有关共同体公共利益的决策和执行、管理公共事务的活动,是迈向"善治"的必由之路。参见:任世丹.贫困问题的环境法应对[B].武汉大学博士学位论文,2011:132.

在"生态系统服务(产品)"这个术语还未被广泛使用之前,"生态系统服务(产品)"交易已经存在,如20世纪30年代美国政府使用"自愿支付"项目来改善农业环境状况①,1986年英国政府通过对农民的直接支付促使他们减少环境敏感区的农业化肥使用②。随着对生态系统服务(产品)价值的认识,经济激励手段逐渐替代了传统的强制命令政策,付费使用生态系统服务(产品),生态系统服务(产品)交易市场形成③。

国际上,生态系统服务(产品)市场的实践主要有排放权交易市场,生态系统服务(产品)支付的实践主要包括流域保护、碳封存、栖息地保护等④。市场机制下的生态系统服务(产品)参与供给的主要原因有二:其一,是加大人们对生态环境的保护,增加公共生态系统服务(产品)的供给,实现生态系统与社会经济共同的持续发展;其二,多样化生态环境保护资金来源。如,2007年美国森林生态服务(产品)付费总金额中有81%来自市场机制,较好地保护了林业主体的生存权,促进了市场主体的发展权,也维护了生态环境的环境权。因此,利用市场机制增加生态系统服务(产品)的供给是对政府供给不足的有效补充。

(一)资金来源

市场供给机制下,各类产品供给都离不开资金支持,生态产品的供给也不例外。各类主体的资金来源不同,其中,政府的支出主要都来源于政府财政收入;企业的资金主要来源于企业的资产或利润;个人的资金来源于个人可支配收入;非政府组织的资金来源根据其性质的不同而不同;社区的资金来源于社区内个体的支付。然而,在市场机制下,利用金融市场

---

① CLAASSEN R. Cost-effective design of agri-environmental payment programs: U. S. experience in theory and practice[J]. Ecological Economics, 2008, 65(4), 737-752.

② DOBBS T L. Case study of agri-environmental payments: The United Kingdom[J]. Ecological Economics, 2008, 65(4), 765-775.

③ ERIK GóMEZ-BAGGETHUN, PEDRO L LOMA, CARLOS MONTES. The history of ecosystem services in economic theory and practice: from early notions to markets and payment schemes[J]. Ecological Economics, 6, 69, 1209-1218.

④ 生态系统服务(产品)付费是生态系统服务(产品)参与市场交易的产物,它是指一种将外在的、非市场环境价值转化为当地参与者提供生态服务的财政激励机制的方法。它与一般的环境经济政策(如环境税)、命令控制型环境政策以及在发展中国家广泛使用的集成保护与发展项目不同。

获取供给资金,提高资金使用效率是各类主体解决资金需求大、筹措难等问题的有效途径。这就是所谓的获取资金的最优方法——"开源"。

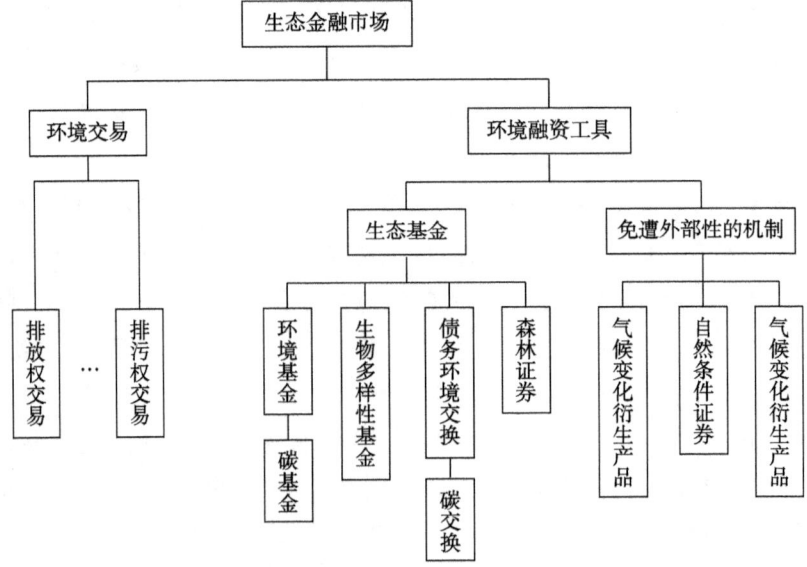

表6-2 生态金融结构图

1.环境基金

正如本章第一节中对环境基金的介绍中所提到的,第三类环境基金由各种金融机构开发,以环境保护和营利为目的,可为投资者提供较高回报。

碳基金是目前相对成熟的一种环境基金。"原型碳基金"[①]就是世界银行开发的一项环境基金,主要目的是为其投资者获取碳排放消减信用,该基金主要通过投资碳排放消减项目和签署碳排放消减信用购买协议获得碳排放消减信用,[②]投资者用获取的碳排放消减信用履行其应承担的碳消减义务。由于监管原因,原型基金可以使得参与者更容易获得廉价的碳排

---

① 原型碳基金系由世界银行所建立,目的是透过市场机制,促进金融及气候改善技术移转至开发中国家,创造排放减量的市场。该基金的资金来源来自各国政府及民间企业的赞助,基金投资开发中国家及经济转型国家的清洁能源,降低温室气体排放量。这些排放减少量在经过核查及验证后,移转给计划的参与者。

② World Bank. Prototype Carbon Fund Annual Report 2003[EB/OL].[2017-7-22]. http://documents.worldbank.org/curated/en/385871468778796602/Prototype-Carbon-Fund-annual-report-2003.

放信用。但是,投资者对基金投放对象的控制权较小,这使得许多机构和私人主体设立自己的投资实体,以确保其对于项目选择和投资的控制权。之后,私人主体进入碳基金,形成公私混合主体的碳基金。截至 2007 年 11 月,专门投资于碳资产的基金规模超过 70 亿欧元,但项目供应量仍然无法满足投资需求。[①]许多碳基金除了为其投资者获取碳排放消减信用之外,还追求其他环境目标和社会责任目标,比如希望减少碳排放削减项目实施国家的贫困,希望推动碳排放削减项目实施国家的可持续发展。从法律角度看,碳基金虽然能够实现盈利目标,和社会伦理目标,但是受托人如果将盈利目标从属于环境或者其他社会目标则可能违背受托人的信托义务。

2. 债务环境互换

债务环境互换是债权国与债务国签订的,债务国以承诺实施当地生态环境保护项目,债权国以减少或免除债务国所欠债务为对价协议的行为。一般情况下,债权国为发达国家,债务国为欠发达国家。目前,美国、瑞典和德国是推行债务环境交换项目最为活跃的国家,此外,加拿大、芬兰、法国、意大利等国也实施了债务环境交换项目。

债务环境互换为应对环境的低收入国家提供筹集资金的途径。当债权人愿意以债务折价换取债务人对于当地环境基金提供资金来源时,债务人政府为了换取部分或取消债务,按照议定的条件,以当地货币为商定的目的调动相当于减少的数额。经验表明,环境互换的实施需要债务国政府各部门的共同努力,充分、严密的前期准备,包括强有力的可行性研究、强大的财政能力、对透明度的承诺以及引起国际关注的国内支出项目的国际信誉等。债务环境互换是部分国家的现实选择,可以在将环境纳入政府政策和国内环境筹资等方面发挥重要作用。但是,环境债务互换目标的实现,还需要解决一系列风险和管理问题。

环境债券互换被视为生态系统服务(产品)供给的资金来源方式之一,但该种方式筹集资金能力有限,主要原因有以下四方面:第一,这种互换能减免的债务数额较小,否则对外债的影响可能会导致通货膨胀;第二,这种互换以"替代"而不是"创造"的方式产生额外的保护基金,不存在价值的增

[①] 碳原型基金[EB/OL].[2017-7-13].http://www.tanjiaoyi.com/article-15831-1.html.

值,长期实施难以为继;第三,互换的债务价值不稳定,即债务以协议的方式施行互换,但协议所涉及的标的物价值取决于债务在二级市场上的价值,价值并不确定;第四,"可信承诺"的监督问题造成额外的交易费用或监督不能实施。

此外,碳互换制度是资助碳排放削减项目和创设碳排放削减信用的另一种手段。它与债务环境互换相似,碳互换将互换标的限定为碳排放消减或碳排放消减信用。债务碳排放削减信用互换制度下,债权国要求债务国将一定的资金投资碳排放削减项目,并要求债务国将由此获得碳排放削减信用转移给债权国,债务国借此免除债权国的债务。[①]而温室气体排放互换制度下,某一政府机构或者私人主体承诺资助别国的碳排放削减项目,作为回报它们可以获得由此产生的碳排放削减信用,比如日本和俄国、哈萨克斯坦分别曾签署过这样的协定[②],事实上这是外资投资与碳排放削减信用的互换。

3.森林资源证券化

森林资源证券化突破传统资产证券化的限制,提高森林资产的流动性,将"缺乏流动性的资产通过金融市场转变为可交易的债券[③]",为投资者,特别是中小投资者提供投资机会,同时也为森林资源和生态环境的保护提供聚集资金。

在森林证券化机制下,投资于森林证券的基金投资者基于经济理性会要求森林开发公司采取可持续的森林管理模式,以确保森林公司的森林资源价值在其投资期内保持不变,比如,芬兰的Tornator森林开发公司为了集资创设了企业证券,该证券按照通常的资本证券原理进行设计并做了细

[①] S.M. NEAL.Bringing Developing Nations on Bord the Climate Change Protocol: Using Debt-for-Nature Swaps to implement the Clean Development Mechanism[J].The Georgetown Int'L Envtl. Law Review,1998,11,16376-178.

[②] B.YANDLE,S.BUCK.BOOTLEGGERS, Baptists and the Globle Warming Battle[J/OL].[2001-8-17]. https://papers.ssrn.com/sol3/papers.cfm? abstract_id=279914.

[③] 宋晓梅,刘士磊,潘焕学.国外森林资源资产证券化研究综述[J].世界林业研究,2013(3):1-5.

微的修正。① 按照该证券产品的要求，Tornator 森林开发公司以制成品和半成品为担保进行集资，避免了资本证券可能会引发的法律问题。创设企业证券的森林开发公司一般将其所有的商业利润作为担保转移给新的法律主体，新的法律主体通过在资本市场发行证券的方式从投资者那里获得资金，并将出售证券获得的收入借贷给森林开发公司，而森林开发公司以其所有的商业利润作为这项借贷的担保，发行证券的主体从森林开发公司所支付的借贷本金和利息中获利。由于投资者担忧森林开发公司的资产价值会出现恶化，新的主体通常会在与森林开发公司签订的借贷合同中明确规定森林开发公司应该承担的义务，比如除了限制森林开发公司出售森林土地之外，还会要求森林开发公司保持可持续的开采水平、合理出售采伐权、进行一定的人工种植和合理安排森林的成长结构。这些合同义务的设定本是为了保护森林证券投资者的利益，但同样有助于推广可持续森林管理模式，进而实现生物多样性和生态系统的保护。② 所以，森林证券化制度受到环境保护组织和政府的大力支持，同时也获得了投资者的青睐。

由于在森林证券化体制下，森林证券投资者无法直接监督森林开发公司，森林证券的发行者可能和森林证券公司合谋欺骗投资者，所以投资者的利益可能难以得到保障。为了保护森林证券投资者的合法权益，证券监管机构应该对森林开发公司和森林证券的发行者实施严格的法律监管。

表 6-2　森林证券化典型案例

发行人	资产类型	国家	实践	证券化类型
惠好	林业业务收益	美国	2010	全业务③
木星	林业业务收益	美国	2006	全业务
木材基金	森林资源资产	智利	2006.06	未来现金流

---

① LAURI P, HELENA M. Finland: whole-business securitization of forest assets in Finland[J]. International Financial Law Review, 2003, 10(87), 157-160.

② PAUL U ALI, KANAKO YANO. Eco-finance: the legal design and regulation of market-based environmental instruments[M]. Kluwer Law International, Kluwer Law International, 2004, 35-38.

③ 全业务证券化操作并非以某一单项资产的未来现金流为基础进行，而是将整个公司业务的未来现金流作为证券还本付息的保证。

续表

发行人	资产类型	国家	实践	证券化类型
阿塞尔金融	木浆出口收益	巴西	2004.05	未来现金流
龙卷风财务公司	林业业务收益	芬兰	2003.04	全业务
农场证券化有限公司	农业/林业贷款	瑞士	2001.11	CLO
SIF 森林协会	林业业务收益	智利	1999.02	未来现金流
瑞银布伦森森林	林业业务收益	阿根廷	1992.02	全业务
斯科舍太平洋公司	林业业务收益	美国	1998.10	全业务

注：参照相关资料整理得出。

事实上，通过金融市场为生态产品供给融集资金是发挥市场机制提供生态产品的重要方式，也是解决生态产品供给资金的重要途径。但不置可否的是，市场的逐利性对于具有较强外部性的公共产品的供给始终存在限制。因此，生态产品在市场上规模化的供给仍然要强调生态要素的产权问题。

（二）交易方式

1. 自组织的私人交易

自组织的私人交易也被称为"自愿市场"[1]，是指生态系统服务（产品）受益方和支付方基于"自愿"动机而进行的直接交易。"各商业团体、社区或个人消费者可以出于慈善、风险管理或准备参加管理市场的目的，而参加这类补偿工作。"[2]根据奥尔森的"集体行为的逻辑"，这种交易一般适用于"小集体"范围，即生态环境的受益方范围较小且易于识别。同时，生态服务（产品）的供给者数量不多且易被组织。自组织私人交易双方通过协商的方式，以各自真实的意思为表示，确定生态系统服务（产品）供给的条件和价格。

---

[1] 很多学者将自组织的私人交易也称作"私人直接补偿"、"自愿补偿"（见"生态补偿机制课题组报告"），这类叫法以生态补偿为研究对象，强调受偿者与补偿者之间的私人交易，而本书从市场交易的角度出发，强调私人（个体或社区组织）为实现特定目的，比如个人生态责任、更好的生活环境等自愿的交易行为。

[2] 生态补偿机制课题组报告. [EB/OL]. [2017-2-10]. http://www.china.com.cn/tech/zhuanti/wyh/2008-02/26/content_10728024_2.htm.

这类自组织私人交易在市场交易中更易于达到科斯的产权交易理论条件，在一定范围和透明度内，具有较为明晰的产权和可操作的合同。这类"一对一"的交易常见于较小流域的上下游之间、非政府组织和商业机构为保护生态系统功能而支付报酬等。例如，流域保护的受益者向提供者支付费用，在公共财政资金不足的情况下，农民成立"水资源利用协会"，投资与流域上游地区的保护，主要用于重新种植植物实现土壤稳定性以及禁止在脆弱地带放牧等。纽约市与 Catskills 流域之间的清洁供水交易也是典型的自组织私人交易。①

2. 开放的市场交易

环境容量的有限性约束人类行为，而开放的市场必须以环境容量为前提。因此开放的市场交易又称为"限额交易"或"可配额的市场交易"，即政府或管理者设定一个生态系统退化的界限或一定范围内允许的破坏量，处于这些规定管理之下的机构或者个人可以直接选择通过遵守这些规定来履行自己的义务，也可以通过资助其他机构或个人进行保护活动来平衡损失所造成的影响。当生态服务市场中买方和卖方的数量不能被确定时，而生态系统提供的可供交易的生态服务能转化为被计量、可分割的商品形式，这时可以使用这些指标进入市场进行交易。需要指出的是，这种途径只有当政府明确生态服务为可交易的商品是才会被使用。

(1) 温室气体排放权交易机制

温室气体浓度增加所引起的一系列气候问题受到各国的关注。很多政府采取价格控制措施减少温室气体排放，但以价格控制的税收政策很难满足数量控制的要求。1997 年联合国气候大会通过的《京都议定书》为缔约国中发达国家的温室气体排放设定了强制性的减排义务，排放权交易应运而生。"排放权交易市场是一个包括行政行为与市场行为的体系。行政行为存在于一级市场，政府与排污主体以有偿或无偿方式的交易，是通过政府确定一定的环境基准并按照一定的原则进行环境容量分配的过程；市场行为存在于二级市场，在行政分配环境容量的前提下，排污主体之间的

---

① 纽约市政府通过对水用户征收附加税、发行纽约市公债及信托基金等方式筹集补偿资金，以补贴上游地区农场主，使其采用环境友好型的生产方式从而改善水质。

交易在二级市场进行。这是一个完备的自由交易的市场,它的交易价格以及交易规则都应该是市场化的。"①

澳大利亚在签订《京都议定书》之前就建立了碳排放交易市场。该市场基础建设相对完善,在配额市场的配额总量设定、交易体系的行业企业覆盖范围、配额的分配制度和方式、履约义务和罚则方面有清晰的制度安排。签订协议之后,澳大利亚碳排放交易体系的市场化进程通过固定价格和浮动价格两个阶段实现。

欧盟排放交易市场却是目前运行最为成熟的配额交易市场。自 2005 年欧洲排放交易体系(EU ETS)②正式运营以来,碳交易量与交易额一直占全球总量的 3/4 以上,主导了全球碳交易市场。与欧盟和澳大利亚不同,区域排放配额交易计划在美国政府减排行动中较为突出。目前美国的区域排放配额交易计划有东北部区域温室气体倡议(RGGI)、西部气候倡议(WCI)、中西部温室气体减排协议(MGGRA)。

①管制范围

欧盟、美国和澳大利亚排放管制所覆盖的范围广泛,但各不同。其中,电力生产、化工业和重工业属于各类减排协议的重点管制行业。美国的区域性协议根据区域的不同,管制范围侧重点不同,东北部区域温室气体倡议的范围就限制在电力行业铭牌额定值超过 25MW 的以化石能源为动力的发电站,西部气候倡议和中西部温室气体减排协议属于国际性区域配额交易机制,管制范围相对较宽。随着各类交易机制的不断完善,涉及温室气体排放控制的管制范围都在扩展。

②排放许可分配方法

排放权交易的产生以减少向空气中排放温室气体为前提,因此,排放许可分配建立在排放总量控制原则基础上。无偿分配、拍卖、自愿承诺申请、收费分配等都是碳排放权初始分配的方法。然而,碳排放不仅涉及气

---

① 傅强,李涛.我国建立碳排放权交易市场的国际借鉴及路径选择[J].中国科技论坛,2010(9):106-111.

② EU ETS 是目前全世界规模最大的多国、多方参与的温室气体交易计划。它涵盖了所有 27 个欧盟成员国,且非成员国瑞士和挪威也于 2007 年自愿加入该计划同欧盟成员国进行温室气体排放交易。

候环境污染问题,还影响各国的经济发展。温室气体在全球范围内流动使得我们无法确定排放源及排放量,因此一般根据历史排放、预测排放和部门排放标准等,发放初始排放许可。

欧盟以法律形式规定了碳排放权交易的调控范围、绝对控制的排放配额总量以及排放配额的分配方法。在不同的减排阶段,排放权的分配方法不同。[1] 从三个阶段的配额分配方式看,无偿分配是配额分配的主要方式。在无偿分配配额方式下,如何给企业分配碳配额仍需要确定以何种标准分配。目前免费配额的分配方式主要有两种,祖父原则和行业标准原则[2]。在欧盟碳排放交易体系的第一和第二阶段,企业获得的免费配额主要是以祖父原则获得的。行业标准原则体现了行业的差异,而且避免了祖父原则下,历史碳排放最多的企业反而获得的免费碳配额最多的问题。有助于鼓励行业中碳排放效率高的企业进一步提高效率获得卖出多余碳配额的收入,并约束行业中碳排放效率低的企业。但是行业标准原则需要对每个行业的能源消耗情况以及二氧化碳排放情况有准确的了解,科学测算亦存在一定的难度。因此,在欧盟碳排放交易体系运行的第一和第二阶段,多数国家均未采用行业标准原则。但由于新纳入欧盟碳排放交易体系的减排企业并没有历史实际碳排放的数据,祖父原则对新进入的强制减排企业并不适用,因此欧盟碳排放交易体系对新进入的减排企业采用行业标准原则免费发放碳配额。新进入的减排企业根据其所有行业按照排放技术先进梯队的碳排放标准计算,即根据其所在行业碳排放效率排名达到前10%

---

[1] 第一个阶段(2005—2007)95%以上的配额是无偿分配;第二阶段(2008—2012)90%以上的配额实行无偿分配,其余配额用于拍卖;第三阶段从2013年开始80%以上的配额实行无偿分配,然后无偿配额比例逐年降低,到2020年实现全部配额的拍卖形式的有偿分配。

[2] 祖父原则又称为历史碳排放准则,是以强制减排企业的历史碳排放数据为基础,根据企业历史碳排放量占该国历史碳排放总量之比,来计算应该免费分配给企业的碳配额。欧盟碳排放交易体系中的企业所免费获得的碳配额等于该企业历史上实际的碳排放额量占全国历史上的实际碳排放总量之比与全国碳排放配额总量的乘积。行业标准原则是指根据纳入碳排放交易体系每个行业的平均碳排放水平,在根据减排目标加权后,据此成为该行业每个强制减排企业可以免费获得的碳配额。参见:何少琛,"欧盟碳排放交易体系发展现状、改革方法及前景",吉林大学博士学位论文,2016年。

的碳排放标准获得配额。

美国的排放许可采用协商、自愿承诺申请、拍卖或收费等方式进行分配。东北部区域温室气体倡议是美国唯一的强制性区域配额交易机制,它规定各州或地区分配到排放源的方式可以不同,但至少25%的排放用来增加消费者福利或战略能源需要。拍卖仍然是各州分配排放许可的主要形式,除康涅狄格州(77%)和马里兰州(85%)外,其他成员州均拍卖份额达到99%以上;西部气候倡议采用自下而上的分配方式,由各减排企业根据自己的排放量,以自愿承诺的方式提交减排计划,由主管部门核准即可获得排放许可。此种分配方式较为松散,为了避免区域排放上限设定过高,设定了拍卖保留价格或最低价格机制;中西部温室气体减排协议的分配方式与东北部区域温室气体倡议类似,也是自上而下的二阶段分配结构。就区域分解而言,州和省级层面的排放许可根据公式测算排放上限,也可以其他标准来测算或调整,比如排放强度、人口与经济增长极新的排放源的加入等。就排放源或者实体分配而言,特定用途的排放权按无偿分配,直接分配的排放权按行业不同,采用拍卖、收费不同比例分配。

与欧盟、美国相同,澳大利亚的排放许可分配也主要采用无偿分配或拍卖两种方式。在排放权交易初期,即固定价格期,澳大利亚以年为单位,免费发放一定数量的碳单位,对存在出口竞争的行业或控排企业分配相对多。由于澳大利亚是非强制排放国家,该时期,排放量并无上限,因此存在配额分配充裕的情况。但如果排放源企业获得的免费配额不足,须以固定价格向政府购买。而且在此价格基础上,政府出售的碳单位数量不受限制,但是禁止进行国际交易或以碳单位开展银行业务。在浮动价格期,澳大利亚将约1/2的碳单位免费分配给企业,余下的碳单位通过拍卖的方式进行分配。

③交易价格机制

价格机制是排放权交易市场的重要组成部分。排放权的交易价格关系到排放源——企业的运营成本问题。

在澳大利亚排放权交易初级阶段——固定价格阶段,政府未设定发行碳单位的上限,被纳入交易体系负有强制减排义务的企业依照祖父原则分配碳排放许可,超过配额许可范围的排放量根需以固定价格向政府购入碳单位①,但是碳单位不可存储和租借。若政府分配的免费碳单位大于企业的实际排放量,则政府以固定价格回购。浮动价格阶段,政府设定绝对配额总量,同时对碳单位的市场价格设定上、下限,防止企业由于履约导致成本过高或者碳信用单位价格过低损害供应方利益,从而影响企业或市场参与者的减排积极性。2012年,澳大利亚与欧盟签订了碳排放交易体系互认协议,澳大利亚与欧盟的碳排放价格相同。

美国的排放权交易机制最大的缺陷就是其形成的排放许可交易价格可能会存在波动。为了避免价格波动过大造成的冲击,许多排放配额交易机制采取了结合多种成本控制机制的价格阈值机制。目前,东北部区域温室气体倡议、西部气候倡议、中西部温室气体减排协议三个机制都采取各具特色的价格阈值机制。东北部区域温室气体倡议协议下,抵消项目的发生地、配额值与排放许可平均交易价格挂钩。抵消项目西部气候倡议协议下,最早拍卖的5%的排放许可的拍卖价格没有达到这一最低价格,那么未拍卖的一部分排放许可将退出市场,另一部分在以后的履约期拍卖或者由成员地区保留用于以后履约期的其他用途。中西部温室气体减排协议根据市场状况及其他参与地区情况,建立了4个交易价格阈值,即最高上限、上限、下限、最低下限价格。如果价格介于最高上限与上限之间,参与地区可以扩大排放许可的借贷,放宽抵消项目限制。如果超过价格最高上限,那么可以使用排放许可储点流入到市场,直到市场状况恢复。如果价格介于最低下限和下限之间,参与地区可以收缩许可的借贷,收紧抵消项目的限制。如果交易价格低于最低价格下限,并可能威胁到长期的低碳投资激励,那么,从市场上回收排放配额,并将它们注入排放储备,直到市场状况恢复正常。

总体上看,东北部区域温室气体倡议采取的成本控制机制较为宽松,主要是为了避免交易机制给经济造成的过大的冲击;西部气候倡议采取的成本控制机制相对比较严格,更多的是为了避免自下而上的松散结构可能导致的排放上限设定过高;而中西部温室气体减排协议的成本控制机制则

---

① 梁悦晨,曹玉昆.澳大利亚碳排放权交易体系市场框架分析[J].世界林业研究,2015(2):86-90.

比较灵活,即考虑冲击过大,也考虑排放上限设定过高的情形。

欧盟排放价格机制属于总量严格控制的碳定价机制,以倒推之法确定每年的二氧化碳排放最大值,根据排放限额确定排放许可数量,然后依照祖父法则或行业法则分配排放源企业的排放额度,排放许可证可在市场交易,由市场供需决定排放许可价格。而排放许可内允许排放的碳汇量,因此,许可证所拥有的价值就是碳价格。

④协调与监管机制

对于温室气体排放问题,各国态度不一,因此,对其监管的力度不同。欧盟重视强制减排,而美国作为世界上最大的温室气体排放国家,反而更加偏向自愿减排,澳大利亚对于该问题的态度更加中立。但总体来看,各国对温室气体排放的监管方式相似,但执行力度不同。

欧盟设立了相对完善的组织机构和规章制度对温室气体排放进行严格的监管和管理。在机构设置方面,欧盟中央行政部门通过配额持有者的独立账户来跟踪、管理、监督交易的份额,了解所持有的配额来源、去向等情况;欧洲委员会负责审查、公布结果。在制度保障方面,欧盟实行注册制,配额必须经欧共体注册后方有效,这一制度的实施为欧盟中央行政部门对各国温室气体排放监测奠定了基础。同时,欧盟还制定了严格的二氧化碳排放监测和报告制度。欧盟建立标准的电子数据库保存数据,详细记录配额的签发、持有、转移和取消,并向公众公开。利用公众监督各成员国排放情况。

澳大利亚清洁能源管理局负责核查和监督该国温室气体排放数据的准确性,然后由政府汇总编制、发布"国家盘查汇总报告"。对于核查和监督温室气体排放数据的准确性,澳大利亚依据《国家温室气体与能源报告法案2007》建立了企业强制汇报系统,要求企业汇报能源生产、能源消耗及碳排放3个方面的内容。而温室气体排放信息系统的数据来源为统计局和温室气体与能源报告系统,包含了在强制报告门槛以上或以下的所有企业的温室气体排放数据以及能源生产和消耗的数据,在行业上除了包含了纳入交易体系的工业部门还涵盖工业部门以外的农业等其他经济部门。对于配额单位的管理,澳大利亚建立了澳大利亚碳排放单位登记簿,该登记簿确保准确统计《京都议定书》配额单位(AAU)的发放、持有、转移、获得、取消、退出和存续。此外,它还支持澳大利亚政府的低碳农业倡议(CFI)项目所产生的澳大利亚碳减排信用单位(ACCU)和清洁能源管理局发放的碳减排信用单位的发放、拥有、转移和放弃。在该系统中,个人和组织均可申请开立账户,并参加碳排放权交易。

美国对温室气体排放的监管普遍较弱。它采用在线连续监测设备对各州排放情况进行监测,该设备与美国环保局连成网络,形成以计算机网络为平台的排放跟踪系统、审核调整系统和许可跟踪系统。除西部气候倡议协议外,对于超过配额排放的地区或排放源企业没有任何惩罚制度。

表6-3 美、澳、欧盟排放权交易机制比较

	东北部区域温室气体倡议(美)	西部气候倡议(美)	中西部温室气体减排协议(美)	欧盟	澳大利亚
管理机构				欧洲委员会	气候变化与能源效率部 清洁能源管理局
交易机制	抵消机制 控制期机制 无限存储机制 价格阈值机制	抵消机制 控制期机制 无限存储机制 价格阈值机制	抵消机制 控制期机制 无限存储机制 价格阈值机制 有条件介入机制	排放贸易机制 联合履行机制 清洁发展机制	
覆盖范围	电力部门①	Ⅰ.电力生产、重工业和商业排放源; Ⅱ.交通运输、居民、商业和工业的燃料使用	电力生产和进口、工业燃烧排放、存在可信的检测和控制措施的工业工艺,居民、商业以及工业厂房等使用的燃料,运输燃料	Ⅰ能源业,钢铁业,水泥业,陶瓷业,玻璃业与造纸业等; Ⅱ.交通运输 Ⅲ.石油化工,氨,铝合金,碳捕获和封存部门	非可再生燃料电力生产、垃圾填埋、越野运输、产业加工、逸散性排放、固态能源生产

① 电力部门中装机容量大于或等于25MW且化石燃料占50%以上的发电企业为减排覆盖范围。

续表

	东北部区域温室气体倡议（美）	西部气候倡议（美）	中西部温室气体减排协议（美）	欧盟	澳大利亚
排放许可分配方法	协商 拍卖	拍卖 自愿承诺申报	收费 拍卖	无偿分配 拍卖 混合分配	无偿分配 拍卖
惩罚制度	—	在一定时间内向政府缴回所缺N倍配额		Ⅰ.每吨二氧化碳罚40欧元 Ⅱ.每吨二氧化碳罚100欧元,此外次年排放配额需扣除超标的数量; Ⅲ.根据欧盟的CPI上调	违约按配额价格N倍罚款
监管制度	在线连续监测设备与美国环保局连成网络,形成以计算机网络为平台的排放跟踪系统、审核调整系统和许可跟踪系统		二氧化碳排放监测和报告制度	每年政府发布"国家盘查汇总报告"	

注：相关资料整理得出。

(2) 保护抵消机制：生态银行

保护抵消机制是以生态银行运行机制为设计蓝本，以"信用"为基础，以"监管"为前提，以生态保护为最终目的的市场运行机制。事实上，保护抵消行为是监管驱动的"市场"的创建，其主要消费者多为土地开发商，消费具有一定的强制性，通过项目审批强制开发商在项目开发过程中降低其开发行为对生态系统损害，并通过"抵消"的方式恢复生态系统的平衡。

生态银行是对美国湿地缓释计划优化的产物，是实现生态异地补偿的一种新方式，可能保持或增加的生态产品供给。生态银行制度是以生态价值"零净损失"为最高目标，以"信用"为补偿标的，在政府的管控下，运用市场机制实现生态系统服务（产品）供给的有效模式。

由于生态系统的复杂多变性，大多数抵消立法往往包括了多种类型的方法和指标的指导方针和规章，用于筛选普遍接受的、存在地理限制的潜在抵消地点和活动类型。一个高层次的目标,用于确定抵消规则时,它可能是不恰当的。根据"缓解等级"的准则,抵消是最后的方式,仅用于抵消一个没有其他可以相处的可替代的解决方案的、不可或缺的计划或项目。

保护性抵消机制下,最优的保护是达到"避免"的影响,即对生态系统无影响;最小保护程度为"抵消",即通过异地生态修复、重建等使得生态系统受到的负影响被抵折。如图6-3所示,项目开发前,对生态系统的负面影响进行评估,其预期为PI;项目设计时,应该尽量避免(AV)负影响出现,对于不能避免的负影响,要尽可能地最小化(MIN)它们的程度、强度和持续时间,在避免和最小化之后,对不可避免的影响进行退化生态系统的现存修复(R),对于不能避免且不能进行现场修复的影响进行抵消(OFFSET)。若对生态系统的损害不能被抵消,OFFSET为正,则生态系统中存在生态价值的损失,即存在净消极影响;若OFFSET部分能够被抵消,则生态系统中无生态价值损失,达到零净损失状态。

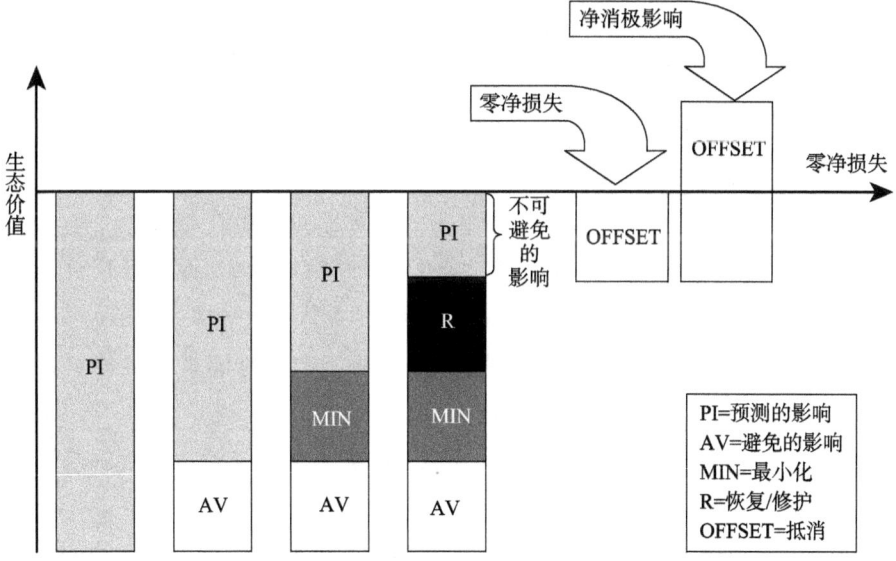

图6-3　生态缓释等级

资料来源:参见靳乐山.中国生态补偿:全领域探索与进展[M].经济科学出版社,2016:59.

生态银行的运行分为"存"、"取"两条主线,存取的标的为"生态信用"。"存"即是政府、企业或非政府组织等通过购置土地建造或恢复新的生态要素,实现生态价值增值,形成生态信用,由生态银行储存;"取"即是生态系统服务(产品)的消耗者,即项目开发企业,通过市场价格购买生态信用,购买量与项目开发造成的损失量相等。政府对开发行为可能造成的自然生态要素损失进行预期,并根据预期确定项目开发需要消耗的等值生态信用。政府开发许可的签发以企业提供等值生态信用为前提。

生态银行的方式不仅可能保证现有生态系统服务(产品)的数量,甚至可能还会使生态产品数量增加,同时为创建、修复和保护生态系统提供充足的资金,在很大程度上解决经济开发与环境保护的协调问题。根据最新的全球活动清单,截至2011年,45个遍及世界各地的补偿性缓释项目正在运行,另外27个项目正处于项目开发的各个阶段。这些正在运行的项目包括约1100个遍及世界各地的缓解银行,每年规模至少有24亿~40亿美元,通过各种保护措施保护着月18.7万公顷的土地①。

(3)类保证金制度:环境债券

从债券的基本性质讲,环境债券是生态环境保护的一种融资方式;从使用方式及效果讲,它是利用市场运行方式达到环境治理目的的一项措施,是"环境资源不可逆性、风险与不确定性要求环境保护存在一个最低安全保证"②,在生态安全最低标准之上为项目开发对环境最低标准进行保护资金融通。然而,在中国,环境债券被法学学者认定为一种环境损害及其赔偿的行政救济措施③,是一种事后赔偿制度。这与他们对环境债券发行的程序,赎回的方式及目的的设定有关。事实上,对于环境债券的认识应该以融资目的为主,限制效用为辅。究其原因,一般情况下,环境治理的隐形效应大于显性效应,社会效应大于经济效应,而且经济效应显现所需时期较长,因此,环境债券的收益主要来源于市场价格,并不反映社会对环境

---

① 靳乐山.中国生态补偿:全领域探索与进展[M].经济科学出版社,2016:60.
② 罗杰·帕曼,马越,詹姆斯·麦吉利夫雷,迈克尔·科蒙.自然环境与环境经济学[M].中国经济出版社,2002:495-526.
③ 冯散尧.环境债券:环境损害救济制度的创新[C].探索·创新·发展·收获——2001年环境资源法学国际研讨会论文集(下册)2001:443-447.

质量的偏好。那么,即是环境污染存在法律标准,基于尽可能地最大化企业利润,它仍然有动机并且有能力提供一个社会效率低下的污染控制水平[①]。在政府监管不足的情况下,环境证券正是通过一种制度设计解决环境融资和政府监管结合问题。

一般情况下,在一个影响生态的项目开发之前,独立专家对开发项目进行评审后,环境保护部门在专家评审意见基础上,对项目开发可能造成的最严重的环境损害进行判断。企业将与最严重环境损害修复成本等值的债券数量提交政府相关部门,如环保局预存。在项目结束时,根据项目对生态产生后果的修复成本,债券根据项目对生态环境损害程度抵扣后将被全部、部分返还给公司或全部没收。

这一制度实施的优势在于保证实际发生的损害价值将由项目开发公司负担,激发开发公司的能动性,促进其研究探索项目对环境的影响,寻找减少环境影响的办法;也使政府通过预防原则和激励效果,以市场方式调节公司对环境带来的最坏后果,保障生态安全。

三、经典案例

哥伦比亚考卡河谷(Cauca Valley)流域管理及水资源供给[②]就是利用市场机制提供生态产品的一个典型案例。它有效发挥行业协会的作用,既缓解了该地区水资源紧缺的事实,又保障了区域内工业经济的发展。

哥伦比亚的考卡河谷被认为是世界上最肥沃的农业山谷之一。传统上,考卡河谷的农业生产者一直种植大豆、高粱、向日葵、棉花和甘蔗。在20世纪90年代初,甘蔗收获面积达20万公顷,为13家糖厂提供原料,工业水资源消耗巨大,见表6-4。该地区旱季与雨季分明,尽管总供给超过总需求,但有些地区在一年中的某些时候出现赤字。因此,该地区水资源短缺问题严重。

---

① 企业在环境保护、污染物控制方面具有较高弹性。当外部监督严格时,企业能够减少污染物排放,但当外部监督不严格时,企业愿意将其私人成本转嫁给社会,降低自己的成本支出。
② 该案例以哥伦比亚西南部考卡河谷流域的开发及管理为主要内容。

表 6-4　考卡河谷的水资源需求情况表

使用领域	需求数量(立方/秒)	比率(%)
农业	147.7	86.4
饮用水	11.8	6.9
工业	4.9	2.9
其他	6.5	3.8
总计	170.9	100.0

资料来源:Plan del Agua CVC, Junio de 1992. Grupo de Recursos Hídricos CVC。

1954年,哥伦比亚政府部门创建区域环境开发公司(CVC)对考卡河谷内流域进行管理。该机构负有促进考卡河谷的发展并保护其自然资源双重任务。它制定流域管理计划,但缺乏足够的资金执行。依据1974年颁布的《自然资源法》,流域内各子流域成立许多协会协助CVC对流域进行管理,见表6-5。这些协会不限于流域协会,还包括甘蔗种植者协会、蔗糖供应协会等于利益相关协会。各协会按法律规定注册、有董事会的集团,负责收取费用、管理基金,协会会员自愿缴纳会费,以支付费用方式获取水权。协会所筹集的资金主要用于保护高地森林和植被,以便在旱季增加流量和稳定排放。每个协会在不同的环境下运作,流域和目标人口的大小各不相同。各协会的成员数随各子流域内的水量不同而不同,而CVC除按各流域水量分配的水权外,还采用阶梯价格征收水资源使用费,具体标准视流量而定。这些资金用于流域管理计划的实施。然而,CVC所收集的资金分布于不同的项目中,当支出超出项目支付范围,便不足以完成支付。因此,通过建立协会,会员缴纳额外费用用于保护流域,确保水资源的长期供给能力。这些协会的成立表达了哥伦比亚地方社区对流域保护的需求。

对重点流域的保护通过各种各样的行动来实现,如通过保护和更新退化的森林、本土树种造林以及禁止在脆弱地带放牧等。关键在于通过地方社区的参与确保行动的可持续性以及社区严格遵守区域流域保护规划。此外,协会实施了一系列项目造福流域内的居民,特别是上游地区。这些项目包括社区组织、技术援助、生产活动、培训和环境教育。实际上,这是从下游用户到上游用户的隐性资源转移。

表 6-5　2000 年考卡河谷各协会组织及募资信息

协会	河流	流域面积（公顷）	流域人口（人）	会员数（个）	募集资金（美元）
阿索德斯	失眠（Desbaratado）	19,920	1,620	90	18,600
阿索夫	弗赖莱	28,015	3,750	200	8,400
阿索波洛	瓜卡勒-博洛流域	19,875	3,250	144	41,900
阿索曼	阿玛伊姆	55,500	16,500	124	52,000
阿苏尼马	尼玛	12,120	3,200	21	8,400
阿索瓜巴斯	瓜巴斯	17,000	630	452	18,600
瓜达拉贾拉集团	瓜达拉哈拉	13,000	30,000	160	12,600
德里斯·图卢亚基金会莫拉莱斯	图鲁阿/莫拉莱斯	103,000	21,000	309	35,000
里约·布加拉格兰基金会	布加拉格兰德	80,000	1,765	306	18,600
阿索甘迪	贾芒迪	61,000	12,400	40	22,300
里奥维奥基金会	里奥夫里奥	28,000	8,000	22	15,000
科波马洛	帕洛	92,000	12,308	44	42,800
TOTAL		529,430	114,423	1,912	294,300

资料来源：Asocaña,"Asociaciones Cuencas Hidrográficas Sector Azucarero", 2000.

根据考卡河谷的流域管理经验发现，如果没有环境部门的合作，协会或社区提供生态环境保护的管理行为不可能获得成功，因为它既没有法律授权，也没有足够的资源有效地保护流域。协会或社区的自愿行为的可持续性并不确定。原因有二：其一，如果协会自组织成员没有获得其投资的显性效益，他们可能将退出该计划；其二，环境意识较差的用户免费"搭便车"。不能否认，合理的制度设置能够激发协会成员的参与意识，开发搭便车者的筹资能力。因此，政府管理部门和协会必须有明确的承诺，共同努力，相互补充。否则，随着时间的推移，"自愿"意味着协会成员可能停止支持供给，而缺乏连续性和机构能力可能意味着资源利用无效率。

第三节　国外生态系统服务(产品)供给机制的启示

一、外国生态系统服务(产品)供给机制的经验总结

通过以上两节对外国生态系统服务(产品)的政策法规以及相关实践经验的梳理、分析,本节总结出外国在生态系统服务(产品)提供方面主要有以下有益经验。

(一)生态系统服务(产品)供给机制的相关立法完善

生态系统服务(产品)供给的法律制度散落于各单行法律之中。而无论是政府供给还是市场供给,生态补偿都是生态系统服务(产品)供给的主要方式。因此,本节以生态补偿制度为例,对前两节的国际经验进行总结。

在生态补偿方面有成功经验的国家中,无论是美国等发达国家,还是发展中国家,如哥斯达黎加,与生态补偿相关的立法比较完善,并且具有强制执行力,从而确保了生态系统保护和生态系统服务(产品)供给机制得以很好地执行。

作为法制比较完善的发达国家之一的美国,从 20 世纪 80 年代开始实施的生态补偿计划,都是由相关法律法规加以明确规定并遵照执行的。例如,保护性储备计划(CRP)最先是由 1985 年颁布的《食品安全法》创立的;1990 年的《农业保护贸易法》又再次规定开展这一计划;1996 年的《联邦农业改进和革新法》授权实施了保护性储备增进计划(CREP)。美国以立法的形式对生态保护提供直接补助,事实证明收到了良好的效果。作为发展中国家的哥斯达黎加在森林生态产品供给方面取得了瞩目的成绩,其中一个重要的经验就是相关法律基础和执行机构稳定。哥斯达黎加的《环境法》、《土地保护法》、《生物多样性法》及《森林法》等都对生态补偿制度做了相关规定。1996 年的《森林法》中还对森林生态补偿制度的执行机构做出了明确的规定,规定设立国家森林办公室负责森林相关的公共部门与私有部门之间的关系和矛盾协调。

(二)生态系统服务(产品)供给模式多样,各有所长

国外生态系统服务(产品)供给模式主要有政府供给模式、私人供给模式和自组织供给模式三种。由于生态效益的公共物品性,目前世界各国在生态系统服务(产品)供给模式上,政府供给模式仍是生态系统服务(产品)供给的主要模式。即使在美国这样一个市场经济高度发达的国家,也采取"由政府购买生态效益、提供补偿资金"作为主要的政策手段。除此之外,充分利用市场机制开展生态系统服务(产品)供给,也是国外生态系统服务(产品)供给机制的成功经验之一。美国的生态保护计划(CRP)虽然选择了"由政府购买生态效益、提供补偿资金"政策,但同时也借助竞标机制和遵循农户自愿的原则来确定与当地自然经济条件相适应的补偿标准,再由农户选择参与或不参与该计划。在法国、澳大利亚等发达国家中已经基本建立了生态保护服务或生态产品交易市场,很多私人部门之间的直接生态保护服务交易的成功开展,取得了较好的效果。如本章第二节所评述的哥伦比亚流域管理中协会支付流域上游造林就是典型的案例。不仅发达国家充分运用市场机制提供生态产品,而且有些发展中国家也积极以市场为依托开发建立环境服务的市场,并取得一定的成绩。以哥斯达黎加为例,市场手段也是其国家森林基金的一个重要特点,2004年,哥斯达黎加的国家森林基金的年预算高达15550万美元,这与其筹资手段和支付的多元化和市场化是密不可分的。①

(三)公私合作,社区参与

重视公私部门之间的合作,重视公众支持,也是许多国家生态系统服务(产品)供给实践的成功经验之一。发达国家如美国、瑞士,都十分重视私人部门及公众的意见。为了解决纽约市清洁水源问题,协调纽约市环境保护部门与流域内社区的利益冲突,由纽约州农业和市场部门负责协调工作。参与协商的相关利益群体包括:纽约市政府、流域社区、纽约州健康部门、非政府组织、纽约市环境保护部门、联邦环境保护机构和纽约州农业和

---

① 丁敏.哥斯达黎加的森林生态补偿制度及其借鉴意义[EB/OL].[2016-12-30]. http://www.riel.whu.edu.cn/show.asp? ID=4790.

市场部门。① 经过7年的谈判才最终于1997年制定出流域管理方案,也就是后来实施的管理方案。瑞士生态系统服务(产品)供给相关政策法规都是以民众的高支持率出台的。

就发展中国家哥斯达黎加在森林生态系统服务(产品)供给的成功经验而言,公私合作、尊重民众的支持,也起到十分重要的作用。哥斯达黎加在1996年的《森林法》的酝酿过程中,就已经吸收了 CANAFOR、JUNAFORCA 和 FUNDECOR 等私有林业组织参与到草案的起草过程。这样一来使得法律规定最终能够尽量充分地体现私有部门的意愿,便于生态产品供给计划的开展。另外,就是在国家森林基金的组织机构、内部规章和日常工作中有明显的体现。例如,表现在基金董事会的五位成员中,有两位来自私有部门,代表中小型森林生产企业的利益;另外三位中,一位来自农业和畜牧部,一位来自环境和能源部,还有一位来自银行系统。

(四)拓展供给资金募集渠道

无论是政府的供给,还是市场供给,资金都是生态产品提供实践的关键。政府供给以财政资金为主,而市场供给规模不大,且资金收益不高。美国推行的土地休耕计划虽然为改善了美国的土地环境,但目前仍然因资金支持不足而缩减休耕规模、放松相关休耕条款。生态公共产品的外部性使得"搭便车"存在可能,产权不清成为企业提供生态产品的拦路虎,个人按意愿支付购买生态产品无价值参考。单一的财政资金难以实现持续的生态产品供给,可预见的财政状况是国家进行生态保护决策的必要条件。因此,建立多渠道的生态产品供给资金是实现生态产品持续供给的前提和基础。

二、外国生态系统服务(产品)供给机制的启示

目前,许多国家通过实践已经有了相当成功的生态系统服务(产品)供给经验。但是,由于国情不同,我国不可能照抄照搬别国的经验,而且,我

---

① 粟晏,赖庆奎.国外社区参与生态补偿的实践及经验[J].林业与社会,2005(4):43.

国提出的生态产品与国外的生态系统服务内涵并不完全一致。因此,国外经验只能结合本国的国情加以借鉴并灵活运用,以期为我国生态产品供给制度的构建提供些许帮助。

(一)为生态产品供给提供坚实的法律保障

在生态系统服务(产品)供给方面有成功经验的国家中,无论是发达国家,还是发展中国家,首先值得提出的有益经验就是与生态系统服务(产品)供给相关的立法比较完善,并且具有强制执行力,从而确保了生态系统服务(产品)供给机制得以很好地执行。如,哥斯达黎加对《森林法》四次修订都是围绕保护森林而进行,其中涉及植树造林,森林的生态补偿,森林生态服务(产品)的提供等。哥斯达黎加的森林生态产品供给取得了十分瞩目的成绩,其相关法律基础的稳固就是取得成功的必备条件之一。

从以上案例评述可知,无论是发达国家,还是发展中国家,都是在法律框架下开展生态系统服务(产品)供给计划并取得成功的。因而,我国在今后的工作中首先要做的是完善生态保护相关立法,在立法上将生态系统服务(产品)的供给机制加以制度化和法律化。所谓在立法上加以制度化和法律化,并非指仅仅在每部相关的环境法律中对生态系统服务(产品)的供给做出原则性或制度性的规定,而是需要通过国家政策法规进行相关约束和支持。包括生态建设工程的实施、生态产品供给计划的开展都需要有确定的法律依据,以此强有力地保障其顺利开展。

(二)政府主导和市场调节相辅相成

政府主导的供给模式与市场调节的供给模式并非对立的、割裂开来的。例如,美国的保护性储备计划(CRP)、虽然是属于政府直接提供生态系统服务(产品),但是在供给支付标准的确定过程中引入了市场竞争机制,使得最终确定的供给支付标准与当地的自然经济条件相适应,增加了农民的可接受程度,确保了生态产品供给目标的实现。而在私人直接交易基于市场的补偿模式方面,政府的指导、监督作用也是必不可少的。

国外的成功经验启示我们,在政府主导的供给模式中,政府是生态系统服务(产品)的主要购买者,同时也利用市场机制使经营者能够获得应有的利益。另外,受我国现实国情所限,我们不能过多地依赖国家在生态系统服务(产品)供给上投入的资金。为了拓宽资金来源渠道以更好地满足生态系统服务(产品)供给的实际需要,可借鉴同为发展中国家地哥斯达黎加的做法,积极鼓励私有部门积极参与,并制定相应法规政策,通过市场机制保证生态产品供给者获得应有的利益。这样一来,既可以增加资金来源途径,又能够鼓励公众对生态产品供给的了解和参与,确保生态产品供给机制的有效实施。

(三)灵活运用各种供给方式

目前,各国采取的生态系统服务(产品)供给方式十分多元化,但归结起来主要包括政府主导的和以市场为基础的市场调节型两大类。基于市场的支付方式也有很多具体的形式,包括私人直接交易形式。任何国家都不太可能只用某一种模式来实现开展生态系统服务(产品)供给,总是要综合使用各种各样的手段,结合具体的领域加以灵活运用。

在受益范围广泛、不易确定的领域采取政府直接供给为主的供给方式。目前世界各国的做法也大多如此。然而,在生态环境服务的受益方相对少且明确,提供方的数量也在可控制的范围时,例如小规模的流域上下游之间,就完全可以采取以市场为基础的私人直接支付模式。鉴于我国生态系统服务(产品)交易市场在短时间那难以建成的事实,以市场为基础的私人直接支付模式在我国暂时难以实际适用。但是不同于纵向的单一的财政转移支付模式,横向补偿的形式在特定的领域不失为一种很好的选择。在我国,流域上下游之间的矛盾,主要是经济利益分享方面的矛盾由来已久,也十分尖锐。笔者认为,在流域这样特殊的生态环境中,生态系统服务(产品)供给应当是横向支付为主,纵向支付为辅。我国的国情也决定了在流域生态产品供给中以横向补偿为主。这是因为我国人口过多,完全由政府承担对上游人民的补偿责任,必定会产生补偿不足的结果,事实上也无法实现生态系统服务(产品)供给的目标。

(四)协调政策间、管理部门间的关系

增强生态系统服务(产品)供给能力目标的实现不是制定单一法规政策就可以达到的,必须配合其他相关政策的调整。比如纽约市的清洁供水交易案中,长达七年的谈判就是关于税费的调整。我们从中得到的启示

是,在今后我国生态系统服务(产品)供给机制的建立和完善过程中,应该注意对与之相关的其他系列政策的调整。

协调与生态系统服务(产品)供给机制有关的管理部门的关系,对我国来说也具有十分重要的启示。哥斯达黎加森林生态产品供给取得成功的经验之一就是在环境和自然资源保护与开发机构分离,这种体制结构有助于对景观和发展采取综合、跨部门的办法。哥斯达黎加 1996 年的《森林法》中对森林生态系统服务(产品)支付制度的执行机构做出了明确的规定,规定设立国家森林办公室负责森林相关的公共部门与私有部门之间的关系和矛盾协调,并设立了国家森林基金负责筹集森林生态系统服务(产品)支付的费用。同样,墨西哥设有环境和自然资源部、农业部、畜牧部、农村发展部、渔业和粮食部、能源部长以及其他国家一级的部委。国家水委员会是一个强大的联邦机构,隶属于环境和自然资源部,与国家森林委员会相同,将保护和恢复职能置于环境部之下,而生产和开发职能则设在其他部门。这种保护与开发分离的模式非常重要,因为它能够确保环境保护目标的实现能够由一个独立的机构执行,而不会被其他的监管优先事项所包含。同时,不同或相反目标的部委可能存在工作冲突。在不同的部委对与养护奖励有关的各种问题有管辖权的情况下,强有力的部际协调因此十分重要。然而,在管理上缺乏整体协调性正是我国生态产品供给实施不利的重要原因之一。因此,应该借鉴这些国家的经验,在相关法律法规中明确规定出执行机构。

(五)重视并鼓励公众的积极参与

加强对生态系统服务(产品)供给知识的宣传普及,纠正公众长久以来"资源无价"的错误观念,鼓励公众积极参与生态系统服务(产品)供给法规政策的制定及计划的实施,能够为生态系统服务(产品)供给机制的有效开展提供舆论支持和社会保障。重视公私部门之间的合作,重视公众支持,是许多国家生态系统服务(产品)供给机制实践的成功经验之一。相比而言,公众积极参与的缺失正是我国生态系统服务(产品)供给制度建立和健全的很大障碍,也给生态系统服务(产品)供给工作的开展带来很大的阻力。国外的成功经验启示我们,不仅要重视公众的积极参与,而且还要采取各种措施积极鼓励公众的参与,比如在政策法规出台前,充分、实在地征求非政府部门的利益相关群体的意见,体现他们的利益。只有这样,才能更好地确保政策法规被遵守或有效实施。

第四节　本章小结

本章通过对美国、哥斯达黎加等国在生态系统服务(产品)供给方面经验研究发现,生态系统服务(产品)的供给仍然以政府供给为主,市场供给为辅。政府是生态系统服务(产品)的主要提供者,它通过政府直接购买、政府补贴和政府税收减免等方式为公众提供生存发展必需的生态系统服务(产品)。其供给资金主要来源于政府财政收入,其中主要包括环境保护方面的税收和费用,同时,它也通过政府债券、基金及其他金融工具筹集生态系统服务(产品)供给资金。一般情况下,政府按照固定标准支付生态系统服务(产品)供给费用。

市场供给也是生态系统服务(产品)供给的一种方式。受生态系统服务(产品)性质的限制,该方式下的供给规模有待进一步扩大。政府、企业、非政府组织、个体和社区都是生态系统服务(产品)供给的主体,他们可以在开放的市场或自组织的私人之间进行交易。生态系统服务(产品)的市场供给资金来源主要包括环境基金、债务环境互换和资源证券化。一般情况下,生态系统服务(产品)供给者依据市场价格调整供给量,但是,生态系统服务(产品)价值的确定本身存在较大难度,其需求量也视情况而定。

根据各国的供给经验,完善的法律保障制度和独立的部门协调机构是生态系统服务(产品)有效供给的前提,政府主导、市场调节的是生态系统服务(产品)有效供给的基本准则,广泛的参与和各种供给方式灵活运用是有效供给的助力。

第七章

生态产品供给制度的构建

根据前面章节的论述,笔者发现,生态产品的供给并非单一的政府行为或市场行为,也并非单一的政府供给模式或私人供给模式或自组织供给模式能够实现的,而是针对不同类型的生态产品适用于不同的供给模式。多种供给模式共存于生态产品供给之中。因此,生态产品供给制度应该包括三种供给模式下涉及的需要由制度规范、约束的制度集合,是一个制度体系。本章以供给模式为线索,构建各种供给模式之中涉及的制度。值得注意的是,法律是具有最高约束力的制度,但并不是所有的行为都需要法律予以规范,比如,生态产品的价值评估、生态债券的发行等。因此,根据各项制度的效力大小,对生态产品供给制度体系中的各类制度规范进行差异化设计,既能增强其实践性,也能提高制度运行效率。

第一节 政府供给制度

生态产品的公共物品属性决定了其主要供给主体是政府。但是,政府供给存在诸多问题,比如供给资金不足,供给水平较低,供给产品较少、供给效率低等。为了提高政府供给的能力和水平,可从资金融通、政府转移支付制度和监管制度入手,加强对政府供给的制度建设。

一、环境(生态)税收制度

供给资金不足是政府提供生态产品所面临的最难以解决的问题。例如,美国的保护性休耕计划因为补偿资金紧张而降低休耕规模,放松了牧养条件;我国的退耕还林还草项目、天然林保护工程等实施政府补偿标准过低。供给资金不足不仅意味着当前的生态产品供给量不能满足公众的基本需要,还意味着不能持续提供生态产品。因此,拓展政府提供生态产品的资金途径是政府供给生态产品需要解决的首要问题。

改革税收制度,增加税种、扩大税收范围、提高税率,通过税收增加私人边际成本,使之与社会边际成本相等,进而改变企业或个人的消费偏好和生活习惯,达到保护自然要素和生态环境的目的,提高政府供给生态产品的效率。然而,以政府为供给主体的生态产品供给资金主要来源于政府的财政收入。财政收入受到经济发展状况的影响,并且政府存在多方面的财政支出。因此,完善政府供给模式中的财政政策工具,提高政府供给的效率,是我国生态产品供给财政政策安排中的重中之重。

(一)环境税收制度的价值定位

国家利用税收积累的公共财富对社会进行必要的管理,为公众提供必需的公共产品和服务,对社会收入实行再分配以促进社会公平。然而,社会经济发展积累公共财富的同时环境资源类公共物品因"公地悲剧"的显现,直接降低或限制了当前经济社会发展的速度,甚至在某些领域显露出对代际公平的剥夺。同时,一般性税收对环境保护的作用并不显著,以人类为中心的本位思想在环境保护方面成为桎梏。因此,转变以人类为中心的本位思想,兼顾代际公平,坚持可持续发展的环境税收制度是完善环境税收制度的起点。[①]

(二)税收类型设置

环境税收并非单一的一项税,而是一系列税的集合。为了识别、界定哪些税属于环境税,国际经合组织(OECD)将税基作为衡量标准,凡是对环境产生特殊影响的税基,并基于这种税基征收的税界定为"环境税"。[②] 按

[①] 粟晏,赖庆奎.国外社区参与生态补偿的实践及经验[J].林业与社会,2005(4):43.
[②] 吴健,毛钰娇,王晓霞.中国环境税收的规模与结构及其国际比较[J].管理世界,2013(4):168-169.

环境相关的税基分类,中国与环境有关的税费被分为八类①。其中,资源税、车船税等与环境相关税收,对我国环境保护和污染防治有促进作用,但在环境保护与污染控制方面作用不大,因此,需要对税收制度进行改革,以适应目前严峻的资源环境。

在环境税收类型的设置方面,我国可以借鉴国外的成熟经验,提高能源、资源相关税种的税率,利用市场机制,通过市场价格反映能源、资源的经济价值、生态价值和社会价值。

(三)税收范围界定

"赋税是政府机关的经济基础",税收范围的界定关系到政府财政的丰匮程度。环境税收是通过增加企业的运行成本,达到限制或降低企业对环境的污染、破坏的程度,实现保护环境的目的。但是,税种过多会增加企业负担,影响企业的运行,从而阻碍经济发展。因此,适当的税收既有利于达到保护环境的目的,又能够保持经济的增长。理论上,环境税收的范围应该根据这一税收是否产生环境影响来判断,其环境影响主要是通过其对环境相关产品和活动的相对价格影响来表现。

本书第五章通过对美国、欧盟和澳大利亚三国所开征的环境税进行梳理发现,欧盟的环境税收制度相对比较完善,我国应该参照国外所开征的环境税种,逐渐地在相关各领域拓宽税收范围。

在资源领域,《资源税暂行条例》对"原油、天然气、煤炭、黑色金属矿原矿、有色金属矿原矿、盐、其他非金属矿原矿"②等资源征税,但对于资源的使用应该采取"有偿使用"原则,扩大"资源"的范围,而不是将资源限定在目前具有较大经济价值的资源范围内。对于具有较大生态价值的资源,比

---

① 中国与环境有关的税费可分为:(1)交通燃料税,包括成品油的增值税和消费税;(2)其他燃料税,包括原煤、原油、天然气、燃气等的增值税;(3)机动车辆税,包括车辆购置税(一次性税)、车船税(经常税)、汽车和摩托车的增值税与消费税;(4)电力税,包括发电、供电增值税;(5)自然资源税(费),包括资源税(课税对象为原油、天然气、煤炭、其他非金属矿原矿、黑色金属矿原矿、有色金属矿原矿和盐)、城镇土地使用税和耕地占用税(两税是对土地征收的资源税,本质上类似于一种土地资源的租金收入)、水资源费(6)其他环境产品税(包括轮胎、一次性筷子、实木地板的消费税);(7)污染费(包括排污费和污水处理费);(8)附加税(城市建设维护税)。

② 《中华人民共和国资源税暂行条例实施细则》第2条、第7条。

如淡水、森林、湿地等，也应该纳入资源税征收范围。

在能源领域，我国可以对石油、天然气、燃料、电力及核能等能源征税。交通领域是环境污染相对较为严重的领域，但我国仅对汽车、飞机等征收燃油税或燃油附加费。在对交通税费改革时，将燃油税改革应该成为改革重点。通过立法的方式，将铁路、公路、海洋、航空等运输行业纳入征税范围，广泛征收交通环保税。此外，在抑制环境损害方面可以扩大到环境保护相关产业，例如，对建设大百货公司、安装缆索装置，以及其他造成环境损害等活动征税。[①]

(四)税收征管制度

环境税收的征收和管理直接关系到国家税收环保政策是否能够达到预期效果。然而，在税收的征管和使用上，我国存在体系不健全、制度不完善、缺乏有效监督等问题。这些问题导致我们在税收征管制度改革中要处理好环保部门和税务机关之间的关系，充分发挥各自的职能。

基于环境税收的特性，环境税征管的重点在于加强对污染源和资源利用行为的监管。环境监管中涉及的计税依据和标准等专业性问题应该会同环保部门共同制定，对于所面临的新的环境标准，可要求相关科研机构协同制定。在处理征管级次上，要正确处理中央和地方的分权。既要保证国家税权的统一，又要赋予地方以必要的征税自主权。

总之，环境税收制度的完善需要通过制度改革和制度创新来实现。但无论是制度改革还是制度创新应该遵循以下原则：

第一，"渐进"原则。税收制度对于某些行业或企业的影响较大，甚至关系到它们的生存或发展。在税收制度变化时，应该先选择某些行业试行，尽可能降低实施阻力，减少负面效应。从"点"到"面"分阶段逐步拓宽立法领域，包括增多税目设置，扩大征收范围，提高税率等。渐进的关键在于对试点经验的总结，并在改进、适应的过程中推开。

第二，"立法先行"原则。税、费之间关键的区别在于税收的强制性，税制的建立必须以法律为基础，通过立法保障环境税的征收。对于环境税法

---

① Economic Instruments database[EB/OL].[2018-11-12]. http://www2.oecd.org/ecoinst/queries/index.htm.

的设立,首要应该考虑它与现行散于各种环境法律法规中的规定的衔接和协调,避免内容上的冲突,以保证环境税法的实践效果。

第三,"协调"原则。环境税收制度的变更或者新设必须与我国现行的环境管理体系相协调。目前,对于环境的管理政策,我国更多采用费主税辅的思路,费的征收更多涉及相关部门利益。那么在"费改税"的改革中,对于相关部门的税收收入分配要求环境税的改革要考虑到整体的利益,将税费整合在一个内在的环境管理体系之中。因此,协调税费改革中产生的问题至关重要。

二、政府间转移支付制度

政府间转移支付是我国目前最重要的生态产品提供方式,包括纵向转移支付和横向转移支付。纵向转移支付是由中央政府向地方政府或上级政府向下级政府实施的财政拨付,横向转移支付是一地方政府向另一地方政府实行的财政支付。两者都是以财政预算资金为支付,区别在于发生支付的双方行政关系的不同。

(一)纵向转移支付制度

纵向转移支付是在国家行政序列内的自上而下的财政拨付,一般分为一般性转移支付和专项转移支付。其中,一般性转移支付主要为了解决各区域财政收入不均,保障地方基本公共服务供给,而专项转移支付以特定政策实施为目标,通过专项账户管理,拨付给地方政府在政策推行中支付。相比一般性转移支付,专项转移支付相对比较灵活,拨付的形式、时间、规模不确定,金额不大等特点。生态产品属于外溢性强的公共产品,因此,地方政府为实现生态产品的充足供给,应通过提高中央政府一般性转移支付与专项转移支付的比例,使得中央政府将暂时性转移支付变为长期、稳定的一般性转移支付。此外,均衡性转移支付也是地方政府应该争取的转移性支付。均衡性转移支付以消除地方政府间基本开支横向不均为目的,而各区域因地理环境因素而导致的生态产品供给能力不同。因此均衡性转移支付可以成为弥补地区间生态产品供给差异的资金来源。一般性转移支付系数的设置应该将生态环境保护因素纳入考虑范围,各地区在全国主体功能区规划中的承担的功能不同,直接影响地区间的财政收入差距。因此,纵向转移支付不能采用固定的方法核算各地转移支付的数额。

在我国,专项转移支付制度虽然存在诸多弊病,但专项转移支付不仅在规模增长上大于一般转移支付,而且在改善国家计划目标内的公共服务水平方面效果显著,只是在推动服务均等化方面,效果欠佳。不可否认,专项转移支付资金在专项项目实施的层层推进中会存在10%～20%的损耗[1],这中央政府与地方政府的政府治理目标不一致,对专项转移支付资金的控制权监管不力等问题有密切关系。

事实上,生态产品的供给并不是一个单独的工程,而是建立在对生产生态产品的生产资料——自然要素的保护及生态系统的修复基础之上的行为。专项转移支付制度建设主要从两个方面入手。第一,梳理现存的自然资源和环境保护类专项转移支付项目,对功能相似,资金用途相近的项目进行整合,减少或避免重复性专项转移支付现象发生,提高中央财政资金的利用效率。专项转移支付可变动性较一般转移支付大,整合其支付项目对地方政府的财政冲击相对较小,也易于被接受。但是,在整合的过程中,中央政府可以考虑调整转移资金额度的设定方法,将生态环境影响因子纳入专项转移资金分配考核因素内,以保障生态产品供给资金的持续性,切实满足专项项目的顺利运行。第二,加强对专项转移支付项目的运行监管。对与生态产品供给相关的专项转移支付项目的监管重点包括两个方面:其一,对生态产品供给持续性的监管;其二,对生态产品供给专项资金使用情况的监管。这两者相辅相成,前者是后者的表现,后者是前者实现的前提。清晰、全面、可操作的考核指标是监管实施的基础,科学合理的项目效益评价指标是转移资金使用效率的体现。因此,专项转移支付监管制度首先要建立科学合理的项目效益评价和考核指标体系。其次,对专项转移支付资金的分配程序、使用过程及经济效益进行跟踪反馈。在专项转移支付资金使用方面,有效应充分发挥地方政府的自主性和积极性。事

---

[1] 李丽琴,陈少晖.专项转移支付存在的合理性:政治逻辑与实证检验[J].当代财经,2012(10):44-52.

实上,中央政府与地方政府治理目标最终殊途同归。

(二)横向转移支付制度

"正义是社会制度的首要价值"[①],横向转移支付制度正是社会正义的体现之一。它通过制度设计来消除区域发展失衡、贫富差距等不公平现象[②]。生态资源在全国的分布天然形成,国家根据不同区域的资源环境承载能力、现有开发密度和发展潜力对国土利用,按功能划区发展,这是对于国家持续发展的优化抉择,但各区域所面临的经济发展与生态环境保护之间的矛盾将进一步扩大。横向转移支付制度的建立是"正义"在这一矛盾面前的实现路径。

在财权和事权分离的时代,我国的纵向转移支付制度仅仅考虑了中央政府和地方政府在生态产品供给中责任的划分,并没有考虑到各地方政府的供给能力,特别是供给的财政能力上的差别。此外,自然资源的非平均分配造成的地方经济发展的差距与生态资源分布不均造成的生态承载力的不同使得"正义"的弱化或消失,即经济发达地区的生态供养多数由生态资源丰富的经济不发达地区提供。因此,积极探索建立横向转移支付制度、构建生态产品供给的横向转移支付体系是我国生态产品供给的必然选择。

政府间横向转移支付制度建设需从制度构建的原则开始,原则是制度所规范的行为依据的准则,是制度设立的根本。原则明确,制度条款中未能尽细的事项可以制度的原则酌情处理。其次,制度要明确转移支付标准。对于政府间的横向转移支付,支付标准也是政府行动的标准。该标准的设定应该具有科学性、可操作性。转移的标准既要满足公众的最低要求,也要设定在政府财政承受范围之内。否则,转移支付将无法实现,生态产品的供给受阻。再次,明确横向转移支付资金来源并限定其用途。一般情况下,政府间横向转移行为是为了调整区域间政府财政收入差距。但是,对于生态产品不同于一般商品,它是生态涵养地区在生态环境上对经济开发地区发展经济的外溢性支持,基于"受益者付费"原则,经济发达地

---

① 约翰·罗尔斯.正义论[M].何怀宏,等译.中国社会科学出版社,1988:324.
② 王达梅.我国横向财政转移支付制度的政治逻辑与模式选择[J].当代财经,2013(3):25-34.

区对生态涵养区的横向转移支付是符合社会公平的行为。但是这种横向转移支付资金用途需要制度予以规范。最后,跨区域生态产品供给是涉及不同行政区划的政府,建立政府间协调机制有利于提高横向转移支付的效率。

1. 制度构建的原则

(1) "保护者受偿、受益者付费"原则

财政运行遵循"成本与受益对等"原则,而生态产品供给方与受益方因产品的外溢性并未实现"对等"。横向转移支付制度的建立将搭建平台实现这个"对等"。值得注意的是,政府间的横向转移支付制度的推行大多建立在政府的政治目标之下。

通过横向转移支付的方式提供生态产品是同级地方政府之间进行的交易行为,因此,构建横向转移支付必须对各地在生态产品生产中的地位进行准确界定,理清生态产品的提供者和受益者,坚持生态补偿的基本原则[①]——"保护者受偿,受益者付费"。

(2) 渐进原则

由于生态产品具有较强的外部性和产品不可分割性,跨区域生态产品供给在受益区域和保护区域界定方面存在较大困难,特别是大型跨区域生态产品的提供。因此,跨区域的生态产品供给优先建立区域间横向转移支付制度。

(3) 补充性原则

政府的两类转移支付目的相同,都是希望通过转移支付实现各地方均衡发展。但是纵向转移支付重点考虑协调各地方政府财力,而横向转移支付则是为了达成特定目的,由同级政府间的支持。以生态产品供给而言,横向转移支付是为了解决因生态效益外溢而产生的利益分配不均问题。因此,纵向转移支付是中央从全局出发对各地财政不均进行的再分配,而横向转移支付则是地方政府从局部出发进行的自主的财政调整。故而横向转移支付制度是对纵向财政转移制度的补充。

2. 支付标准的确定

生态补偿横向转移支付主要是解决地方政府之间因生态效益或成本

---

① 郑雪梅,韩旭.建立横向生态补偿机制的财政思考[J].地方财政研究,2006(10):25-29.

外溢所带来的利益不均衡,因此在横向转移支付金额应在考虑保护生态产品生产的生态要素或生态资源所耗费的直接成本和机会成本、受益者的受益程度、地方的经济发展水平等因素的基础上协商确定。

具体来说,转移支付标准的确定应考虑以下因素:

保护生态资源或生态要素的直接成本与机会成本。生产不同生态产品所依赖的生态资源或生态要素不同,因此,提供生态产品的直接成本因生态产品类别不同而不同。以水生态产品为例,其供给的直接成本包括为增强水源涵养能力、提高水质等而进行的植树造林、水利工程、水土流失治理等,机会成本指生态保护地区或保护者因保护生态资源而限制或放弃发展导致的损失。直接投入与机会成本之和可以作为生态产品供给支付标准的下限。

生态修复成本。生态修复成本指使得因人类活动影响遭到破坏的自然生态系统恢复到其原貌所支出的费用,例如流域生态修复中,下游根据用于生态修复和污水处理而产生的各种直接成本以及因污染而导致的各种损失之和作为污染源地区的赔偿额。

一般而言,生态产品的价值和受益者的受益程度都是生态产品价值衡量的标准。但是,对于不同公众群体而言,生态产品的价值评估并不一致或相似。而政府提供生态产品保障的是公众的普遍利益,是一个平均的利益。政府供给无法满足各个阶层公众对生态产品的需求。因此,在政府以转移支付的方式提供生态产品时,以生态产品的价值作为政府转移支付的标准并不适合,至少在当前阶段并不适用。

此外,横向转移支付标准的确立还需要各区域间的"协商"以达成一致。一般来说,横向转移支付是"由富裕地区直接向贫困地区转移支付,即通过横向转移改变地区间既得利益格局来实现地区间公共服务水平的均衡[1]"。由于横向转移支付的主客体区域经济发展状况不同,支付能力和水平不同,因而核算出来的转移支付金额不能满足区域的需求,协商是最佳实现转移支付的方式。

---

[1] 杜振华,焦玉良.建立横向转移支付制度实现生态补偿[J].宏观经济研究,2004(9):51-54.

3.资金来源与用途

对于生态产品的横向转移支付是生态保护区域内政府间为提供生态产品而进行的主动的市场交易。因此,在资金的筹集和使用上,政府具有主导权。

生态产品的供给是一项持续的工作,稳定、独立的资金支持是关键。地方政府环境类税、费是横向转移支付的主要来源。此外,地方政府可以设立政府基金,利用中央财政专项资金、地方财政资金引导其他资金进入生态环境领域,并将获取的基金收益作为生态产品供给资金的来源之一。但是,对于横向转移支付资金的使用必须严格以"专款专用"为原则,中央政府负责监督资金的使用及效果。①

三、政府监管制度

第三章对政府提供生态产品的行为进行博弈分析后,我们发现,要实现政府间的混合战略均衡,中央政府应该在既定的财政收入约束下,控制好监督机制实施成本,也即是说,中央政府不仅应该加强对地方政府提供生态产品行为的监督,而且要控制监督成本,否则,仍然不能实现中央政府与地方政府在生态产品的均衡供给。因此,在现行社会环境下,建立完善的政府监督制度,对于保证生态产品持续供给至关重要。此处,我们重点对中央政府对地方政府提供生态产品的行为监管进行讨论。

中央政府在行政职权上对地方政府负有监管的责任和义务。然而,中央政府对地方政府提供生态产品的监管弱化仍然是由于各政府职能部门职权划分不清而造成的监管空隙。比如,财政部仅对生态产品供给资金中的财政资金具有监管权;各相关部门对生态产品供给资金的核算标准存在争议;对生态产品供给效率负主要监管责任的部门不明确,监管发现问题后处置权不清晰等。因此,集权式监管更符合当前的生态产品政府供给要求。

---

① 邓晓兰,黄显林,杨秀.积极探索建立生态补偿横向转移支付制度[J].经济纵横,2013(10):47-51.

集权式监管意味着整合现行各监管部门,实行"自上而下"垂直型监管组织结构。这种垂直型组织结构有利于监管信息的传递,避免出现监管信息反馈不及时或反馈信息遗漏等问题;有利于监管工作的协调,既能避免各部门推诿责任,也能合理分配各部门之间利益;有利于降低多头监管的成本,提高监管的效率。

第二节 市场供给制度

一、生态产权制度

根据科斯定理,解决生态产品的外部性问题的最佳方式就是明确生态产品的产权问题。然而,要对空气、水、气候等自然要素的产权进行划分本就存在困难,那么,要明确所谓的"干净的水"、"清洁的空气"、"宜人的气候"等生态产品的产权更是难上加难。

在法学中"物权"与经济学中的"产权"具有异曲同工的作用。传统的物权理论将其客体限定在易于特定化的有体物范围内,故环境便不能成为物权的客体①。然而,蔡守秋、吕忠梅等学者认为物权的客体不应局限于有体物,应该也必将随社会环境变化而发生改变。在肯定"环境权"一说的学者中,虽然他们界定的环境权内容各异②,但基本都包含了日照权、清洁空气权、清洁水权等。这些"权"实际上就是通过对环境资源的特定化,在肯定物的经济功能基础上增加对物的生态功能的肯定,进而认为环境物权是

---

① 邓晓兰,黄显林,杨秀.积极探索建立生态补偿横向转移支付制度[J].经济纵横,2013(10):47-51.
② 目前,"环境权"主要存在三种不同的"环境权"界定:①以蔡守秋和陈泉生教授为代表,他们将环境权的内容视为生态性权利和经济性权利两部分,其中生态型权利具体化为清洁空气权、清洁水权、日照权等;②以吕忠梅和周训芳教授为代表,吕忠梅将环境权分为四种权利,其中使用权包括日照权、清洁空气权、清洁水权等,而周训芳认为环境权包括良好环境权和环境资源开发利用权,以上权利被纳入良好环境权中;③以吴卫星博士为代表,他认为环境权是一种对一定环境品质的享受权,是实体性的权利。由此可见,环境权内容大于生态产品产权范围。参见吴卫星:《我国环境权理论研究三十年之回顾、反思与前瞻》[J].法学评论,2014(5):180-188。

一种无体物权,具有从属性①。因此,项波等学者将生态物权视为一种新型物权,"生态产品具有生态价值和经济价值,无形物也可以作为物权规范的客体"②。

不可否认的是,生态要素的稀缺,使得生态价值同时具有使用价值和交换价值,这与传统物权法所谓的"财产"没有本质区别。而且随着生态经济的不断发展,生态要素的经济价值和生态价值冲突不断,物权生态化不可避免地成为公众讨论的议题。但是,目前大多数国家的物权法律制度仍然未对生态领域的物权予以保护,我国也不例外。因此,鉴于生态产品市场化供给的必然趋势,本书仅尝试从产权的视角架构生态产品的产权制度,为生态产品市场化供给提供理论上的支持。

(一)生态产权

在已有的研究中,"生态产权"一词被广泛使用,但却未曾有学者对其进行明确的界定,有些学者直接将其视为自然资源产权③,有些学者将其视为生态资源产权④,甚至部分学者直接跳过生态产权的概念讨论生态产权制度建设,而对于生态产权制度研究,主要讨论如何在市场机制下利用产权理论解决"公共悲剧"问题或者生态环境的外部性问题,仿佛在"市场机制"和"产权"共同作用下,一切都变得有秩序和有效率起来。

不可否认,生态产权是产权理论在生态领域中的应用,也确实是破解生态环境破坏问题的市场化方式,但是,这里的"生态"究竟是指生态系统、生态资源还是生态环境,就需要从产权划分的目的入手进行了解。对于生态系统,所谓的"外部性"问题均在系统内部发生,而且生态系统本身并不需要进行市场交易,故而无产权划分问题。生态资源是指在人类生态系统中,一切被生物和人类的生存、繁衍和发展所利用的物质、能量、信息、时间

---

① 项波,严丽玉堂.经济发展与生态保护的并行:生态物权是物权的新发展[J].江西理工大学学报,2016(2):29-35.
② 项波,段春霞.生态物权:一种以生态价值为媒介的新型物权[J]生态经济,2016(3):207-212.
③ 官波.我国森林资源生态产权制度研究[J]生态经济.2014(9):29-31.
④ 刘方笑,朱锡平.论我国生态产权制度的市场化改革[J].经济体制改革,2007(5):49-52.

和空间。① 这一系列的物质、能量、信息、时间和空间也无须确定产权。生态环境是指由生物群落及非生物自然因素组成的各种生态系统所构成的整体,强调对人类的生产和发展的影响,对人类的作用。相比之下,只有生态产品具有个体独立性,同时存在生态价值和经济价值,需要进行产权划分。因此,与徐双明(2017)所讨论的生态产权相似,本书所讨论生态产权限定在生态产品的产权问题内,是建立在生态产品的生态价值②基础之上的排他性权利。

(二)生态产权制度的架构

我国《物权法》颁布之前,许多学者建议将生态价值所代表的物权纳入法律保护范围之内,但最终未能实现。这并不能说明生态产权保护不重要,只能说明用法律规范时机不成熟。不能否认,生态产品具有价值和使用价值,产权是现实存在的。它是实现生态产品大规模市场供给的关键。因此,本书建议用制度对其进行初步的设定,为生态产品市场化供给提供支持。

生态产权制度是以生态价值的权利化和市场化为逻辑起点,而生态价值的货币化又是生态环境恶化、生态资源稀缺的结果。因此,生态产品供给者受益和生态产品有偿使用是生态产权制度的核心内容。

1.生态产权制度的基本内容

(1)生态产品供给者的收益

生态产品的产权转让以其生态价值为基础,没有生态价值的相对稀缺,生态产品产权转让就无立足之根本。产权所有人因拥有生态价值的处置权而获得获取收益的权利。生态价值供给者是指通过保护或创造生态要素,从而提供、增加该要素的生态价值的人,主要是指生态产品产权利人

---

① 生态资源[EB/OL].[2017-6-5].http://www.baike.com/wiki/生态资源.
② 众所周知,生态功能是部分物(森林、湿地、流域等)的重要功能之一,基于生态功能而产生的生态价值属于生态产品价值构成中的重要组成部分。

或使用人。① 生态产品供给者因对生态产品的所有、对自然资源,如森林、湿地的保护和创造(包含合理利用)而享有生态产品的生态价值。对于生态产品供给者而言,其收益可以通过"出让"生态价值而取得收益。生态产品供给者与政府、企业或个人之间形成"出让关系",政府、企业或个人等通过支付对价取得生态产权。在此关系中,生态产品供给者与政府、企业或个人等均为平等的市场主体,生态产品供给者有权要求政府、企业或个人等市场主体根据市场行情足额给付相应对价,而政府、企业或个人等市场主体通过支付对价取得生态产品使用权并可要求生态产品提供者履行保护自然资源和维持生态产品生态价值的义务。同时,市场供给实行最低价格保护制度,防止市场价格过低影响生态产品供给者提供生态产品、维持生态价值的积极性。

(2)生态产品有偿使用

生态产品的公共物品属性决定了政府供给的正当性。在保障个体生存与生活的前提下,生态产品使用权自然而成,无须经过授权取得。这符合权利自成的原则。然而,因企业生产性消耗致使生态资源稀缺,而政府无法实现充足供给时,利用市场机制,实行生态产品的有偿使用有助于缓解这种资源的紧张。

当前,企业在生产经营过程中,因生态产品的过度消耗对生态环境造成了诸多负面影响,而这些影响都没有计入市场交易的成本与价格之中,其结果自然是使他人、社会背负了企业经济活动所带来的生态环境成本,而企业却独享了因从事生产经营所带来的全部利益,为此,企业为实现经济利益的最大化,必然不惜以牺牲生态环境为代价而换取更多的经济收益。因而,如何从理论上通过制度的构建将此种外部性内化于企业成本是解决生态问题的关键所在。而生态产权的设立为生态产品由公共物品形态转化为私人物品形态提供了制度工具和法律可能,使得生态价值能够

---

① 该定义借鉴崔金星提出的生态价值创造者的定义。笔者认为,生态价值随生态物的存在而产生,只不过在因生态物的稀缺而体现出来,而"生态价值的提供"所蕴含的是稀缺情况下的生态价值增值,因此,著作采用"生态价值供给者"的说法与之区别。参见:崔金星.环境财产权制度构建理论研究[J].河北法学,2012(6):132-141.

以价值规律和供求关系为据,通过生态价值消耗者的负担制度以市场交易的形式内化于企业成本,有效解决外部不经济性问题。

生态产品的消耗者是指因生产需要而消耗生态价值的企业或个人。政府通过开发、受让等成为向企业出让生态产品产权的唯一出让方。政府依据各地不同的生态承载力分别设置不同的生态产权,并在生态承载力的总量控制范围内出让给企业,生态产品消耗企业必须以取得生态产权为前提进行生产,进而在权力范围内消耗生态产品。在此关系中,拥有生态产权者是出让方,生态产品消耗企业是受让方,两者是具有平等地位的市场主体,企业因支付对价而取得消耗性的生态产品。与此同时,生态产品消耗者的权利必须在出让合同约定的范围内行使或者在权利证书记载权利的范围内行使,否则视为违法。

2. 生态产权运行的保障制度

产权是生态产品实现市场化供给的前提,是产权制度在生态系统领域的运用。生态产品产权制度的运行需要一系列的制度作为基础以保障其有序有效运行。在一定时段一定区域内,生态价值受生态承载力的影响较大。生态承载力是在不破坏生态系统的服务功能前提下,其所能承受的人类活动的强度。生态承载力下降或者承载力低于生态足迹时,生态产品稀缺而致使其生态价值上升。但是,受区域地理环境的影响,该区域的生态承载能力存在极限值,而生态足迹也在极限范围之内。因此,对于不同区域生态产品具有的生态价值存在总量限定问题。生态产品的产权是以生态价值为基础的产权制度,生态价值的量化是生态产权制度运行的前提和基础。

(1) 生态价值评估制度

生态价值是生态产品价值的重要组成部分,是其经济价值存在的基础,也是市场提供生态产品成本的货币衡量标准。2016 年,我国颁布的《资产评估法》将"无形资产或其他经济权益"纳入资产评估法规范的范围之内,这为生态价值评估提供了法律依据。根据黄锡生教授的理解,生态价值评估就是"专门机构或专业评估人员按照特定的标准和程序,运用科学的方法和技术手段对人类赖以生存的生态系统及其所提供的生态服务进行货币化的价值评价和判断的行为"①。

生态价值评估本身的复杂性与生态产品的特殊性决定了生态产品的生态价值评估制度的建立需要研究人类活动对生态产品生产的影响,还要兼顾经济、社会和生态三方的效益,本书拟从评估主体、评估客体、评估方法三方面构建生态产品的生态价值评估制度。

①评估主体

生态产品的生态价值评估主体是专业评估机构内依法取得注册评估师资格的专家组。首先,就生态价值评估的重要性而言,生态价值是生态产品具有经济价值的基础,其评估结果不仅涉及生态产品提供者的利益和社会公益,还将影响生态产品供给者做出是否供给的判断;其次,就评估难度而言,生态价值的评估是一个复杂的系统工程,不仅涉及生态系统的多样性,而且生态系统内的各子系统关系纷繁复杂,如生态功能、生态服务等;再次,就评估方法和技能而言,到目前为止,生态价值评估方法也并不完备,无论是替代法、成本法,还是支付意愿法都是间接衡量生态产品的价值。因此,生态价值评估对评估人员的专业技能和道德品质要求较高,而单个评估人员能够较准确地评估某项生态产品的生态价值的可能性并不高。

②评估的客体

生态产品的生态价值评估客体以效用为衡量标准,是指生态产品提高人类福祉的效用。按生态产品的生产要素分类,生态产品价值评估可分为森林生态产品、草地生态产品、湿地生态产品等。生态产品的生态价值评估要根据各种不同类型生态产品的作用和功能,采用最优或较优的评估方法,对其生态价值进行判断、估计,例如,森林能够调节水量、净化水质,固碳释氧、净化大气,因此,它能够提供水生态产品(干净的水)和空气生态产品(清新的空气),那么,对于水生态产品的生态价值评估可以采用水资源价值法评估,空气生态产品的生态价值评估可以采用碳评估。

---

① 黄锡生,何雪梅.生态价值评估制度探究——兼论资产评估法的完善[J].重庆大学学报(社会科学版),2014(1):120-125.

③评估方法

理论上,生态产品的生态价值评估方法需要特别的法律规范或政策制度专门予以规范。因为针对特殊类型的生态产品,制定专门对应的生态价值评估体系能实现更加细化地、准确地评估结果,以供其所提供的价格信号更客观,可信度更高,最终达到生态利益、经济利益和社会利益的兼顾平衡。实际上,生态价值评估理论体系并不完善,尚不能形成合理的评估框架体系,而且生态价值评估方法也有待进一步完善,比如生态产品的存量价值如何计量、计价,对于尚无市场价格信号的生态产品如何估值等。

因此,生态价值评估方法的开拓与创新主要依靠相关科研机构和科研工作者完成,生态价值评估从业人员要积极参与、研究和吸收国内外生态价值评估的发展动态和实践成果,并在实践中运用这些创新的评估方法以对生态产品的价值进行相对准确的评估,保障生态产品供给者的利益,维持生态产品的持续供给,维护生态系统的动态平衡。

综上所述,生态系统的复杂性和功能的多样性,以及人类对生态系统的依赖性,生态价值评估有着高于传统资产评估的难度和要求。为了保障生态价值评估的专业化、技术化和科学化,有必要把生态价值评估上升到制度层面,用法律和制度的形式将其规范,以实现评估行为、过程和结果的客观公正,达到合理认识、有效利用、充分保护生态系统及其所提供的服务的目的。

(2)生态价值核定制度

"核定"是经政府授权的权威专业机构对生态产品的生态价值评估值予以认定的行为。生态产品的生态价值因生态产品类型、评估方法的不同而不同。而从市场交易的角度看,生态产品市场供给的实现主要依赖于生态产品具有的经济价值,即可以进行货币衡量的价值。经济价值是对生态价值的货币体现。在市场中,衡量商品价值的唯一标准是社会必要劳动时间。那么,与其他的商品一样,个人估计的生态价值量是无法成为生态产品的生态价值标准的,只有社会公认的价值量才是市场可接受的生态价值。因此经政府授权的权威专业机构核定确认的生态产品的生态价值才能够被作为生态产权确认、出让和流转的价格依据之一。

生态价值的核定制度是指通过一定技术手段对特定区域特定时间段

内的生态价值的赋存量和消耗量进行科学评测和认定的管理制度。① 对于生态价值的核定应该采用差异化核定法,即对不同的生态产品按照不同的方法进行核定。对于森林生态产品生态价值的核定要考虑其水土涵养和净化空气的价值;对于水生态产品需要考虑其来源,比如来源于流域或湿地等。

(3)生态产品的转让、回购与储备制度

生态产品的转让是指以政府、企业、个人或非政府组织等为受让者,接受生态产品所有者转让的生态产品。与一般的转让不同,首先,国家应对生态产品产权人申报的产品生态价值进行价值核定;然后,由市场参与者,如企业、个人、非政府组织或社区等,按市场价格进行生态产权转让,而政府则按保护价格对经相关机构核准的生态产品价值量无条件予以收购,否则,将挫伤生态产品产权人提供生态产品、创造生态价值的积极性。

生态产品的回购是指国家以回购的形式取回生态产品消耗者多余的生态产品。企业因科技进步、制度创新等特定事由产生富余的生态产品,企业可申请国家予以回购。国家采用差异价格制度回购生态产品,比如溢价收购因企业创新而产生富余的生态产品,平价或按市价回购企业因缩减生产规模而富余的生态产品。对于转让、回购的生态产品,国家可建立生态产品储备制度,适时根据需要投放市场。

3.生态产品出让金管理制度

生态产品出让金是指政府在市场中因出让生态产品而获得的收益。对该出让金进行管理主要是为了规范出让金的使用或实现出让金增值。政府出让生态产品实际上是将政府作为生态产品的市场供给主体,是政府利用生态产品国家储备调节市场上生态产品稀缺的手段,也是政府增加财政收入的手段。基于生态产品对于人类福祉和生态平衡的重要性,生态产品出让金的使用必须坚持专款专用原则,专项用于生态环境修复、生态资源保护和生态价值增值活动。究其缘由,一是政府作为公共服务的管理者和提供者,有义务为民众提供舒适的生态环境,政府不应成为获益主体;二

---

① 项波,段春霞.生态物权:一种以生态价值为媒介的新型物权[J].生态经济,2016(3):207-212.

是生态产权制度构建的最终目标在于通过解决生态产品市场化供给问题实现生态环境保护，维持生态系统动态平衡，若生态产品出让金仅用于生态环境保护支出，较为契合生态产权制度构建之初衷。因此，出让金应全额缴入地方政府，纳入地方财政预算管理，并以专项资金的形式，统筹用于生态环境保护支出，任何单位、个人不得截留、挤占和挪用。除上述制度之外，还需要建立生态产权转让的一级市场和二级市场，用政府财政支出引导社会资金进入生态产品供给市场，维持生态产品的持续供给。

二、生态补偿制度

在生态学领域，"生态补偿"本是指生态系统在受到干扰后自我还原为原状态的能力[①]。随着环境的变化，生态系统的这种自我修复能力不能与经济的快速发展向适应，出现了生态不能承载现象。

科学技术的发展和制度的创新为人类参与生态系统恢复提供了机会。因此，利用经济方式解决环境保护成为一项行之有效的途径。生态补偿被赋予了经济学的意义："从成本—效益的角度解释了生态补偿的障碍根源和应当解决好的问题，其为实现生态经济的可持续发展，矫正或消除环境外部性，通过设计一种新的机制来对生态产品的边际私人成本或边际私人受益进行调整，是指与边际社会成本和边际社会受益一致，从而实现外部效益的内在化[②]"。

为一项环境保护的环境经济政策，生态补偿作模式包括政府补偿模式和市场补偿模式两类。从法学的角度看，市场补偿模式就是一种民事补偿，并且作为生态服务（产品）的购买方是在没有任何社会管理动机的前提下发生的自愿补偿。但是当前生态补偿制度主要运用于政府供给之中，对于市场化生态补偿方式的使用相对有限，这与生态环境领域产品的市场化程度不高、市场机制不完善有密切关系。如何将生态补偿制度引入市场之

---

① 《环境科学大辞典》编委会.环境科学大辞典[M].中国环境科学出版社,1991:326。生态补偿是生物有机体、种群、群落或生态系统受到干扰时，所表现出来的缓和干扰、调节自身状态使生存得以维持的能力，或者可以看作生态符合的还原能力。

② 郭升选.生态补偿的经济学解释[J].西安财经学院学报,2006(6):43-48.

中,是生态产品市场供给制度建设的重点和难点。

(一)生态补偿制度的建立原则

"帕累托最优"原则要求资源的分配达到多一个人消费不减少其他的福利的状态。然而,现实中任何一项资源的分配都难免会出现"零和博弈"的结果。为解决这一问题,庇古提出用税的方式补偿福利受损一方,而科斯则提出用明晰产权的方式弥补。无论哪种方式,"补偿原则"都是大家解决这一问题的共识。福利获利一方对福利受损一方的补偿能够使得受损一方的福利状况得到改善或者减少损失,这样将保持社会总福利的不变甚至增长。生态补偿制度就是在"受益者补偿,养护者受益"的原则下进行的制度安排。[1]

(二)补偿标准的确立

生态环境保护的建立于对生态要素的保护。一般而言,生态产品的生产成本主要体现为生态要素保护花费,由直接成本、机会成本和生态修复成本等构成,它们也是生态产品价格的主要决定因素。但是,在市场供给中,产品价格根据市场供需状况决定,生态产品的价格决定也应该遵循这项规则。因此,当市场中的生态产品供给量大于需求量时,生态产品价格下降,其供给者逐渐减少直至产品价格低于生产成本价格,供给者退出产品供给市场。同样地,随着生态产品的市场价格上升,供给者陆续进入市场提供生态产品,直至生态产品的供给量与需求量相等。所以,与政府供给不同,我们可以将生态要素保护的直接成本和机会成本或生态修复成本视为市场机制下,生态产品供给价格的最低指向标。

此外,还有两个指标可以作为生态产品市场价格标准,其一是受益者的受益程度,其二是生态产品的价值。在市场机制下,这两个指标可以通过补偿者支付意愿体现出来。

生态产品的外部性导致生态保护者的保护行为所产生的私人成本大于社会成本,其中,社会成本等于保护者的私人成本与受益者受益成本之和。为使正外部性内部化,需要生态产品的受益者对生态保护者付费或补

---

[1] 任世丹.贫困问题的环境法应对[M].中国检查出版社,2012:176.

偿,故支付或补偿标准可以按照受益者所享受的生态产品市场价格确定,即受益者的受益程度。

此处所讨论的生态产品价值主要是指生态产品的经济价值。一般生态产品经济价值由市场供给量与需求量共同决定,体现市场对于商品价格的影响,也体现了公众对于生态产品稀缺性的态度。因此,根据生态产品所产生的市场价值作为生态受益地区支付的标准,这有利于调动生态保护地区的积极性,但是也可能导致受益地区负担较重。

市场机制下,产品价格变动调整该产品的供需状况,同时,供需状况也影响商品价格。商品价格可以在$(0,+\infty)$范围内任意变动。但是,生态产品的生态性决定了其价格应该在公众的接受范围内,因此,以生态产品的价值作为生态补偿标准时,只能将其作为经济社会发展程度较高的地区确定补偿标准的参考和理论上限。

(三)生态补偿的监督

生态补偿监督管理体制是实施生态补偿制度的重要保障,它为生态补偿制度的动态运行提供了管理与监督的组织与机制。[1] 据财政部预算司通报,2013年国家重点生态功能区生态环境质量正向转变县域占被考核县域总量的6.9%,负向转变占比2.0%,未发生变化占比91.1%,[2]而截至2012年,国家重点生态功能区转移支付累计安排1101亿元[3]。然而,如此巨额的投入在改善生态环境方面的效果并不显著。由此可见,监管不严是导致生态补偿资金使用效率低、生态保护实际效果与预期效果差别大的重要原因。

健全的监管机制是生态补偿机制有效运行的必要条件[4](Kagan eds.,

---

[1] 史玉成.生态补偿制度建设与立法供给——以生态利益保护与衡平为视角[J].法学评论,2013(4):115-123.

[2] 中华人民共和国财政部.关于2013年国家重点生态功能区生态环境监测考核及奖惩情况的通报[EB/OL].[2013-10-16].http://yss.mof.gov.cn/zhengwuxinxi/gongzuodongtai/201310/t20131016_999692.html.

[3] 徐绍史.国务院关于生态补偿机制建设工作情况的报告[EB/OL].[2013-4-26].http://www.npc.gov.cn/npc/xinwen/2013-04-26/content_1793568.htm.

[4] 张跃胜.国家重点生态功能区生态补偿监管研究[J].中国经济问题,2015(6):87-96.

2003;Doonan eds.,2005;王金南等,2006;Delmas&Toffel,2008;李国平等,2013),要加强我国生态补偿领域的监管,应该完善我国的生态补偿监管制度。首先,建立生态环境监管部门的垂直管辖体系。目前,我国生态环境领域的"统一与分级、分部门监管相结合"的监管模式存在较多问题,监管的组织机构"纵横交错"①导致监管空白、相互推诿现象大量存在,未考虑补偿发生的不同层次和范围,也未考虑不同生态要素的特征,而明确监管责任主体、协调各部门之间工作是解决这一问题的有效方法。因此,建立生态环境监管部门的垂直管理体系,将地方环境监管部门纳入环境保护部的垂直管辖体系,实现对监管部门进行有效再监管有利于生态补偿项目的推进,补偿资金流向的监管。结合宪政背景和环境保护的实际需求创新和完善中国的环保监管模式,从监管机构设置、监管职权配置和监管权力运行三个方面着手实现环境善治的目标②;其次,建立补偿信息公开制度。市场化的生态补偿信息也需要在公开市场上予以公开,通过政府、公众或者第三方监督,保障生态产品消耗方按时支付补偿资金,保证生态产品供给方按照供给合同提供生态产品。再次,建立监督检查机制,定期对生态补偿的实施进行评估。对于生态补偿资金的使用监管不到位、生态产品供给者未能按协议维护生态资源致使生态产品供给不能持续等是生态补偿效率低下的主要原因,建立生态补偿监督检查机制是解决这一问题的一项措施③。国家监督主管部门应定期或者分阶段对生态补偿项目的补偿支付和供给维持进行监督。

(四)代际补偿储备金制度

生态环境的可持续性不单单在于当代的可持续,还必须考虑代际发展的可持续性。代际的补偿需要就当代的资源开发行为征收相应的补偿费作为储备资金,用于以后的生态恢复与治理。④ 代际补偿储备金制度建设的核心在于通过对生态恢复的成本和周期进行核算,制定出相对准确的储

---

① 中央对地方的监管谓之"纵",地方政府间各部门的相互监管谓之"横"。
② 王江.我国环保监管模式的缺失与创新[J].中州学刊,2013(5):62-67.
③ 郭田田,刘东.建立旅游开发生态补偿机制研究[J].管理学刊,2011(3):65-67.
④ 王金南,万军,张惠远,等.中国生态补偿政策评估与框架初探[C]//庄国泰,王金南.生态补偿机制与政策设计国际研讨会论文集[M].中国环境科学出版社,2006:13-24.

备金提取比例,以维持生态系统的动态均衡。对于所提取的储备金,应成立专门的机构予以管理。

三、生态金融制度

通过前面章节的讨论发现,无论是政府供给、市场供给还是自组织供给,生态产品的提供离不开支付问题。政府供给机制下,政府作为核心供给主体,通过财政收入或财政政策为公众生产或提供生态产品,其支付的是生态产品的生产成本或者对生态产品生产者、生态破坏承受者的补偿;市场供给机制下,公众、政府、企业、社区等主体也需要对生态产品进行支付才能获得生态产品。因此对生态产品进行支付的资金来源对于生态产品的提供有着重要的作用;自组织供给机制下,虽然生态产品供给自愿组织起来提供生态产品,但所谓的自愿仍然需要资金支持。生态产品供给中的融资问题始终是各类主体关注的重点。生态金融将生态环境保护与金融市场的资源配置功能融合在一起,通过资金市场的资源配置实现生态环境保护的目的。因此,对金融市场中各种资金融通方式的规范性约束共同构成生态金融制度体系。

生态金融与传统的金融业务运营模式一样,其业务主要依托于银行、证券和基金等业务部门,并以这些部门为载体开展在生态环境中的交易活动。生态金融制度的建设也涉及生态领域各种类型的生态产品在金融市场中融资行为的规范。因此,生态金融制度的建设应该符合基本的原则、遵循特定的路径。

(一)生态金融制度建设:基本原则

生态金融发展既是解决生态环境保护资金紧缺的需求,也是金融发展在环境领域的探索。因此,生态金融的发展既要满足生态环境保护的要求,也要考虑金融市场中的逐利需求。生态金融的发展在于生态保护和金融市场的结合,生态系统的公共性、外部性、不可分割性决定了政府在生态保护中的主导地位,即政府对于生态金融市场的引导和推动作用。

1. 可持续原则

公众实施生态保护的目的是实现人类存续、发展的永恒。因此,可持续原则也就是生态保护的基本原则之一。生态金融是生态与环境结合的产物,既是利用金融手段为维持生态系统动态平衡筹集资金,又是金融在环境保护领域的拓展。可持续的生态金融是"可持续发展理念在金融领域的具体体现,是指金融业在经营活动中通过引导和调节金融资金流向,促使融资者和消费者关注绿色环保,进而实现可持续发展的目标"。①

2. 安全原则

金融安全和稳定直接影响到一国经济、社会的整体发展。对于一国而言,金融风险所谓牵一发而动全身。而生态金融本质上是金融产品的一个分类,其安全属于金融安全的组成部分。风险控制是金融行业的核心,因为一旦金融风险发生,利率、汇率变化引发的市场风险,流动性不足引起的支付风险等将接踵而至。然而,生态环境问题本身也会产生金融风险。在环境问题受到极大关注的时期,社会责任、利益相关者的制衡、可持续发展的需要均使得金融机构面临各种风险,如法律风险、声誉风险、市场风险等。而其中任何一种风险都足以使得生态金融产品融资失败。就与生态产品相关的生态金融产品而言,产品发行目的将因风险而不能实现。因此,安全原则是生态金融发展的关键,也是生态金融相关制度建设必须要重视和关注的原则。

金融安全是一个动态的均衡过程,生态金融安全原则要自始至终贯穿整个生态金融项目,以保证生态产品生产资金供给的稳定连续性。

3. 透明度原则

透明度原则是指相关金融机构、金融监管部门基于社会公共利益和环境利益的需要,将其掌握的环境金融信息依法定条件、程序、方式、时间通过适当的信息渠道向社会公布,以使公民、法人及其他组织依法获得。

从宏观层面来看,生态金融的信息应当包括生态金融项目所具体指向的生态要素的信息,具体是指相关的生态影响评价、生态环境标准、政策和

---

① 范少虹.绿色金融法律制度:可持续发展视阈下的应然选择与实然构建[J].武汉大学学报(哲学社会科学版),2013(2):75-79.

法律信息等,生态金融交易信息包括交易主体资格、交易程序、交易对象等金融信息。透明度原则的确立,能够为生态金融的安全和可持续提供前提。要提高市场透明度,就必须获取和披露交易活动的信息,了解环境金融产品的特性及可能造成的影响、交易总量、收益与风险管理情况以及尽力获取国际金融衍生品市场的交易信息。

(二) 生态金融制度建设:路径

生态产品的公共物品性质,金融市场的逐利性和自动的资源配置机制共同决定了我国发展生态金融必须在明确生态产品的生态产品产权基础上建立交易市场,开发生态金融产品。

第一,推进生态产品的产权明晰与资产化。产权明晰是产品市场交易的前提,因此,生态产品产权的明晰是生态金融发展的基础。在生态交易市场中,环境交易类金融产品主要包括碳排放权交易和排污权交易。对污染排放权进行明确和界定是明确生态产品产权的一种方式。此外,对提供生态产品的自然资源、生态系统的权利进行界定也可以奠定生态产品交易市场机制运行的产权基础。

第二,加强生态金融的政策、法制环境的顶层设计。生态金融的发展,涉及政府、金融机构、社会资本、企业以及公众等多个主体,这些主体间存在错综复杂的关系,尤其是利益关系。考虑好、协调好、处理好这些复杂的利益关系,是生态金融能否顺利发展的关键。为此,需要有科学先进的顶层设计,充分吸收国内外的经验教训,避免可能出现的重大制度缺陷。

第三,创新与丰富生态金融服务和产品的形式。生态产品供给的量化难度较大,大多数生态产品的产权难以明晰,比如清新的空气,因此,以生态产品为基础的生态金融产品需以一个可度量的"产品"来确定,例如,碳排放就转化为衡量空气质量的一个显性标准,碳排放权的交易成为生态金融市场中环境交易的一种方式。在我国大行推进绿色金融的时期,借鉴国际经验的同时,创建各类环保产业投资基金,加强生态金融衍生工具创新,逐步构建我国生态金融衍生产品体系。

第四,完善生态金融市场运行制度。首先,扩大生态金融市场的参与主体。充分调动企业、证券公司、保险公司等机构的积极性,鼓励其逐步深度介入生态金融业务,构建平衡发展的生态金融市场体系;其次,创建政策性生态金融机构。如绿色发展银行或生态银行,改变当前生态金融多处于表面化的现状,实施优惠措施,加强重点支持,合理分配金融资源,提升生态金融的专业化水平,推进生态金融不断深化;最后,加快生态金融产品交易中介机构的发展。为服务于生态金融的中介机构提供快捷、便利的市场,如鼓励绿色信用评级机构积极从事绿色项目开发咨询、投融资服务、资产管理等,并不断探索新的业务服务领域。

(三)生态金融制度建设:监管

生态金融的落脚点仍然是金融,其监管的目标是监督、促进金融部门通过自身行动引导社会主体注重减少环境污染、保护生态平衡、节约自然资源,使金融活动与环境保护、生态平衡相协调,最终实现经济、社会、环境的和谐统一发展。因此,设计生态金融监管架构,首先,必须把握生态金融监管的几个特征:第一,生态金融产品之间的差异性;第二,生态金融的集体行动本质。其次,既要着眼于现实金融活动与环境保护、生态平衡的协调,又要考虑到环境金融监管的特殊性,兼顾风险和收益,稳妥实施。

在金融市场中为生态环境目的而进行资金的融通需要建立环境监管合作机制和部门联动监管机制,加强信息沟通和共享,加大监督力度。首先,建立金融机构环境信用评级,将金融机构在生态保护方面的表现纳入金融机构信用评级考核因素之中。加强银行信贷政策管理,严格信贷审查审批条件。完善客户分类管理制度,实行差别化授信制度,有效控制"两高"行业信贷投放和额度。加强生态环境风险动态管控,转移、缓释信贷风险,及时采取降低客户信用等级、暂停融资、提前收回信用等有效风险防控措施,加强制度约束刚性,严惩违法违规行为。其次,加强社会监管。市场信息对称问题是保障金融安全的关键,也是提高社会监管的前提。严格实行生态环境信息披露,要求金融机构公开阐明投资决策对环境因素的考量,借助市场力量加强对金融机构的监督。充分发挥中国证券业协会、银行业协会等非政府组织监督力量,促使机构和投资者遵守相关政策规定,建立健全生态环境保护的群众举报制度,充分发挥NGO组织作用。

第三节 自组织供给制度

自愿供给是除政府供给和市场供给之外的第三种公共产品供给机制，包括自组织供给和他组织供给。其中，自组织供给机制是指受益人（或组织）集体自愿组织起来，为了向本集体提供公共品而在集体内外募集资金，一般以集体内为主[①]。在生态产品的自组织供给中，生态产品生产者基于"自愿"动机，按其能力大小直接提供生态产品，其中生态产品的生产者或供给者也可能是生态产品的受益者。公众是环境破坏的最终受害者，也是保护环境的原动力、主力军。正是由于公众的利益被忽视，才使得环境破坏行为频频发生，公众参与环境保护不仅可以降低市场中的信息不对称性，激励政府和企业的环境保护行为，获得广泛的公众支持和认同，而且也能够缓解政府失灵。一般情况下，只有在生态环境保护和生态持续动态平衡的共同意识之下，生态产品的自组织供给是建立在个体、社区、非政府组织等供给主体，因此，对于自组织供给生态产品，政府应该给予相当程度的关注和支持，对于影响自组织供给行为，比如信息披露、交流、自愿惩罚机制、成员同质性等，政府应该制定相应的制度予以规范。

一、自组织供给的影响因素

（一）政府激励

在形式上，自组织供给生态产品是对政府供给和市场供给的拾遗补阙。对于社会而言，是对政府责任的分担。因此，政府对于自组织供给行为应该给予支持和保护。

随着社会的发展，人们对公共物品需求的种类和数量也在不断变化。社会公共需求的复杂性和不断增长，政府自身财力和能力的限制，决定了并不是所有的社会公共需要都会自动地转变为政府公共物品范畴，而只有那些进入了政府供给系统和程序的社会公共需要才会转化为政府公共服

---

① 江庆勇.公共品供给机制研究[M].知识产权出版社，2016：18.

务或公共物品序列。这样,在社会公共需要不断增长与政府公共物品供应能力有限之间必然产生持续的矛盾。社会公共需求的低度满足甚至长期短缺,既影响人民生活水平的提高和整个社会福利的增长,同时也会带来一系列社会问题,因此,满足这些社会公共需要成为社会稳定和发展的前提。在这种情况下,自愿供给通过满足公众日益增长的多样化需求成为政府供给的有益补充。

(二)信息披露

信息披露一般是指对于自组织成员的个人信息及其提供生态产品的供给量额度、消费情况等信息在一定范围内予以公开的行为。公共产品供给信息披露程度的不同,对公共产品供给的影响各异。"搭便车"行为信息的披露比仅披露供给水平信息对供给水平的影响更大,会造成供给水平的显著下降[1];而仅披露供给者身份信息会提高供给水平,而同时披露供给额度和供给者身份的信息披露制度,则会显著提高人们的供给水平[2]。由此可知,不同的信息披露制度对公共产品的供给水平有着不同的影响。身份信息对于拉近自组织内部成员之间的距离,鼓励一定的社会责任感,从而减少搭便车行为有积极的作用;而将身份与供给额度对应起来的信息,利于塑造所谓的"社会榜样",以增加其所在集体供给水平。此外,榜样对于供给水平的标杆确立,赋予这一供给水平的荣誉性使得低于这一标杆供给水平的供给者增加供给,最终鼓励社会最优行为。

从另外一方面讲,在自组织供给中,供给者在做出供给水平决策时往往会与自己同等级的人做比较,因此,披露身份信息有利于通过影响供给者参照系的选择而增加供给量。

在自组织集体内部,利用自组织成员的荣誉感和类比心理,建立科学有效的生态产品供给信息披露制度,有利于促进生态产品自组织供给水平,是增加自组织供给水平的有效途径之一。

---

[1] 江庆勇.公共品供给机制研究[M].知识产权出版社,2016:53.

[2] ANDREONI J., PETRIE R. Public Good Experiments without Confidentiality: A Glimpse into Fund-Raising[J].Journal of Public Economics,2004,7-8(88),1605-1623.

(三)自愿奖惩机制

互惠思想和正义感是公共物品自愿供给中奖惩机制的心理基础,也是生态产品自愿供给的动因。然而,"奖"、"惩"正是对于这种互惠和正义感的行为做出的"对价",无论"奖"或"惩",行为的可观察性是做出"对价"的前提。根据奖惩者与被奖惩者的关系,我们将"互利偏好"假设下的自愿奖惩分为内部奖惩和外部奖惩(第三方奖惩)两类。

1. 内部奖惩制度

人们行为的可观察性决定了"搭便车"的行为人可能受到惩罚,而且观察面越广,该行为人受到惩罚的概率越高,惩罚程度也越严重。因此,自组织规模越大,惩罚的可能性和力度越大。反之亦同。

在存在相互监督和内部惩罚机制的情况下,群体对公共品的平均供给量随着互动频率的增加而提高,最后几乎能够实现完全合作[①]。那些供给量较低的人在上一轮互动中受到惩罚之后,在下一轮中的供给量会显著增加。但是,惩罚成本提高或者被惩罚者拥有报复机会则会降低惩罚的倾向以及合作的水平[②]。

正因为惩罚行为有着促进合作的作用,所以群体规模的扩大,也就可以通过强化惩罚行为来促进合作。不过,由于惩罚是有成本的,实施惩罚的人数越多,群体付出的惩罚代价也就越高,所以并非实施惩罚的人数越多,群体福利就越高。人们发现,当每个成员只能监督和惩罚一半集体成员时,群体合作效率最高。

2. 外部奖惩机制

"外部"是指自组织群体之外的行为主体。与自组织内部成员因其自利动因,违反内部成员公认标准的行为而受到损害相同,外部行为主体也可以对自组织内部成员实行惩罚。这种惩罚行为及对这种惩罚的预期,有助于提高群体的公共品供给水平。因此,建立自组织供给的外部惩罚制度

---

① FEHR E, GACHTER S. Cooperation and Punishment in Public Goods Experiments [J]. American Economic Review,2000,4(90):980-994.

② ANDERSON, C. & PUTTERMAN, L.. Do Nonstrategic Sanctions Obey the Law of Demand? The Demand for Punishment in the Voluntary Contribution Mechanism [J]. Games and Economic Behavior,2006,1(54):1-24.

有利于增加生态产品供给水平。但是,当群体中所有成员均不互惠时,第三方惩罚的概率有所减少①。

然而,现实中,非货币的奖惩行为,如赞扬、认可或批评、谴责等对促进自组织成员合作提供生态产品具有一定的积极作用,但其效果不如货币性奖惩那样显著②。

(四)异质程度

自组织内部成员之间的差异程度对公共品供给水平有着不可忽视的影响。这种影响主要是指由于社会结构的变化,个人的生态产品自愿供给水平随之变化所造成的生态产品总体供给水平的变化,即当"合作者"与"搭便车者"处于同一组织内,如果没有相应的机制保护前者免受后者的侵害,前者的合作意愿就会减弱③。异质程度越高,自组织内成员合作提供生态产品的意愿越低,该成员更换别组或退出自组织的概率较高,而异质程度越低,自组织内成员合作提供生态产品的意愿高且相对稳定,甚至接近社会最优水平。

二、自组织供给制度的构建

对于生态产品自组织供给制度的构建,主要从制度激励、信息公开、惩罚制度及双向选择四方面入手。

(一)税收减免制度

税收是政府通过政策导向作用影响个人行为,调控经济的手段。税收减免在激励私人提供公共产品方面运用相当普遍。同样地,它也能够激励组内合作供给者增加生态产品的供给。对于生态产品的供给,通过差异化税收减免制度调整个人所得税缴纳情况,由税务机关根据各类生态要素提

---

① FEHR E,FISCHBACHER U.Third Party Sanctions and Social Norms[J]. Evolution and Human Behavior,2004(28):63—87.
② MASCLET, D. eds. Monetary and Nonmonetary Punishment in the Voluntary Contributions Mechanism[J]. American Economic Review,2003,93,366-380.
③ 张晏,夏纪军.公共品自愿供给机制研究进展[J].经济学动态,2009(1):90-95.

供产品供给能力估计生态产品产量，并以此作为个人所得税减免依据，激励生态产品个人供给。

（二）信息公开制度

信息公开能够促进公共产品的自组织供给，但是作为特殊的一类公共产品，生态产品的供给具有一定的特殊性。生态产品产生于生态要素参与生态系统物质流、能量流和信息流相互作用的过程中，对于生态产品的供给只能通过保护生态要素、维持生态系统动态平衡实现。因此，自组织群体内生态产品的供给者所提供的生态产品贡献额度并不容易显性衡量，即制定同时披露供给额度和供给者身份信息的披露制度并不容易实现。此外，信息公开的范围和渠道也是影响自组织生态产品供给的重要因素。

对于生态产品供给信息公开制度的建设，建议从自组织内、外两个方面着手。第一，自组织内部供给信息公开主要仍应围绕供给人身份信息和供给额度进行。对于供给额度的核算，制定各类生态要素生产生态产品能力折算表，按照供给能力确定组内供给者的供给额度，以此解决自组织内部生态产品的供给者所提供的生态产品贡献额度不易显性衡量的问题。第二，自组织外部供给信息公开与税收减免制度结合实现。自组织内部所公开的供给信息可作为个人所得税减免的主要依据之一，但当个人所得税减免审核通过后，在一定时期内，应通过税务系统、公开网站等渠道对社会公众予以公开，接受公众监督。公示期结束后，税务机关为未收到投诉或举报的生态产品供给者申请人办理退税。公示后受到投诉或举报及办理退税后受到投诉或举报的供给者申请人经核实无误后，按外部惩罚制度规定处理。已办理退税者应退缴所退税款并缴纳一定罚款。

（三）外部惩罚制度

自组织供给者行为源自个人意愿，属于"自愿"行为，虽然在自组织的内部监督机制下，无论对"搭便车"行为予以处罚还是对于高供给额度的合作供给者予以奖励，两者都普遍存在且能提高公共产品的组内供给，但是相对于内部惩罚,内部奖励对公共产品供给效率影响更大。[①] 然而,自组织内部监督行为的实施本身就存在困难。

在收入水平不平等的条件下,公共产品供给外部惩罚机制的效果比外部奖励机制更显著[②],这与个体可能会根据自组织内部的公共品供给最高值来调整自己的供给行为相关。当存在外部惩罚机制时,个体公共品供给行为的调整与前一阶段自组织内受到外部惩罚人数以及前期个体是否受到外部惩罚正相关。因此,在自组织供给模式下,建立外部惩罚制度既便于对组内供给进行监督,又有利于促进生态产品的供给。

生态产品自组织供给是对政府供给和市场供给的补充,但是,自组织供给行为仍然应受到政府的监管。对于自组织内的"搭便车"问题,政府通过外部惩罚制度保障自组织合作供给的效率。根据政府税收减免制度和信息公开制度建设内容,可将政府外部惩罚与个人信用评级关联起来。当生态产品组内供给者违反信息公开制度获得政府税收减免,政府可以通过调低该供给者在中国人民银行的个人信用评级约束供给者的非诚信行为,以达到外部惩罚目的。

(四)双向选择制度

合作者是自组织供给的主要力量,自组织内平均供给水平的下降并非源自合作者供给自身供给意愿的降低或者供给能力的减弱,而是源自"搭便车"者的行为对他们积极性的挫伤。[③] 事实上,如果一个组内成员认为其他成员都具有较高的合作倾向,那么在大多数情况下他的合作倾向会显著提高。[④] 因此,如果有选择所属群体的机会,无论是倾向于合作的人还是倾向于"搭便车"的人,都会脱离"搭便车"者占比较高的群体而转移到合作者

---

① 周业安,宋紫峰.收入不平等、外部奖惩机制和公共品自愿供给[J].社会科学辑刊,2012(5):134-143.

② 周业安,宋紫峰.收入不平等、外部奖惩机制和公共品自愿供给[J].社会科学辑刊,2012(5):134-143.

③ FERRARO P J, VOSSLER C. The Dynamics of Other-regarding Preferences and Decision Error: What's Really Going on in Voluntary Contributions Mechanism Experiments[C]. Working Paper for Southern Economic 74th Annual Conference, 2004.

④ GACHTER, S.,THONI, C..Social Learning and Voluntary Cooperation among Like-Minded People[J]. Journal of the European Economic Association ,2005(3):303-314.

较高的群体。因此,通过设计双向选择制度,筛选新的自组织成员有助于形成稳定的合作自组织。

所谓双向选择是指对进入和退出自组织群体个体的选择,其制度设计的关键在于对搭便车者的识别。一方面,设置进入门槛对生态产品自组织群体的申请者进行甄别以减少"搭便车"者的数量。根据各类自组织群体的公开信息及社会个人征信记录对生态产品自组织群体申请者进行筛选,降低搭便车者进入自组织群体的机会。另一方面,制定自组织群体退出规则,防止组内"搭便车"者获利而归。根据组内的公开信息及组内监管机制识别"搭便车"者,以并强制补足组内平均供给水平后清退的方式对退出自组织群体的供给者进行惩罚,防止或者减少"搭便车"者进入或者退出自组织群体。

第四节 本章小结

本章制度构建中涉及的各种制度建设都是以"激励"为手段,促进各供给主体提供生态产品。在生态产品供给制度体系中,各制度的建设既独立又相互关联,比如,环境税收是财政转移支付的来源之一,财政转移支付是最主要的生态补偿途径,生态产权是生态金融发展、生态补偿、自组织供给生态产品的基础等。明晰的产权是提高市场供给效率的前提,因此生态产权制度就成为其他制度顺利实施的基础;环境税收制度和生态金融制度为生态产品供给提供资金;政府转移支付制度、生态补偿制度、自组织供给制度为生态产品供给提供路径。通过本章的制度设计,我们可以看出:

(1)税收制度中,改环境费为环境税,保障环境税收被稳定、持续的增收;增加税种,完善环境领域的保护;将于环境相关的税收纳入征收范围,增加环境治理的资金来源及资金量。此外,税收制度的改革要实现税收约束、税收激励与税收优惠并重。一方面,环境费改税,使污染成本内在化,促使污染者主动治理污染;另一方面,完善其他税收的相关政策"奖罚结合"充分发挥税收的调节作用。

(2)政府间转移支付制度中,纵向转移支付是中央政府的调整行为,重在平衡区域间公共产品供给不均状况,也是地方政府应该也必须极力争取的转移支付,特别是对那些因提供生态产品而减少或失去经济发展机会的地方政府。通过纵向转移支付的方式,能一定程度内化生态产品供给的外部性,实现我国各区域按主体功能区规划协调发展。横向转移支付,事实上是区域间生态产品供给与消费的联系。在生态产品交易市场并不发达的时期,横向转移支付具有"政治帮扶"色彩,但是,随着生态产品稀缺性不断凸显,在一定的制度设计之下,自主的区域间购买行为会普遍存在。也就是说,生态产品供给的支付标准及资金来源将会是地方政府间横向转移支付制度建设的重点。

(3)产权制度在环境领域的应用一直都是一个难点。之所以是"难点",主要是因为环境领域中存在诸多的外部性或者不可分割性,比如,温室气体排放既是所有国家或者个体的权利,又无法明确每个国家或者个体排放的容量,然而,气体的全球流动性,如红沣博士所论证的,"排污权不是一项物权,只是基于国家行政许可所获得的附属性财产权"。[①] 生态产权制度的设计应以碳排放权交易为蓝本,进行理论上的探讨。它以生态价值的权利化和市场化为逻辑起点,生态产品供给者受益和生态产品有偿使用为主要内容,生态价值的评估、核定、转让、回购和储备为产权运行的保障,对生态产品出让金进行管理。

(4)生态补偿制度在市场机制下的运行相比与政府供给机制下的运行更具灵活性、有效性。补偿标准的市场化决定机制让生态产品供给者利益更加充分,也让其消耗者能更加深刻地体会生态产品的重要。

(5)生态金融制度是生态产品供给制度体系中的重要组成部分,是生态产品实现持续供给的动力泵,也是金融业在生态环境保护领域的拓展。生态产权的明晰是生态金融发展的基础,完备的法律制度是生态金融发展的保障,多样化的生态金融产品为生态金融持续发展提供可能,完善的生态金融市场有利于生态金融发展的进一步发展。

(6)自组织供给的实现多取决于选择性激励、利他主义的思想,因此,自组织供给制度的建设应针对其缘由进行设计。税收减免制度有利于激

---

① 占红沣.哪种权利,何来正当性——对当代中国排污权交易的法理学分析[J].中国地质大学学报(社会科学版),2010(1):93-98.

励自组织成员实现"自利"和"它利"的双赢局面；信息公开制度有利于激发自组织成员自我表现欲望和社会分层聚集；外部惩罚制度有利于推动对自组织成员"搭便车"行为的监管，也有利于提高自组织供给的效率提高；双向选择制度有利于调整自组织内部成员结构，保障生态产品供给的水平。

随着时代的发展，公共产品供给方式不断发生改变。埃莉诺·奥斯特罗姆提出"以多样化的公共物品提供方式取代单一的政府提供公共物品的方式"，席恒也认为"人类社会中的物品供给，也是非线性的开放系统，只有不同供给机制的互补相互作用，才能实现公共物品的有效供给"[①]。"多中心"供给会成为公共产品供给的主要方式。生态产品作为一种公共物品，其供给的实现单纯依靠某一供给机制或某一供给主体是不现实的，唯有通过"多中心"供给主体及"全方位"的制度建设，才能更加有效、全面、充分地保障公众的利益，提高公众福祉。

---

① 席恒.公共物品供给机制研究[D].西北大学，2003:38.

附录

欧盟环境税种的构成(部分)

欧盟环境税种的构成(部分)

税种		征税目的	征收方式	征收国家	备注
污染物排放税	水污染税	筹集资金发展污水净化产业,后来就演变成污水排放税。	①依据排放量计税;②以废水的"污染单位"为基准,依据排放物质的耗氧量来计税。	法国(1964)瑞典德国挪威丹麦荷兰	实行差别税率,当污染物浓度低于排放标准时,采取低税或免税政策,超过排放标准则采取惩罚性税率
	大气污染税 氮税/二氧化氮税	控制氮氧化物产生	①以氮氧化物排放量为税基,以吨或千克为单位征收氮税;②以收取空气污染费形式来征收氮税	瑞典波兰意大利法国	
	二氧化碳税(碳税)	控制二氧化碳的排放量	①根据石油、煤、天然气等化石燃料的碳含量征收碳税(丹麦、挪威和瑞典等国);②以二氧化碳的排放量为基准(波兰和捷克)	芬兰(1990)瑞典挪威丹麦	①欧盟成员国征收二氧化碳税的对象首先是居民家庭生产或生活过程燃烧化石燃料产生的二氧化碳气体,其次才是企业和各类团体;②在现实中由于技术限制很难实现以二氧化碳排放量为基准收税

续表

税种		征税目的	征收方式	征收国家	备注
污染物排放税	大气污染税 二氧化硫税(硫税)	控制企业减少二氧化硫的排量	①对二氧化硫排放量征收空气污染费;②对使用煤炭、成品油、天然气、木材、秸秆的企业为征税对象,当燃料的含硫量超过起征点时征收二氧化硫税	挪威(1970) 法国 丹麦 意大利	
	噪声污染税	削减噪音	以噪声的排放量(分贝数)为单位计税	德国 荷兰	《绿色文件》(1996)
污染产品税	燃油税		①以"吨"为计量单位计征(罗马尼亚) ②以"升"为单位计征	麦荷兰 德国 匈牙利 奥地利 葡萄牙 意大利 希腊等	①英国为征收汽油税率最高的国家;拉脱维亚为汽油征收燃油税最低的国家。②所有的欧盟国家都征收运输燃料税,对相似的燃料税设置不同税率,以鼓励使用更为清洁的燃料和技术
	电力税	促进工业、商业和居民生活等各个行业减少矿物燃料的使用量	依据不同用电性质和发电量征收电力税,税率是以千瓦时为基准	德国 英国 丹麦 意大利等	电力税属于产品税
	机动车税	减少机动车尾气排放的二氧化碳	以排量大小计征		欧盟在征收燃油税和附加税的基础上,实行差别税率征收机动车税,对小排量汽车给予补贴,不鼓励使用大排量汽车

续表

	税种	征税目的	征收方式	征收国家	备注
资源税	森林开采税	最初是以收费的形式对林业资源进行补偿,后期为降低林业资源的开采量实行"费改税"的改革	对森林资源以不同形式开征地籍税、所得税、财产税、遗产税和周转税等税种	德国 法国 挪威 丹麦 比利时等	
	资源开采税	①控制资源稀缺问题; ②阻止对生物多样性的破坏行为	①以从量或从价计征的方式征收资源税; ②丹麦、芬兰、瑞典、罗马尼亚对打猎和渔业捕捞进行征税,税率设置以捕猎数量、地域范围、许可证制度划定为主。		
	水资源开采税	抑制水资源浪费,提高水的利用率	以地表水和地下水资源为税基,以立方米为单位计税。	德国 荷兰 匈牙利 斯洛文尼亚 拉脱维亚 捷克 马其顿等	
环境服务税	水污染处置税	利用征税手段来迫使企业和居民减少污水或污染物的排放	①以污水排放量征收污染排放费或处理费; ②以污水中的"污染物"含量为税基进行征税,或以废水中"污染单位"为税基计征。	西班牙 罗马尼亚 克罗地亚荷兰 丹麦 德国 波兰 罗马尼亚 立陶宛等	

注:污染产品税中除表中所列税种外,还包括固体废弃物税、臭氧层物质损害税、农药和化肥税、塑料制品税;环境服务税中还包括垃圾处置税、危险废弃物处置税。

◆ 参考文献 ◆

[1]MICHAEL COMMON,SIGRID STAGEL.生态经济学引论[M].金志农,余发新,吴伟萍,译.高等教育出版社,2012.

[2]李嘉图.政治经济学及赋税原理[M].郭大力,王亚南,译.光明日报出版社,2009.

[3]哈贝马斯.在事实与规范之间——关于法律和民主法治国的商谈理论[M].童世骏,译.生活·读书·新知三联书店,2003.

[4]柯武刚,史漫飞.制度经济学[M].韩朝华,译.商务印书馆,2000.

[5]亚里士多德.尼各马克伦理学[M].苗力田,译.中国社会科学出版社,1990.

[6]埃莉诺·奥斯特罗姆.公共事物的治理之道:集体行动制度的演进[M].余逊达,陈旭东,译.上海三联书店,2016.

[7]曼瑟尔·奥尔森.集体行动的逻辑[M].陈郁,等译.上海人民出版社,1995.

[8]A.迈里克·佛里曼.环境与资源价值评估[M].曾贤刚,译.中国人民大学出版社,2002.

[9]D.梅多斯,等.增长的极限——罗马俱乐部关于人类困境的报告[M].李宝恒,译.吉林人民出版社,1997.

[10]E.S.萨瓦斯.民营化与公私部门的伙伴关系[M].周志忍,等译.中国人民大学出版社,2002.

[11]G.鲁宾逊·格雷戈里.森林资源经济学[M].许伍权,等译.中国林业出版社,1985.

[12] MICHAEL BEGON, COLIN R. TOWNSEND, JOHN L. HARPER.生态学——从个体到生态系统[M].李博,张大勇,王德华,等译.高等教育出版社,2016.

[13]奥尔多·利奥波德.沙乡年鉴[M].侯文蕙,译.吉林人民出版社,1997.

[14]保罗·A.萨缪尔森,威廉·D.诺德豪斯.经济学(第12版)[M].高鸿业,译.中国发展出版社,1992.

[15]彼得·休伯.硬绿——从环境主义者手中拯救环境[M].戴星翼,徐靖,译.复旦大学出版,2002.

[16]博登海默.法理学:法律哲学与法律方法[M].中国政法大学出版社,1999.

[17]查尔斯·沃尔夫.市场,还是政府——市场、政府失灵真相[M].陆俊,谢旭,译.重庆出版社,2009.

[18]戴斯·贾丁斯.环境伦理学[M].林官明,杨爱民,译.北京大学出版社,2002.

[19]哈维·S.罗森.财政学[M].平新桥,译.中国人民大学出版社,2000.

[20]杰里米·里夫金.第三次工业革命[M].张体伟,孙豫宁,译.中信出版社,2012.

[21]理查德·A.马斯格雷夫.财政制度[M].董勤发,译.上海人民出版社,上海三联书店,1996.

[22]塞缪尔·亨廷顿,琼·纳尔逊.难以抉择[M].汪晓寿,等译.华夏出版社,1989.

[23]斯蒂格利茨.政府为什么干预经济:政府在市场经济中的角色[M].郑秉文,译.中国物资出版社,1998.

[24]约翰·罗尔斯.正义论[M].何怀宏,等译.中国社会科学出版社,1988.

[25]朱利安·林肯·西蒙.没有极限的增长[M].四川人民出版社,1985.

[26]我妻荣.债权在近代法中的优越地位[M].中国大百科全书出版

社,1999.

[27]岩佐茂.环境的思想[M].韩立新,等译.中央编译出版社,1997.

[28]F.H.劳森,B.拉登.财产法[M].中国大百科全书出版社,1998.

[29]彼得·斯坦,约翰·香德.西方社会的法律价值[M].三献平,译.中国法制出版社,2004.

[30]罗杰·帕曼,马越,詹姆斯·麦吉利夫雷,迈克尔·科蒙.自然环境与环境经济学[M].中国经济出版社,2002.

[31]世界银行.1997年世界发展报告:变革世界中的政府[M].中国财政经济出版社,1997.

[32]《第三次气候变化国家评估报告》编写委员会著.第三次气候变化国家评估报告[M].科学出版社,2015.

[33]环境科学大辞典,编委会.环境科学大辞典[M].中国环境科学出版社,1991.

[34]中共中央马克思恩格斯列宁斯大林著作编译局.马克思、恩格斯全集[M].人民出版社,1972.

[35]《生态补偿的国际比较:模式与机制,编写组.生态补偿的国际比较:模式与机制[M].社会科学文献出版社,2012.

[36]C H LOVELOCK, C B WEINBERG,OP.CIT.公共非营利组织营销[M].渡边好章,梅泽昌太郎校,译.日本商业学会NPO研究会,译.白桃书房,1991.

[37]C.C.威拉受特里.人权与科学技术发展[M].知识出版社,1997.

[38]庇古.福利经济学[M].商务印书馆,1983.

[39]常纪文,杨朝霞.环境法的新发展[M].中国社会科学出版社,2008.

[40]樊丽明.中国公共品市场与自愿供给分析[M].上海人民出版社,2005.

[41]葛全胜.中国气候资源与可持续发展[M].科学出版社,2007.

[42]洪银兴.可持续发展经济学[M].商务印书馆,2002.

[43]洪银兴,等.公共财政学[M].南京大学出版社,2003.

[44]贾康.新供给:经济学理论的中国创新[M].中国经济出版社,2013

[45]江庆勇.公共品供给机制研究[M].知识产权出版社,2016.

[46]靳乐山.中国生态补偿:全领域探索与进展[M].经济科学出版社,2016.

[47]康芒斯.制度经济学[M].商务印书馆,1962.

[48]李博.生态学[M].高等教育出版社,2000.

[49]梁慧星.民法总论[M].法律出版社,1996.

[50]梁小明.经济学发展轨迹——历届诺贝尔经济学奖获得者述要[M].人民日报出版社,1998.

[51]林灿玲.国际环境法的产生与发展[M].人民法院出版社,2006.

[52]刘剑文.WTO体制下中国税收政策合法化问题研究[M].法律出版社,2007.

[53]刘文.资源价格[M].商务出版社,1996.

[54]罗国杰.马克思主义伦理学[M].人民出版社,1982.

[55]马克思.资本论(第1卷)[M].人民出版社,2004.

[56]梅泽昌太郎.非营利公共事业营销[M].白桃书房,1995.

[57]千年生态系统评估项目概念框架工作组.生态系统与人类福祉:评估框架[M].张永民,译.赵士洞,审校.中国环境科学出版社,2007.

[58]任世丹.贫困问题的环境法应对[M].中国检查出版社,2012.

[59]沈宗灵.比较法研究[M].北京大学出版社,1998.

[60]世界环境与发展委员会.我们共同的未来[M].吉林人民出版社,1997.

[61]世界银行.2000/2001年世界发展报告[M].中国财政经济出版社,2001.

[62]帅勇.宏观经济学的奠基人[M].河北大学出版社,2001.

[63]汪劲.环境法学[M].北京大学出版社,2006.

[64]王利明.物权法论[M].中国政法大学出版社,1998.

[65]王浦钢,莱斯持·M,萨拉蒙,等.政府向社会组织购买公共服务研究——中国与全球经验分析[M].北京大学出版社,2010.

[66]王遥.气候金融[M].中国经济出版社,2013.

[67]翁岳生.行政法(下)[M].中国法制出版社,2002.

[68]现代汉语辞海编委会.现代汉语辞海[M].山西教育出版社,2002.

[69]谢识予.经济博弈论[M].复旦大学出版社,1997.

[70]许彬.公共经济学导论——以公共产品为中心的一种研究[M].黑龙江人民出版社,2003.

[71]许小年.自由与市场经济[M].上海三联书店,2009.

[72]薛永应.社会主义经济利益概论[M].人民出版社,1985.

[73]亚当·斯密.国民财富的性质和原因的研究[M].郭大力,王亚南,译.商务印书馆,1972.

[74]晏智杰.劳动价值论新探[M].北京大学出版社,2001.

[75]于俊文.欧美近代经济学史[M].东北师范大学出版社,1994.

[76]詹姆斯·M.布坎南.民主财政论[M].商务印书馆,1993.

[77]张培刚.发展经济学[M].北京大学出版社,2009.

[78]张维迎.博弈论与信息经济学[M].三联书店,2012.

[79]张五常.经济解释[M].商务印书馆,2000.

[80]张屹山.资源、权力与经济利益分配通论[M].社会科学文献出版社,2013.

[81]张勇.能源资源法律制度研究[M].中国时代经济出版社,2008.

[82]张宇燕.经济发展与制度选择——对制度的经济分析[M].中国人民大学出版社,1992.

[83]周广胜,王玉辉.全球生态学[M].气象出版社,2003.

[84]科斯,阿尔钦,诺斯,等.财产权利与制度变迁[M]//阿尔钦.产权:一个经典注释.上海三联书店,上海人民出版社,1994.

[85]科斯,阿尔钦,诺斯,等:财产权利与制度变迁[M]//H.德姆塞茨.关于产权的理论.上海三联书店,上海人民出版社,1994.

[86]蔡守秋.环境公平与环境民主——三论环境资源法学的基本理念[J].河海大学学报(哲学社会科学版),2005(9).

[87]曹洪民.中国农村开发式扶贫模式研究[D].中国农业大学,2003.

[88]曹明德,王京星.我国环境税收制度的价值定位及改革方向[J].法学评论,2006(1).

[89]曹明德.对建立生态补偿法律机制的再思考[J].中国地质大学学

报(社会科学版),2010(5).

[90]岑慧贤.环境税的分类及浅析[J].中山大学研究生学刊(自然科学版),1999(3).

[91]昌龙然.重庆两江新区生态涵养区生态资本运营研究[D].西南大学,2013.

[92]陈定洋,王泽强.从非合作博弈到合作博弈——基于当前农村社区公共产品供给机制"一事一议"制度分析[J].商业研究,2008(3).

[93]陈建宝,乔宁宁.地方利益主体博弈下的资源禀赋与公共品供给[J].经济学(季刊),2016(2).

[94]陈能汪,李焕承,王莉红.生态系统服务内涵、价值评估与GIS表达[J].生态环境学报,2009(5).

[95]陈佩虹.我国地方政府公共物品提供的制度分析——基于部门博弈模型[J].管理世界,2011(5).

[96]陈燕.环境产品界定及我国贸易清单标准的改进[J].商业时代,2008(23).

[97]陈育花,朱顺泉.供应链管理中企业合作的博弈分析[J].价值工程,2004(1).

[98]崔金星.环境财产权制度构建理论研究[J].河北法学,2012(6).

[99]王大尚,郑华,欧阳志云.生态系统服务供给、消费与人类福祉的关系[J].应用生态学报,2013(6).

[100]戴芳,冯晓明,宋雪霏.森林生态产品供给的博弈分析[J].世界林业研究,2013.

[101]戴广翠.森林环境服务业发展的理论与实践研究[D].北京林业大学,2009.

[102]邓小云.论生态产品的旨趣及其法制化路径[J].江海学刊,2015(6).

[103]邓晓兰,黄显林,杨秀.积极探索建立生态补偿横向转移支付制度[J].经济纵横,2013(10).

[104]丁四保,王晓云.我国区域生态补偿的基础理论与体制机制问题探讨[J].东北师大学报(哲学社会科学版),2008(4).

[105]丁宪浩.论生态生产的效益和组织及其生态产品的价值和交换[J].农业现代化研究[J].2010(6).

[106]丁一.基于委托代理的低碳经济发展激励机制构建[J].南京社会科学,2010(9).

[107]杜群.生态补偿的法律关系及其发展现状和问题[J].现代法学,2005(5).

[108]杜振华,焦玉良.建立横向转移支付制度实现生态补偿[J].宏观经济研究,2004(9).

[109]樊丽明,石绍宾.公共品供给机制:作用边界变迁及影响因素[J].当代经济科学,2006(1).

[110]樊轶侠."奥尔森困境"的博弈分析及对我国地方政府间区域公共产品有效提供的启示[J].经济经纬,2009(2).

[111]范少虹.绿色金融法律制度:可持续发展视阈下的应然选择与实然构建[J].武汉大学学报(哲学社会科学版),2013(2).

[112]方子节,李东升.生态产品与我国畜牧业的可持续发展[J].生态经济,2001(7).

[113]冯剑丰,李宇,朱琳.生态系统功能与生态系统服务的概念辨析[J].生态环境学报,2009(4).

[114]冯敬尧.环境债券:环境损害救济制度的创新[C].探索·创新·发展·收获——2001年环境资源法学国际研讨会论文集(下册),2001.

[115]冯勤超,王丽丽,江孝感.中央与地方政府交叉事权的委托——代理模型[J].东南大学学报(哲学社会科学版),2005(7).

[116]傅强,李涛.我国建立碳排放权交易市场的国际借鉴及路径选择[J].中国科技论坛,2010(9).

[117]傅勇.中国的分权为何不同:一个考虑政治激励与财政激励的分析框架[J].世界经济,2008(11).

[118]高丹桂.公共生态产品探究——从内在规定性和经济特性的视角[J].重庆第二师范学院学报,2014(2).

[119]高建中,唐根侠.论森林生态产品的外在性[J].生态经济,2007(2).

[120]高建中.论森林生态产品——基于产品概念的森林生态环境作用[J].中国林业经济,2007(1).

[121]高建中.森林生态产品价值补偿研究[D].西北农业科技大学,2005.

[122]高利红.物权法的环境保护功能:理念与模式[J].法学,2003(9).

[123]葛剑平,孙晓鹏.生态服务型经济的理论与实践[J].新疆师范大学学报(哲学社会科学版),2012(4).

[124]龚清华.环境产品贸易自由化的作用与路径研究[J].市场论坛,2013(1).

[125]龚天平.经济价值与道德价值如何具有统一性?[J].伦理学研究,2011(1).

[126]官波.我国森林资源生态产权制度研究[J].生态经济,2014(9).

[127]郭升选.生态补偿的经济学解释[J].西安财经学院学报,2006(6)

[128]何少琛.欧盟碳排放交易体系发展现状、改革方法及前景[D].吉林大学,2016.

[129]何书中.气候资源国家所有的合法性质疑——兼评黑龙江省气候资源探测与保护条例[J].上海政法学院学报(法制论丛),2012(6).

[130]洪子燕,杨再.从黄土高原的历史变迁讨论种草种树和生态产品的转化问题[J].豫西农专学报,1985(1).

[131]黄锡生,何雪梅.生态价值评估制度探究——兼论资产评估法的完善[J].重庆大学学报(社会科学版),2014(1).

[132]黄亚宇.低碳经济下碳排放权交易的立法思考[J].江西社会科学,2013(2).

[133]江帆,闵颖.公共产品分享权利及其法律保[J].当代法学,2009(3).

[134]姜素红.弱势群体发展权的法理精神阐释[J].求索,2006(7).

[135]景杰.生态认证:生态文明的实现方式[J].学术界,2012(12).

[136]科斯.社会成本问题[C]//科斯,阿尔钦,诺斯,等.财产权利与制度变迁[M].上海三联书店、上海人民出版社,1994.

[137]李丽琴,陈少晖.专项转移支付存在的合理性:政治逻辑与实证检验[J].当代财经,2012(10).

[138]李俐.中美生态补偿制度比较研究[J].山东师范大学硕士学位论文,2013.

[139]李世东.美国罗斯福工程——全球八大生态工程介绍之三[J].防护林科技,1996(1).

[140]李薇.论我国农村公共产品的多中心供给模式[J].学理论,2012(31).

[141]李文华,张彪,谢高地.中国生态系统服务研究的回顾与展望[J].自然资源学报,2009(1).

[142]李妍辉.论环境治理的金融工具[D].武汉大学,2012.

[143]梁丹.全球视角下的森林生态补偿理论和实践——国际经验与发展趋势[J].林业经济,2008(12).

[144]梁悦晨,曹玉昆.澳大利亚碳排放权交易体系市场框架分析[J].世界林业研究,2015(2).

[145]梁增然.发达国家森林生态补偿法律制度分析与借鉴[J].郑州大学学报(哲学社会科学版),2015(7).

[146]廖卫东.生态领域产权市场的制度研究[D].江西财经大学,2003.

[147]廖晓靖.OECD国家的环境税及其与我国之比较[J].外国经济与管理,1999(10).

[148]刘方笑,朱锡平.论我国生态产权制度的市场化改革,经济体制改革,2007(5).

[149]刘嘉尧,吕志祥.美国土地修耕保护计划及借鉴[J].商业研究,2009(8).

[150]刘绿怡,刘慧敏,任嘉衍,等.生态系统服务形成机制研究进展[J].应用生态学报,2017(8).

[151]刘琴.林业要更多地提供物质精神文化和生态产品[N].中国绿色时报,2006-8-16(1).

[152]卢彪.生态学视域中的生态价值及其实践思考[J].社会科学家,2013(9).

[153]马椿荣,江林.基于消费者价值的生态产品购买驱动方式研究[J].中国流通经济,2011(3).

[154]毛显强,钟瑜,张胜.生态补偿的理论探讨[J].中国人口·资源与环境,2002(4).

[155]潘忠虎.林下经济发展模式探讨及效益评价方法[J].安徽农学通报,2012(13).

[156]庞丽花,陈艳梅,冯朝阳.自然保护区生态产品供给能力评估——以呼伦贝尔辉河保护区为例[J].干旱区资源与环境,2014(10).

[157]秦大河.气候资源的开发、利用和保护[J].求是,2005(3).

[158]任世丹,杜群.国外生态补偿制度的实践[J].环境经济,2009(11).

[159]任耀武,袁国宝.初论"生态产品"[J].生态学杂志,1992(6).

[160]石长春,封斌,高欣,等.森林生态产品价值补偿探讨[J].陕西林业科技,2009(3).

[161]史丹,吴仲斌,杜辉.国外生态环境补偿财税政策的实践与借鉴[J].经济研究参考,2014(27).

[162]宋晓梅,刘士磊,潘焕学.国外森林资源资产证券化研究综述[J].世界林业研究,2013(3).

[163]苏蕾,梁轶男,汤杰.澳大利亚碳税制度及其启示[J].资源开发与市场,2016(4).

[164]粟晏,赖庆奎.国外社区参与生态补偿的实践及经验[J].林业与社会,2005(4).

[165]孙宇.生态保护与修复视域下我国流域生态补偿制度研究[D].吉林大学,2015.

[166]唐娟,曹富国.公共服务供给的多元模式分析[J].华中师范大学学报(人文社会科学版),2004(2).

[167]陶锡良.略论当代国际关系中的环境殖民主义[J].国际关系学院学报,1996(3).

[168]滕世华.公共物品非营利组织供给的理论依据[J].云南行政学院学报,2002(6).

[169]田凯.组织外形化:非协调约束下的组织运作——一个研究中国慈善组织与政府关系的理论框架[J].社会学研究,2004(4).

[170]王爱兰.论企业环境成本补偿机制运行中的影响因素[J].贵州师范大学学报(社会科学版),2007(4).

[171]王达梅.我国横向财政转移支付制度的政治逻辑与模式选择[J].当代财经,2013(3).

[172]王慧,魏圣香.生态金融机制的类型及其法律问题研究[C].金融法律制度变革与金融法学科建设研讨会,北京:2009.

[173]王琳琳.你了解'生态产品'吗?[J].中国环境报,2012(8).

[174]王世进,焦艳.国外森林生态效益补偿制度及其借鉴[J].生态经济,2011(1).

[175]王寿兵.生态产品生命周期涉及概念框架[J].上海环境科学,2000(3).

[176]王树义.生态安全及其立法问题探讨[J].法学评论,2006(3).

[177]王晓东.生态补偿机制:美国经验及启示[J].世界农业,2015(1).

[178]吴健,毛钰娇,王晓霞.中国环境税收的规模与结构及其国际比较[J].管理世界,2013(4).

[179]吴卫星.我国环境权理论研究三十年之回顾、反思与前瞻[J].法学评论,2014(5).

[180]席恒.公共物品供给机制研究[D].西北大学,2003.

[181]项波,段春霞.生态物权:一种以生态价值为媒介的新型物权[J].生态经济,2016(3).

[182]项波,严丽玉堂.经济发展与生态保护的并行:生态物权是物权的新发展[J].江西理工大学学报,2016(2).

[183]肖映秋,金靖,宋戬.我国首次碳汇交易在沈开盘——中日防沙治沙实验林在沈阳市康平县建设情况[J].中国城市林业 2005(2).

[184]徐祥民.告别传统,厚筑环境义务之堤[J].郑州大学学报,2002(2).

[185]徐岩.国家生态安全的内涵及其影响因素的深层透析[J].中国石油大学胜利学院学报,2009(4).

[186]徐阳.生态产品方兴未艾[J].科学与文化,1994(3).

[187]严启发,林罡.世界官方发展援助(ODA)比较研究[J].全球化与

国际格局,2008(4).

[188]颜帅.国际森林认证体系与中国森林认证的理论和政策研究[D].北京林业大学,2003.

[189]杨博文.跨区域碳排放权交易立法协调机制研究[J].生态经济,2016(2).

[190]杨成湘,赵建军.可持续发展中代内公平的必要性和稀有性[J].理论研究,2008(2).

[191]杨芳.基于社区参与的洞庭湖湿地生态补偿机制研究[J].湖南社会科学,2013(2).

[192]杨桂芳.生态文明内涵分析[J].生态经济,2010(12).

[193]杨庆育.论生态产品[J].探索,2014(3).

[194]杨再,洪子燕.黄土高原的种草种树和生态产品转化[J].人民黄河,1986(2).

[195]杨志宇.欧盟环境税研究[D].吉林大学博士论文,2016.

[196]余敏江,刘超.生态治理中地方与中央政府的'智猪博弈'及其破解[J].江苏社会科学,2011(2).

[197]禹雪中,廖文根,骆辉煌.我国建立绿色水电认证制度的探讨[J].水力发电,2007(33卷).

[198]高丹桂.公共生态产品探究——从内在规定性和经济特性的视角[J].重庆第二师范学院学报,2014(2).

[199]曾贤刚,虞慧怡,谢芳.生态产品的概念、分类及其市场化供给机制[J].中国人口·资源与环境,2014(24).

[200]张法瑞等.可持续农业的生态经济价值观[J].中国农业大学学报(社会科学版),2000(1).

[201]张璐.气候资源国家所有之辩[J].法学,2012(7).

[202]张宛平.委托人价值取向及委托代理效应[J].系统工程理论与方法应用,2000(2).

[203]张小红.森林生态产品的价值核算[J].青海大学学报(自然科学版),2007(3).

[204]张晏,夏纪军.公共品自愿供给机制研究进展[J].经济学动态,

2009(1).

[205]张振华.公共产品供给过程中的地方政府合作和竞争——印第安纳学派的多中心治理理论述评[J].西北师大学报(社会科学版),2011(4).

[206]赵雪雁,李巍,王学良.生态补偿研究中的几个关键问题[J].中国人口·资源与环境,2012(2).

[207]赵云峰,侯铁珊.生态补偿银行制度的分析:美国经验及其对我国的启示[J].生态经济,2012(6).

[208]赵泽洪,刘利.政府生态服务职能及其实现路径[J].唯实,2007(2).

[209]郑雪梅,韩旭.建立横向生态补偿机制的财政思考[J].地方财政研究,2006(10).

[210]周珂,侯佳儒.环境法学与民法学的范式整合[J].河海大学学报,2007(2).

[211]周业安,宋紫峰.收入不平等、外部奖惩机制和公共品自愿供给[J].社会科学辑刊,2012(5).

[212]周远红,高天一,董保华.生态产品评价系统在水产养殖机械设计中的应用[J].大连水产学院学报,2007(2).

[213]周自强.公共物品概念的延伸及其政策含义[J].经济学动态,2005(9).

[214]朱久兴.关于生态产品有关问题的几点思考[J].浙江经济,2008(14).

[215]黑龙江省气候资源探测和保护条例[EB/OL].[2012-6-14].http://www.hljrd.gov.cn/detail.jsp?urltype=news.NewsContentUrl&wbtreeid=1209&wbnewsid=8464.

[216]坚定不移沿着中国特色社会主义道路前进 为全面建成小康社会而奋斗[EB/OL].[2012-11-18].http://cpc.people.com.cn/n/2012/1118/c64094-19612151.html.

[217]联合国人类环境宣言[EB/OL].[2019-5-6].http://www.waizi.org.cn/law/7936.html.

[218]全国主体功能区规划[EB/OL].[2011-6-8].http://www.gov.cn/

zwgk/2011-06/08/content_1879180.htm.

[219]中国碳市场观察[EB/OL].[2017-4-5],2016年2季度,第5期,https://www.thepmr.org/system/files/documents/China%20Carbon%20Market%20Monitor-%235-CN-Publication.pdf.

[220]PEFC委员会.标准制定要求(PEFC,2009)[S].

[221]环境和社会可持续发展网络、世界银行.做出可持续承诺——世界银行的环境战略概述报告[EB/OL].[2001-12-14]. http://documents.worldbank.org/curated/pt/431731468179360668/pdf/804950WP0CHINS0Box0379805B00PUBLIC0.pdf.

[222]联合国.人类环境宣言[EB/OL].[2017-6-16]. http://legal.un.org/avl/pdf/ha/dunche/dunche_c.pdf.

[223]联合国开发计划署.中国人类发展报告2016[EB/OL].[2017-6-30]. http://www.cn.undp.org/content/china/zh/home/library/human_development/china-human-development-report-2016.html.

[224]生态补偿机制课题组报告[EB/OL].[2017-5-12] http://www.china.com.cn/tech/zhuanti/wyh/2008-02/26/content_10728024_2.htm.

[225]世界自然基金会:地球生命力报告·中国2015[EB/OL].[2017-6-30]. http://www.wwfchina.org/content/press/publication/2015/地球生命力报告·中国2015.pdf.

[226]中华人民共和国国务院.全国主体功能区规划[EB/OL].[2011-6-9]. http://www.chinanews.com/gn/2011/06-09/3099774.shtml.

[227]中华人民共和国水利部网站 http://www.mwr.gov.cn/,行政法规和法规性文件.

[228] ANDREW SCHOTTER. The Economic Theory of Social Institution[M]. Cambridge: Cambridge University Press, 1980.

[229] BERNARD YACK. The Problems of a Political Animal[M]. London: University of California Press Ltd.,1993.

[230]DAILY G C. Nature's Services: Societal Dependence on Natural Ecosystem[M]. Washington DC: Island Press,1997.

[231]DALY H E. Economics, Ecology.Ethics: Essays toward a Steady

State Economy[M]. Sanfrancisco: Freeman,1973.

[232]EHRLICH P R, EHRLICH. A. H. Extinction: the Causes and Consequences of the Disappearance of Species [M]. New York: Random House,1981.

[233] K THOMAS LIAW. Capital Markets[M]. Boston: Cengage Learning,2004.

[234]MARSHALL A. Principles of Economics[M]. London: Palgrave Maemillan,1920.

[235]MILLENNIUM ECOSYSTEM ASSESSMENT (MA). Ecosystems and Human Well-being [M]. Washington D. C.: Island Press,2005.

[236]MILLENNIUM ECOSYSTEM ASSESSMENT (MA). Ecosystems and Human Well-being: A Framework for Assessment [M]. Washington DC: Island Press,2003.

[237]MORTON PAGLIN, MALTHUS, LAUDERDALE. The Anti-Ricardian Tradition[M]. New York: Augustus M. Kelley,1961.

[238] ODUMW E. Fundamentals of Ecology [M]. Philadelphia: Saunders,1971.

[239]PAUL U ALI, KANAKO YANO. Eco-finance: the legal design and regulation of market-based environmental instruments[M]. Alphen aan den Rijn: Kluwer Law International,2004.

[240] RICHARD LECOMBER. The Economics of Resources [M]. London: Macmillan,1979.

[241]TIRRI R, LEHTONEN. J, LEMMETYINEN. R, et al. Elsevier's Dictionary of Biology[M]. Amsterdam: Elsevier,1998.

[242] WILSON C, MATTHEWS W. Man's Impact on the Global Environment[M]. Cambridge :MIT Press,1970.

[243]FISHER B, TURNER.R.K. Ecosystem Services: Classification for Valuation[J]. Biological Conservation,2008, 5(141).

[244]LIMBURG K E, FOLKE C. The ecology of ecosystem services:

Introduction to the special issue[J].Ecological Economics,1999, 2(29).

[245]SIERRA, R., E. RUSSMAN. On the efficiency of environmental service payments: A forest conservation assessment in the Osa Peninsula, Costa Rica[J].Ecological Economics, 2006,59.

[246]ANDERSON, C., PUTTERMAN, L. Do Nonstrategic Sanctions Obey the Law of Demand? The Demand for Punishment in the Voluntary Contribution Mechanism[J].Games and Economic Behavior, 2006,1(54).

[247] ANDREONI J, PETRIE R. Public Good Experiments without Confidentiality:A Glimpse into Fund-Raising[J].Journal of Public Economics, 2004,7-8(88).

[248]ANDREW W INGLES, ARNE MUSCH, HELLE QWISTHOFFMANN. The Participatory Process for Supporting Collaborative Management of Natural Resources: An Overview[J]. Rome,1999.

[249] B YANDLE, S BUCK. Bootleggers, Baptists and the Globle Warming Battle[J/OL].[2001-8-17]. https://papers.ssrn.com/sol3/papers.cfm? abstract_id=279914.

[250]BOERO F, BONSDORFF E.A conceptual framework for marine biodiversity and ecosystem functioning[J].Marine Ecology, 2007(28).

[251]BOYD J, BANZHAF S. What are ecosystem services? The need for standardized environmental accounting units[J]. Ecological Economics, 2007,2-3(63).

[252]BUCHANAN J. An Economic Theory of Clubs[J]. Economics, 1965,(32).

[253] CHOMITZ K M, E BRENES, et al. Financing environmental services: the Costa Rican experience and its implications[J]. Science of the Total Environment, 1999,1-3(240).

[254] CHRISTINE BRATRICH, BERHARD TRUFFER, KLAUS JORDE, et al. Green Hydropower: A New Assessment Procedure for River Management[J].River Research and Applications, no.20, 2004.

[255]CLAASSEN R. Cost-effective design of agri-environmental

payment programs: U. S. experience in theory and practice[J]. Ecological Economics, 2008,4(65).

[256]CONSTANZA R, D'ARGE R, DE GROOT R, et al. The value of the world's ecosystem services and natural capital[J]. Nature, 1997, (387).

[257] COQ J-F L, FROGER C, LEGRAND T, et al. Payment for Environmental Services Program in Costa Rica: a policy process analysis perspective[J]. 90th Annual Meeting of the Southwestern Social Science Association, Houston, Texas, United States,2010.

[258] DANIELS A E, BAGSTAD K, ESPOSITO V, et al. Understanding the impacts of Costa Rica's PES: are we asking the right questions? [J].Ecological Economics, 2010, 11(69).

[259]DE GROOT R S, WILSON M A, BOUMANS R M J.A typology for the classification, description and valuation of ecosystem functions, goods and services[J].Ecological Economics,2002,3(41).

[260] DOBBS T L. Case study of agri-environmental payments: The United Kingdom[J]. Ecological Economics,2008,4(65).

[261]EHRLICH P. Extinction, substitution, and ecosystem services[J]. Bio-science,1983, 4(33).

[262] ELISABETTA MARMOLO A Constitutional Theory of Public Goods[J].Jouranal of Economic Behavior and Organization,1999,(138).

[263] ERIK GOMEZ-BAGGETHUN, PEDRO L LOMA, CARLOS MONTES. The history of ecosystem services in economic theory and practice: from early notions to markets and payment schemes [J]. Ecological Economics,2010,6(69).

[264] ESTEVE CORBERA, KATRINA BROWN. Participation in Payments for Ecosystem Services: Cases Studies from the Lacand on Rainforest Mexico[J].Geoforum,2008(6).

[265]FEHR E, FISCHBACHER U. Third Party Sanctions and Social Norms[J].Evolution and Human Behavior,2004(25).

[266] FEHR E, GACHTER S. Cooperation and Punishment in Public Goods Experiments [J]. American Economic Review, 2000, 4(90).

[267] FERRARO P J, VOSSLER C. The Dynamics of Other-regarding Preferences and Decision Error: What's Really Going on in Voluntary Contributions Mechanism Experiments [J]. Working Paper for Southern Economic 74th Annual Conference, 2004.

[268] GACHTER S, THONI C. Social Learning and Voluntary Cooperation among Like-Minded People[J]. Journal of the European Economic Association, 2005(3).

[269] GEORGE MARSH, DAVID LOWENTHAL. Man and Nature [J]. Organization & Environment, 1965, 2(15).

[270] GOLDIN, KENNETH D. Equal Access VS Selective Access: A Critigque of Public Goods Theory[J]. Public Choice, 1977, 1(29).

[271] HOLDREN J, EHRILICH P R. Human population and the global environment[J]. American Scientist, 1974, 3(62).

[272] JAMES M, BUCHANAN. An Economic Theory of Clubs. Economic[J]. New Series, 1965, 125(32).

[273] JASON F SHOGREN, JOSEPH A, HERRIGES, RAMU GOVINDASAMY. Limits to environmental bonds[J]. Ecological Economics, 1993, 2(8).

[274] JOSH FARLEY, ANDRE AQUINO, AMY E DANIELS, AZUR MOULAERT, DAN LEE, ABBY KRAUSE. Global Mechanisms for Sustaining and Enhancing PES Schemes[J]. Ecological Economics, 2010, 11(69).

[275] KING R T. Wildlife and man[J]. New York Conservationist, 1966, 6(20).

[276] KAGAN R A, N GUNNINGHAM, D THORNTON. Explaining Corporate Environmental Performance: How Does Regulation Matter? [J]. Law & Society Review, 2003, 1(37).

[277] LAURI P, HELENA M. Finland: whole-business securitization of

forest assets in Finland[J].International Financial Law Review,2003,10(87).

[278]LYONS K G, BRIGHAM C A, TRAUT B H, et al. Rare species and ecosystem functioning[J].Conservation Biology,2005(19).

[279]MASCLET D, et al. Monetary and Nonmonetary Punishment in the Voluntary Contributions Mechanism[J].American Economic Review,2003 (93).

[280] MEYER S. Working with landowners to provide ecosystem services:Costa Rica's groundbreaking experiment[J].Conservation Capital in the Americas Conference,Valdivia,Chile,2009.

[281]MURADIAN R,CORBERA E,PASCUAL U, et al..Reconciling Theory and Practice: An Alternative Conceptual Framework for Understanding Payments for Environmental Services [J]. Ecological Economics,2010,6(69).

[282]N.HANLEY, H.KIRKPATRIEK, Z.SIMPON, et al.Principle for the provision of public goods from agriculture : Modeling Moorlande on servation in Scotland[J].Land Economics,1995,1(74).

[283]NANCY STEINBACH, VIVIAN PALM, MAJA NEDERLAND. Environmental Taxes[J].14th Meeting of the London Group on Environmental Accounting Canberra,2009(4):27-30.

[284] NORBERG. J. Linking nature's services to ecosystems: some general ecological concepts[J].Ecological Economics,1999,2(29).

[285] RICHARD A. SUNDEEN. Coproduction and Communities[J]. Administration and Soeiety,1985,4(16).

[286] S M NEAL. Bringing Developing Nations on Bord the Climate Change Protocol: Using Debt-for-Nature Swaps to implement the Clean Development Mechanism [J]. The Georgetown Int'L Envtl. Law Review, 1998,11,16376-178.

[287]SAMUELSON P A. The Pure Theory of Public Expenditure[J]. Review of Economics and Statistics,1954,4(36).

[288] SOMMERVILLE M M., JONES J P G., et al. A Revised

Conceptual Framework for Payments for Environmental Services[J].Ecology and Society,2009,4(14).

[289]STEFANIE ENGEL, STEFANO PAGIOLA, SVEN WUNDER. Designing Payments for Environmental Services in Theory and Practice: An Overview of the Issues[J].Ecological Economics, 2008,4(65).

[290] STEFANO PAGIOLA. Payments for environmental services in Costa Rica[J]. Ecological Economics,2008,5(65).

[291] SVEN WUNDER, MONTSERRAT ALBAN. Decentralized Payments for Environmental Services: the Cases of Pimampiro and Profafor in Ecuador[J].Ecological Economics,2008,4(65).

[292] TALBOT PAGE, LOUIS PUTTERMAN, BULENT UNEL. Voluntary Association in Public Goods Experiments:Reciprocity, Mimicry and Efficiency[J].The Economic Journal, 2005,115(506).

[293]TANSLEY A G. The use and abuse of vegetational concepts and terms[J].Ecology, 1935,3(16).

[294]VATN A. An Institutional Analysis of Payments for Environmental Services[J]. Ecological Economics,2010,6(69).

[295]WALLACE K J. Classification of Ecosystem Services: Problems and Solutions[J]. Biological Conservation,2007,3-4(139).

[296]WALTER E WESTMAN. How much are natures services worth [J]. Science, 1977,197(4307).

[297]ZBINDEN, S D R LEE. Paying for environmental services: An analysis of participation in Costa Rica's PSA program [J]. World Development,2005,2(33).

[298]INTERNATIONAL ENERGY AGENCY. World energy outlook [EB/OL].[2019-6-12]. https://www.iea.org/weo/.

[299] LOW IMPACT HYDROPOWER INSTITUTE. Low Impact Hydropower Certification Program: Certification Package,2004.

[300] Convention on Access to Information, Publication in Decision-Making and Access to Justice in Environmental Matters, Article 2(4).

[301] Rio Declaration on Environment and Development, Principle10.

[302] Australian Forestry Standard[S], Deakin West ACT 2600, Australia, 2003.

[303] BMELV. German forests-Nature and economic factor, Berlin, Federal Ministry of Food, Agriculture and Consumer Protection. 2007.[EB/OL] http://www.bmel.de/SharedDocs/Downloads/EN/Publications/GermanForests.html;nn=313172.

[304] CHRISTINE BRATRICH, BERHARD TRUFFER, Green Electricity Certification for Hydropower Plants-Concepts, Procedures, Criteria, 2001.

[305] CJC Consulting, Economic Evaluation of the Central Scotland Forest and Grampian Challenge Funds, Final report for Forestry Commission Scotland, CJC Consulting, 2004.

[306] Economic Instruments database [EB/OL].[2018-9-18]. http://www2.oecd.org/ecoinst/queries/index.htm.

[307] EUROPA, The European Agricultural Fund for Rural Development-Examples of project linkages with other EU Funds. Retrieved March 30, 2017, [EB/OL].[2019-4-23] http://enrd.ec.europa.eu/sites/enrd/files/fms/pdf/6870210C-FBBC-B3CB-9E26-0AC8180AD504.pdf.

[308] LATACZ-LOHMANN, U., S. SCHILIZZI. Auctions for Conservation Contracts: A Review of the Theoretical and Empirical Literature. (Project No: UKL/001/05). [EB/OL] http://www.gov.scot/Publications/2006/02/21152441/0.

[309] LIFE financial instruments, [EB/OL].[2018-7-20] http://ec.europa.eu/environment/life/funding/financial_instruments/index.htm.

[310] MDEQ Wetland Mitigation Banking Handbook,[R/OL] http://www.deq.state.mi.us/documents/deq-water-wetlands-webhandbook.pdf.

[311] MITIGATION BANKING: A White Paper Submitted to the Governor's Advisory Council for Georgia's Land Conservation Partnership [EB/OL].[2019-3-20]. https://www.cbd.int/financial/offsets/usa-

offsetgeorgia. pdf.

[312] Office of Renewable Energy Regulator. Increasing Australia's renewable electricity generation annual report 2009[R], Canberra: Office of Renewable Energy Regulator,2009.

[313] PAGILOA S, PLATAIS G G. Payments for Evironmental Services: From Theory to Practice[C]. World Bank, Washinton,2007.

[314] PORRAS I, GRIEG-GRAN M, NEVES N. All That Glitters: A Review of Payments for Watershed Services in Developing Countries. The International Institute for Environment and Development ,London,2008.

[315]Prime Minister of Australia. Legislation to Repeal the Carbon Tax. [EB/OL]. [2014-7-30]. http://www. pm. g-ov. au/media/2013-10-15/legislation-repeal-carbon-tax.

[316]R M MacIver in Encyclopaedia of Social Sciences, Ⅷ ,147.

[317]Tax simplification and efficiency law, Law 8114 of 2001, Art. 5

[318]the Ministry of Environment and Energy's Decree 32868 of 2006, Art. 14

[319]The World Bank, Environmental Funds.[DB/OL].[2019-5-12]. http://documents. worldbank. org/curated/en/659021468739311963/pdf/multi-page. pdf.

[320] WUNDER S. Payments for Environmental Services: Some Nuts and Bolts [C]. Occasional Paper No. 42 Center for International Forestry Research, Nairobi, Kenya,2005.

后 记

本书是在我的博士论文的基础上修改完成的。毕业至今,两年时间已然过去,而面前的书稿又让我的思绪回到曾经撰写它的那一刻。完成这部于我而言的"长篇巨著"之时,我才敢感叹误入"博士之途"。唯一令我感到欣慰的是,我终于从一次又一次的绝境之中走了出来,而遗憾的是搁笔之际仍觉多处力有未逮。全新的选题、交叉学科知识的应用令我殚精竭虑。无数次被逼入死角后重新开始就如电脑宕机后的重新启动,无数次讨论—争吵—崩溃后萌生去意,最终的坚持源自诸多老师、同学、朋友和家人的帮助和鼓励。此时的心境是复杂的,有欣慰、不安,还有道不尽的感谢!

令我略感欣慰的是拙作终于可以告一段落。博士阶段选择环境经济学领域的制度研究实属偶然,导师对环境治理的市场化融资方向的研究对我的启发引发了我对生态产品这一新兴主题的兴趣。研究初始,本是为了了解生态产品如何影响生态环境,然而,在了解了生态产品是什么,以及在生态环境平衡中的作用之后,我发现如何通过制度设定增加生态产品的供给是一个当前亟待解决的问题,它不仅涉及供给模式,还涉及生态产权、生态补偿、生态环境治理的资金融通问题。因此,生态产品供给制度的研究成为本书的主要研究对象。

现在回看,博士阶段的思考存在太大的局限性。尽管我从一次又一次思维的穷途末路中走了出来,但遗憾的是搁笔之际仍觉得多处力有未逮。导师李树教授为本选题的写作倾注了大量的心血,从题目的确定、大纲的拟定一直到写作完成,不辞辛苦,悉心指导。然学生智识有限,本书之终稿恐负导师殷切期望,愧于恩师教诲。本书的出版将作为我在学术道路上的一个起点,继续开展对这一选题的深入研究。同时,我也非常恳切地希望能够得到学术界前辈和同仁的批评指正。

5年多西南政法大学的求学经历已经刻入我的心底,因此,请允许我在此向各位师长表达感激之情。感谢李树教授,他严谨的治学态度与高深的学术造诣是我学习的榜样。回首5年多追随李老师的求学生涯,感怀在心的不仅是李老师在治学上的教育和鞭策,还包括李老师在为人和生活上的鼓励和帮助,令学生受益匪浅。特别需要说的是,导师对我的任性显示出来的包容更令我感动至深。感谢一直关心、鼓励我成长的西南政法大学经济法学院的各位尊敬的老师:张国林教授、卢代富教授、王煜宇教授、李昌麒教授、岳彩申教授、盛学军教授、许明月教授、张怡教授、唐列英教授、江帆教授、邓刚教授。你们博学的知识、精彩的授课,让我的知识体系更加完善,启发我进一步思考。此外,还要感谢黄茂钦教授、胡元聪教授、陈刚教授、陈屹立教授在我的博士论文撰写过程中所给予的建议和启迪。

　　时光荏苒,求学期间留下了许多难忘的回忆,尤其难忘与这期间相识、相知的朋友们的情谊。我的同学兼闺蜜刘倩、马艳丽,亦师亦友的任世丹,帮我解决无数麻烦的张小波,师出同门的史振华都在我最困难的时候给予我无私的帮助。还要感谢在经济法学院共同求学的诸位同学们,我至今仍时时怀念与诸位共度的快乐时光。

　　最后,特别感谢在我身后默默为我付出的家人。正是在我的先生肖琦的无私支持下,本书才得以完成！我们虽然相识晚,但却交情深。你的出现,未让我在恐惧与彷徨中徘徊;在我写作的这段时间,你照顾家中生病的父亲,减轻了我对于父亲的负疚感,也为我博士毕业论文顺利完成创造了条件;你给予我对于我们未来生活的信心与渴望。感谢我的父亲唐兴建！虽然入"博士之途"并非他所愿,但他却无所不用其法的鞭策我,终让我在放弃与坚持中走到今天。感谢我的母亲石泽英！质朴的母亲在我读书期间,毫无怨言地照料我的生活。过而立之年却依然受您的照料,担心我的身体,实在让我倍感惭愧！唯愿今后的日子能令二老欣慰！

　　最后,我还要感谢厦门大学出版社对本书出版的大力支持,特别要感谢编辑的辛勤劳动,让我能将这不尽完善却反复思索的思绪梳理成书,并公之于众。

唐潜宁
2019年5月20日